陽明全集

四部備要

子部

中華書局據明謝氏刻本校刊

桐鄉 陸費逵總勘
杭縣 高時顯 吳汝霖輯校
杭縣 丁輔之監造

王文成公全書卷之十八

別錄十　公移總督兩廣平定思田征勦八寨

欽奉　勅諭通行　嘉靖六年十月初三日

嘉靖六年七月初十日節該　欽奉勅諭先該廣西田州地方逆賊岑猛爲亂已令提督兩廣等官都御史姚鏌等督兵進勦隨該各官奏稱岑猛父子悉已擒斬巢穴蕩平捷音　上聞已經降　勅獎勵論功行賞及將該設流官添設參將等事條陳又經該部議擬覆奏施行去後續該各官復奏惡目盧蘇倡亂復叛王受攻陷思恩又經切責各官計處不審行令將失事官員戴罪督兵勦捕及調江西韃兵湖廣永保二司土兵幷力勦殺務收全功幷勅巡按御史石金紀功外但節據石金所奏前項地方盧蘇王受結爲死黨互相依倚禍孽日深將來不可收拾又參稱先後撫臣舉措失當姚鏌等攘夷無策輕信寡謀圖田州已不可得幷思恩胥復失之要得通行查究追奪朕以事難遙度姚鏌等前功難泯後有踈虞得旨切責之後能自奮勵平寇有功亦未可知難遽別議

乃下兵部議奏以各官先後所論事宜意見不同且兵連兩廣調遣事干鄰境地方必得重臣前去總制督同議處方得停當今特命爾提督兩廣及江西湖廣等處地方軍務星馳前去彼處卽查前項夷情田州因何復叛思恩因何失守督同姚鏌等斟酌事勢將各夷叛亂未形者可撫則撫反形已露者當勦則勦一應主客官軍從宜調遣主副將官及三司等官悉聽節制治以軍法明示威信務要計處合宜仍令御史石金隨軍紀驗功次從實開報以憑陞賞賊平之後公同計處應設土官流官何者經久利便幷先令撫鎮等官有功有過分別大小輕重明白奏聞區處凡用兵進止機宜及一應合行之事勑內該載未盡者悉聽便宜從長處置事體十分重大者具奏定奪朕以爾勳績久著才望素隆特茲簡任爾務以體國爲心聞命就道竭忠盡力大展謀猷俾夷患殄除地方安靖以紓朕西南之憂仍須深慮卻顧事出萬全一勞永逸以爲廣人久遠之休毋得循例辭避以孤衆望爾欽哉故諭欽此欽遵照得當爵猥以非才濫膺重寄多病之餘精力既已減耗久廢之後事體又復闊疎大懼弗堪有負

委託及照兩廣之與江西湖廣雖云相去遼遠而壤地相連士夫軍民往來絡繹傳聞既多議論有素況在無嫌之地是非反得其真且處傍觀之時區畫宜有其當合行諮詢以輔不逮除委用職官及調遣軍馬臨時相機另行外擬合通行為此仰抄捧回司照依案驗備奉勅諭內事理即行本司掌印佐貳及各道分巡兵備守備等官幷所屬大小衙門各該官吏凡有所見勿憚開陳其間或撫或剿孰為得宜設土設流孰為便利與凡積弊宿蠹之宜改於目前遠慮深謀之可行於久遠者備寫揭帖各另呈來以憑採擇各該官吏俱要守法奉公長廉遠恥袪患衛民竭忠報國毋以各省而分彼此務在協力以濟艱難果有忠勇清勤績行顯著者旌勸自有常典當爵不敢蔽賢其或奸貪畏縮志行卑污者黜罰亦有明條當爵亦不敢同惡深惟昧劣庶賴匡襄凡我有司各宜知悉仍行鎮守撫按等衙門知會一體欽遵施行

湖兵進止事宜　十月

據廣西桂林道右參政龍誥僉事申惠會稟原調永保二司宣慰官舍士兵共

六千餘員名八月自辰州府起行九月盡可到省城各職即日起程前去全州
興安等處接應督押爲照大兵進止自有機宜今未奉節鉞撫臨莫知適從查
得舊規兵至即發哨徑趨賓州聽遣如至賓州而未用恐接境思田二府不無
致生疑變合無將各兵前赴梧州府屯劄聽候軍門撫臨調度等因照得本年
八月二十四日先准兵部咨該本爵看得先任總督巡撫都御史姚　已蒙
欽准致仕而本爵又以扶病就醫聽候辭本　命下未即起程況湖兵未至秋
暑尚深遙計賊情正在懈弛機有可乘事宜從便已經行仰各該失事帶罪立
功守巡參將及各領兵督哨等官務要相度機宜若各叛目誠心投撫中間尚
有可憫之情　朝廷豈以必殺爲事且宜從權撫插聽候本爵督臨查處若是
陽投陰叛譎詐反覆度其事勢終難曲全則宜密切相機乘間行事務在獲厥
渠魁不得濫加無罪各官務要協和行事既無參錯牴牾有乖共濟之義亦無
貪功輕率仰戾好生之仁又經行仰各遵照施行去後今據前因看得湖兵既
至勢難中止非徒無事漫行有失遠人之信亦且師老財費重爲地方之憂但

聞諸道路傳諸商旅皆謂各目投撫之誠今已甚切致亂之情尙有可原且
朝廷以好生爲德下民無必死之讎是以本爵尙爾遲疑欲候督臨乃決進止
顧傳聞未眞兵難遙度各官身親其事必皆的知況原任總督雖已致政尙在
統領老成愼重當無隨策若果事在不疑卽宜乘機速舉一勞永逸以靖地方
如其尙有可生之道亦且毋爲必殺之謀匪曰姑息將圖久安及照各處流賊
素爲民患非止一巢若用聲東擊西之術則湖兵之來未爲徒行各官俱密切
愼圖務出萬全本爵亦已扶病晝夜速進軍中事宜從便施行一面呈稟撫鎭
巡按等衙門一體通行知會俱毋違錯

牌諭安遠縣舊從征義官葉芳等 十一月

往年本爵提督南贛汀漳等處軍務因地方盜賊未平身親軍旅四出勦除爾
葉芳等乃能率領兵夫來隨帳下奮勇殺賊効勞爲多後遭寧藩之變爾葉芳
又能堅辭賊賄一聞本爵起調牌到當卽統領曾德禮等及部下兵衆晝夜前
來遠赴國難一念忠義誠有可嘉備歷辛苦立有戰功賞未酬勞予心慊慊

嘗欲表奏爾一官以勵忠勤隨因本爵守制還家未及舉行今茲奉　命總制四省軍務復臨是境看得舊時從征軍士多被忌功之徒百般屈抑心殊爲之不平念爾葉芳舊勞未酬合就先行奬勵故特差典史張縉將帶花紅羊酒親至爾家用旌爾功爾其益謹禮法以緝下人益殫忠勤以報　上德省諭部下之人務要各安生理各守家業人惟不爲善未有爲善而不獲善報者人惟不爲惡未有爲惡而不受惡殃者聞爾所居之地傍近各寨新民雖云向化其閒尙多與爾爲讎爾宜高爾牆垣嚴爾警備以戒不虞爾等嘗與杜柏孫洪舜等不和各宜消釋講信脩睦安集地方吾所以惓惓誨諭爾等者實念爾等辛勤從我日久吾視爾等不啻如父子雖欲已於言情有所不容已也吾今以軍機重務卽赴兩廣不得久留贛城爾等仰體吾教戒之意各安室家不必遠來候見徒勞無益其曾德禮等俱各諭以此意

批南康縣生員張雲霖復學詞

看得張雲霖原係本院檄召起兵從征人數立有功次已經核實造報皆本院

所親知後因忌功之徒搜求羅織遂令此生屈抑至此言之誠爲痛憤仰分巡嶺北道即與查審教官費廷芳招案有無干涉功賞銀兩曾否收給仍行提學道收送復學則有功之士不致於抱寃憤而本生仗義勤王之節庶亦不負其初心矣　批贛縣生員雷瑞詞同

放回各處官軍牌　十二月二十五日

照得先因田州等處變亂前任軍門抽撥兩省官軍及差官取調左右兩江土官目兵前赴南寧等處駐劄聽候征勦今照各夷皆來告要誠心向順已漸有平復之機且各處城池邊隘缺人防守往往來告盜賊乘間竊發亦不可不爲之慮況今春氣萌動東作方興各兵屯頓日久霜眠草宿勞苦萬端應合放回爲此牌仰本官即將軍門原調各處官軍機兵打手及各土官目兵盡數撤散放回休息及時農種防守城池惟湖廣永保二司土兵姑留聽候俟沿途夫馬糧草完備然後發回各具由回報毋得違錯

犒諭都康等州官男彭一等　十二月二十八日

看得廣西某州縣官孫族某官男頭目某等統領土兵前來南寧賓州地方屯哨日久勞苦良多即今歲暮天寒各兵遠離鄉土豈無室家之念故今特加犒勞通放歸復業安生本族官目務要嚴整行伍經過地方毋得侵擾人家一草一木有犯令者即時照依軍法斬首到家之後仰本州縣官仍要愛惜下人輯和鄰境毋得恃強淩弱倚衆暴寡越理踰分自取罪累遵守 朝廷法制保爾土地人民牌仰本州縣官執照遵守到家之日俱依准回報

劄付永順宣慰司官舍彭宗舜冠帶聽調

據湖廣永順等處軍民宣慰使司領征官帶舍把彭明倫田大有等呈稱統兵土舍彭宗舜係致仕宣慰彭明輔嫡生次男伊兄彭宗漢身故本舍應該襲替嘉靖五年宗漢奉征田州蒙軍門劄付冠帶殺賊惟本舍見統目兵聽用又自備家丁三千報效竊恐未授官職軍威無所瞻肅呈乞比照故兄彭宗漢事體授職便益等因到爵為照軍旅之政非威嚴則不肅等級之辯非冠帶無以章今官舍彭宗舜於常調之外自備家丁隨父報效不避艱險勤勞 王事固

朝廷之所嘉與況又勘係應襲次男今以土舍領兵於體統未肅合就遵照勅諭便宜事理給與冠帶以便行事除事寧另行具奏外爲此劄仰官舍彭宗舜先行冠帶望闕謝恩仍須秉節持身正己律下申嚴約束而使兵行所在無犯秋毫作興勇敢而使兵威所加有如破竹務竭忠貞以圖報稱功成之日具奏旌賞國典具存先具冠帶日期依准繳報仍行本省鎮巡衙門知會毋得違錯

批廣西布按二司請建講堂呈

據參政汪必東僉事吳天挺呈請建講堂號舍以便生員肄業事看得感發奮勵見諸生之有志作興誘掖實有司之盛心不有藏修之地難成講習之功況境接諸蠻之界最宜用夏變夷而時當梗化之餘尤當敷文來遠雖亦俎豆之事實關軍旅之機准如所議動支軍餉銀兩卽爲起蓋務爲經久之計毋飾目前之觀完日開數繳報

批立社學師耆老名呈 嘉靖七年正月

據思明府申稱要令士人譚勳蘇彪加以社學師名號鄉老黃永堅加以耆老名號看得教民成俗莫先於學然須誠愛惻怛實有視民如子之心乃能涵育薰陶委曲開導使之感發興起不然則是未信而勞其民反以爲厲己矣據本縣所申是亦良法但須行以實心節用愛民施爲有漸不致徒飾一時之名務垂百年之澤始可該道守巡官仍加勞來匡直開其不逮備行該府查照施行

議處江古諸處猺賊

節據各道哨守官兵呈報照得廣西府江古田洛容諸處猺賊日來勢益猖熾皆由近年以來大征之舉既爲虛文而鵰勦又復絶響是以爲彼所窺肆無忌憚今思田事體漸就平息湖兵西歸有日正可相機行事爲此牌行左布政嚴紘密切會同參政龍誥按察使錢宏副使李如圭翁素將各稔惡賊巢務訪的確密拘知因鄉道備詢我兵所由道路險夷遠近及各賊巢所在議謀既定即可迎約湖兵決機行事要在聲東擊西後發先至但誅其罪大惡極者一處兩處其餘且可悉行寬撫容令改惡從善務在去暴除殘懲一戒百不必廣捕多

殺致令玉石無分驚疑遠邇後難行事若其事勢連絡廣遠關係重大亦且不宜輕動本院尚駐南寧彼中事機勢難遙度諒各官平日素有深謀沈勇秉義奮功一切機宜自能周悉近報剿平之獲已見用心之勤尚須後効一并奏請凡有申稟密切封來

批嶺西道立營防守呈　二月

據僉事李香呈稱顧募打手立營防守緣由看得所議既得其要略但屯兵固不可分而合兵又不宜頓必須該道及統兵官時將屯聚之兵督率於賊盜出沒要害往來巡視操演因而或修復營堡或開通道路或戒飭反側猺寨或撫安凋弊民村巡行慣熟遠近不疑擇其長惡不悛者閑行鵰勦懲一戒百如農夫之植禾必逐漸而耕耨如園丁之去草必以次而芟除庶屯聚之兵無坐食之患而有日新之功矣仰備行各官查照施行

犒送湖兵

照得先該軍門奏調湖廣永順保靖二宣慰司土官目兵前來征勦田州等處

今照各夷自縛歸降地方平靖爲照宣慰彭明輔彭九霄雖未及衝冒矢石摧
堅破敵然跋涉道途間關山海不但勞苦之備嘗且其勤事之忠赴義之勇不
戰而勝全師以歸隱然之功亦不可掩所據宴勞之禮相應照舊舉行其沿途
該用廩給口糧等項亦合計算總支庶免阻滯及省偏州下邑之擾爲此牌仰
本官行會左參政龍誥僉事吳天挺參議汪必東督行南寧府於賞功綵段金
銀花枝銀兩內照依開數支出齎送各宣慰并給賞各舍目收領以慰其勞仍
將永保二司官舍頭目人等合用廩給口糧等項查取見在確數各有若干亦
行南寧府查自本府起至梧州府止計算幾縣每驛扣算該銀若干就於軍餉
銀內支給又自梧州起至桂林府止查算縣驛若干亦就行該府支銀應付又
自桂林府起照前計算至全州止銀兩亦行該府查給其各州縣止是應付人
夫再不許別項科派於民仍通行南寧潯州梧州平樂桂林全州各查照單內
預行整辦犒勞下程聽候各官舍目到彼分送犒勞給賞施行

批嶺西道撫處盜賊呈

看得各處盜賊全在撫處得宜綏柔有道使之畏威懷德歲改月化自然不敢爲惡乃爲善策雖鵰勦之舉亦不得已而後一行至於待其猖獗肆惡然後懸金以購首級之獲掩襲以求斬捕之多抑亦末矣今後該道官務思撫處綏柔之長策如駕舟之舵御馬之轡操持有要而運動由己若舍舵與轡而廣求駕御之術雖極功巧習熟終亦不免傾跌之虞一應賞罰量功大小以爲多寡軍門原有舊規軍職累功陞級亦有見行事例臨陣退縮仰遵　敕諭事理當時以軍法從事俱仰查照施行繳

禁革輕委職官

據廣東布政司呈參廣州左等四衛掌印指揮王冕海信杜隆馮凝千戶陸宗等百戶劉愷等不脩職業委棄城池遠出經旬肆無忌憚應合參問參看擅離職役律有明條今各處軍衛有司官往往輒因私事棄職遠出或因上司經由過爲趨謟越境送迎往回動經旬月上下相安恬不爲異仰布政司通行禁革究治今後不係緊急軍機重務其餘問候申請等項雖亦公事勢有輕緩者上

役吏胥差使不許輕委職官非但廪給夫馬騷擾道途勞費不少抑且城池庫獄一有虧失貽累匪輕各該衙門首領官今後俱要置立文簿凡遇掌印佐貳及帶俸等官公事出入俱要開記月日因某事到某處送迎或承何衙門到某處差委某年月日回任歲終繳報本院以憑查究大抵天下之不治皆由有司之失職而有司之失職獨非小官下吏偷惰苟安僥倖度日亦由上司之人不遵　國憲不恤民事不以地方爲念不以職業經心既無身率之教又無警戒之行是以蕩弛日甚亦宜分受其責可矣仰布政司備行各該守巡各兵備守備及府州縣衛所等大小衙門仰各查照施行該衛掌印等官姑記未究其陸宗劉愷遵照本院欽奉勅諭事先行提究以警其將來此繳

分派思田土目辦納兵糧　四月

照得思恩田州二府各設流官知府治以土俗其二府原舊甲分城頭除割田州八甲分立土官知府以存岑氏之後其餘悉照舊規不必開圖立里但與酌量分析各立土目之素爲衆所信服者以爲土官巡檢屬之流官知府聽其各

以土俗自治照舊辦納兵糧效有勤勞遞加陞授其襲授調發必皆經由於知府其官職土地皆得各傳其子孫除具　題外爲照各甲城頭既已分析若不先令各目暫行分管誠恐事無統紀別生弊端爲此牌仰田州府土目龍寄等遵照後開甲分每歲應該納辦官糧查照開數依期完納出辦一應供役征調等項事情悉聽知府調度約束本目仍要守法奉公正己律下愛養小民保安境土毋得放縱恣肆踰分干紀自取罪累後悔無及候奏請　命下仰各欽遵施行

計開

淩時甲　每年納夏稅秋糧米八十八石八斗七升七合　每調出兵三百八十四名　每年表箋用銀三錢二分　須知一本赴廣西用銀一錢一分　須知二本赴京用銀八錢八分　每年納官猪等例銀一十三兩　每年納官禾四十担重一百斤　每年供皂隸禾七担

完冠砦陶甲

案行廣西提學道興舉思田學校

照得田州新服用夏變夷宜有學校但瘡痍逃竄之餘尚無受廛之民即欲建

學亦爲徒勞然風化之原終不可緩云云除具　題外擬合就行爲此仰抄案
回道著落當該官吏備行所屬儒學遵照但有生員無拘廩增願改田州府學
及各處儒生願附籍入學者各赴告本道徑自查發選委教官一員暫領學事
相與講肄游息或興起孝弟或倡行鄉約隨事開引漸爲之兆俟休養生息一
二年後該府建有學校然後將各生徒通發該學肄業照例充補增廩以次起
貢俱無違錯

揭陽縣主簿季本鄉約呈　四月

據揭陽縣主簿季本呈爲鄉約事足見愛人之誠心親民之實學不卑小官克
勤細務使爲有司者皆能以是實心脩舉下民焉有不被其澤風俗焉有不歸
於厚者乎但本官見留軍門聽用該縣若無委官相繼督理未免一暴十寒況
本院近行十家牌諭雖經各府縣編報然訪詢其實類是虛文搪塞且編寫人
丁惟在查考善惡乃聞加以義勇之名未免生事擾衆已失本院息盜安民之
意訪得潮州府通判張繼芳持身端確行事詳審仰該府掌印官將發去牌式

再行曉諭所屬就委張繼芳遍歷屬縣督令各該縣官勤加操演務要不失本院立法初意仍先將牌諭所開事理再四紬繹必須明白透徹真如出自己心庶幾運用皆有脈絡而施爲得其調理該縣鄉約仰委縣丞曹森管理毋令廢墮

賑給思田二府　四月

照得近因思田二府擾亂該前總鎮等官奏調三省漢土官軍兵快人等前來南寧府屯住防守軍民大小男不得耕女不得織而湖兵安歇之家騷擾尤甚今雖地方平靖湖兵已回然瘡痍未起困苦未蘇況自三月已來天道亢旱種未入土民多缺食誠可憫念已經行仰同知史立誠遍查停歇湖兵之家開報相應量行賑給爲此牌仰南寧府著落當該官吏專委同知史立誠卽將十名以上七十一家各給米二石鹽魚二十觔五名以上三百五十六家各給米一石三斗鹹魚十三觔五名以下四百五十四家各給米一石鹹魚十觔就於該府軍餉米魚內支給開報其餘大小軍民之家諭以本院心雖無窮而錢糧有

限各宜安心生理勤儉立家毋縱驕奢毋習游惰比之豐亨豫大之日雖不足而方之兵戈擾攘之時則有餘矣

牌行靈山縣延師設教　六月

看得理學不明人心陷溺是以士習日偷風教不振近該本院久駐南寧該府及附近各學師生前來朝夕聽講已覺漸有奮發之志但窮鄉僻邑本院既未暇身至其地則諸生亦何由耳聞其說合行委官遍行訓告看得原任監察御史今降合浦縣丞陳逅理學素明志存及物見在軍門相應差委除行本官外爲此牌仰靈山縣當該官吏即便具禮敦請本官於該縣學安歇率領師生朝夕考德問業務去舊染卑污之習以求聖賢身心之功該縣諸生應該赴試者臨期起送不該赴試者如常朝夕聽講或時出與經書策論題目量作課程不得玩易怠忽虛應故事須加時敏之功庶有日新之益該縣仍要日逐供給薪米之類候該縣掌印官應朝之日本官不妨訓迪諸生就行兼署該縣印信

牌行委官陳逅設教靈山

看得理學不明云云除行廉州府及所屬縣外牌仰本官即便前去該府及所屬縣行各掌印官召集各該縣師生遍行開導訓告務行立志敦本求爲身心之學一洗舊習之陋度量道里折中處所於靈山縣儒學住歇令各縣師生可以就近聽講其諸生該赴試者臨期起送不該赴試者如常朝夕聚會考德問業毋令一暴十寒虛應文具亦或時出經書策論題目量作課程就與講析文義以無妨其舉業之功大抵學絕道喪之餘人皆駭於創聞必須包蒙俯就涵育薰陶庶可望其改化誠本官平日素能孜孜汲引則此行必能循循善誘該縣掌印官應朝之日本官不妨訓迪諸生就行兼署該縣印信待後縣官應朝回日方許交還

牌行南寧府延師設教

看得理學不明人心陷溺是以士習益偷風教不振近該本院久住南寧與該府縣學師生朝夕開道訓告頗覺漸有興起向上之志本院又以八寨進兵前往貴州等處調度則興起諸生未免又有一暴十寒之患看得原任監察御史

今降揭陽縣主簿季本久抱温故知新之學素有成己成物之心卽今見在軍門相應委以師資之任除行本官外仰南寧府掌印官卽便具禮率領府縣學師生敦請本官前去新創敷文書院闡明正學講析義理各該師生務要專心致志考德問業毋得玩易怠忽徒應虛文其應該赴省考試者扣算程期臨時起送不該赴試者仍要如常朝夕質疑問難或時出與經書題目量作課程務加時敏之功以求日新之益該府縣仍要日逐量送柴米供給

牌行委官季本設教南寧

看得理學不明人心云云除行該府掌印官率屬敦請外仰本官就於新創敷文書院內安歇每日拘集該府縣學諸生爲之勤勤開誨務在興起聖賢之學一洗習染之陋其諸生該赴考試者臨期起送不該赴試者如常朝夕聚會考德問業之外或時出與經書論策題目量作課程就與講析文義以無妨其舉業之功大抵學絕道喪之餘未易解脫舊聞舊見必須包蒙俯就涵育薰陶庶可望其漸次改化諒本官平素最能孜孜汲引則今日必能循循善誘諸生之

中有不率教者時行夏楚以警其惰本院回軍之日將該府縣官員師生查訪勤惰以示勸懲

批嶺東道額編民壯呈 六月

據嶺東道巡守官呈議將各額編民壯存留照舊守城并追工食雇募打手調用看得本院自行十家牌式若使有司果能著實舉行則處處皆兵家家皆兵人人皆兵防守之備既密則追捕之兵自可以漸減省以節民財以寬民力但今有司類皆視爲虚文未曾實心脩舉一旦遂將額設民壯三分減一則意外不測之虞果亦有如各官所呈者合且姑從所議將各民壯照舊存留備行該道所屬查照施行仍仰各官務要用心舉行十家牌式不得苟且因循惟事支吾目前徒倚繁難自弊之術以爲上策反視易簡久安之法以爲迂緩噫果有愛民之誠心處官事如家事者其忍言者之諄諄而聽之乃爾其藐藐耶凡我各官戒之敬之此繳

裁革文移

據布政司呈今後但有牌案行屬者則於備仰語後止令奉行官吏具遵行過
緣由回報看得近來官府文移日煩如造冊依准等項果係徒勞徒費虛文無
補本院欲革此弊久矣因軍務紛劇未及舉行據呈前因可謂先得我心之同
然者自今事關本院除例該奏報及倉庫錢糧金帛贓罰紙價預備稻穀等項
仍於每歲終開項共造手冊一本送院查考外其餘一應不大緊要文冊及依
准等項通行裁革務從簡實以省勞費凡我有官皆要誠心實意一洗從前靡
文粉飾之弊各竭爲德爲民之心共圖正大光明之治通備行各該衙門查照
施行繳

批右江道調和寨目呈

據副使翁素呈湖潤寨目兵徑赴鎮安取調准議備出印信下帖給與該府該
司各永永執照以杜後爭湖潤既已自知原屬鎮安自此必益洪事大之職鎮
安既欲自求仍統湖潤自此必益施字小之仁須要誠心協和庶可永絕禍患
若徒迫脇矯誣於一時終必反覆變亂於日後此自取滅亡後悔何及仰各知

悉遵照毋違此繳

批南寧府表揚先哲申

據南寧府申稱北門外高嶺原有廟宇以祠宋樞密使狄武襄公青經略使余公靖樞密直學士孫公沔邕州太守忠壯蘇公緘推官忠愍譚公必緣年久傾頹止存基址今思田既平所宜脩復以繫屬人心以聳示諸夷看得表揚先哲以激勵有位此正風教之首況舊基猶存相應脩復准支在庫無礙官銀重建祠宇其牌位祭物等項照舊脩舉完日具由回報此繳

批增城縣改立忠孝祠申

據增城縣申稱參得廣東參議王綱字性常洪武年間因靖潮寇父子貞忠大孝合應崇祀於城南門外天妃廟改立忠孝祠看得表揚忠孝樹之風聲以興起民俗此最爲政之先務而該縣知縣朱道瀾乃能因該學師生之請振舉廢墜若此則其平日職業之修志向之正從可知矣仰行該縣悉如所議施行其神像牌位及祭物等項俱聽從宜酌處完日具由回報此繳

批參政張懷奏留朝覲官呈

據左參政張懷所呈憫念兵荒欲留府縣正官足見留心地方但今歲應　朝
事體頗重　朝廷勵精圖治必有維新之政各該正官正宜一行以快觀感似
難通行奏留仰各照例依期起程況該道守巡旣得賢能官員各肯憂勞盡心
若此各府州縣雖無正官其各佐貳亦必警戒脩省自堪驅策其間果有闒冗
不才不任委寄者該道卽行別委相應官員署管仰卽通行查照施行毋再疑
滯繳

經理書院事宜　八月

據參事吳天挺呈稱將南寧城東西二壕花利通收府庫支與書院師生應用
剩銀脩理仍置教官私宅號房以爲定規看得所呈事宜足見該道官留心學
校興起士習之美意俱准照議施行但事無成規難垂久遠而管理非人終歸
廢墜該道仍須置立文簿將區處過事宜逐件開載給付該府縣學及管理書
院官各收一本存照相繼查考舉行以防日後埋沒侵漁之弊仍於各教官內

推舉學行端方堪爲師範者呈來定委專管書院諸務訓勵諸生庶幾法立事行人存政舉而今日書院之設爲不虛矣仍行提督學校官知會一體查督舉行及備行該府縣學官吏師生查照施行俱毋違錯此繳

牌行南寧府延師講禮　八月

照得安上治民莫善於禮冠婚喪祭諸儀固宜家諭而戶曉者今皆廢而不講欲求風俗之美其可得乎況茲邊方遠郡土夷錯雜頑梗成風有司徒事刑驅勢迫是謂以火濟火何益於治若教之以禮庶幾所謂小人學道則易使矣近據福建莆田儒學生員陳大章前來南寧遊學進見之時每言及禮因而扣以冠婚鄉射諸儀果亦頗能通曉看得近來各學諸生類多束書高閣飽食嬉遊散漫度日豈若使與此生朝夕講習於儀文節度之間亦足以收其放心固其飢膚之會筋骸之束不猶愈於博奕之爲賢乎爲此牌仰南寧府官吏即便館穀陳生於學舍於各學諸生之中選取有志習禮及年少質美者相與講解演習自此諸生得於觀感興起砥礪切磋脩之於其家而被於里巷達於鄉村則

邊徼之地自此遂化爲鄒魯之鄉亦不難矣諸生講習已有成效該府仍要從厚措置禮幣以申酬謝仍備由差人送至廣西提督學校官以次送發各府州縣一體演習其於風教要亦不爲無補

劄付同知林寬經理田寧

照得思田二府平復議將田寧府改設流官見今無官管理看得化州知州林寬才識通敏幹辦勤勵本爵巡撫江西知其可用近因改建府治修復城垣已經委令經理即若陞以該府同知而使久於其職必有可觀已經具題奉有明旨續該本院看得南寧自宣化縣至於田寧逆流十日之程其閒錯以土夷村寨奸弊百出本爵近因躬撫南寧思龍諸圖鄉民擁道控告願立縣治因爲經理相度得村名那久者寬平深厚江水縈迴居民千餘家竹樹森翳且向武各州道路皆經由其傍亦爲四通之地堪以設立縣治屬之田寧亦足以鎮據要害消沮盜賊又經具　題外爲照新陞知府張鉞尚未到任合就劄仰本官即便管理府事撫綏目民其脩築城垣廨宇及那久新立縣治等項事宜公同

各該委官用心督理務在脩築堅固工程早完以圖經久候知府張鉞到任仰本官專督恩龍縣治務要清查所割圖里錢糧明白毋令奸民飛詭影射致貽紛爭本官素有才識志在建功立業況奉　新命擢佐專城遠近土目人等側耳注目思有維新之政本官務要竭心殫力展布才猷以仰答　朝廷之恩俯慰下民之望中無負於軍門之委託如其因循玩愒曠事廢功不但聲名毀辱抑且罪責難逃

劄付同知桂鏊經理思恩

照得思田二府平復已經具題將柳州府同知桂鏊經理思恩府事休勞息困當有所濟續該本爵看得岑濬新移府治皆斬山絕壁如處戈矛劍戟之中況瘴霧昏塞薄午始開本爵近因督勦八寨親往相度看得地名荒田寬衍膏腴可以建府治而上林縣地名三里者乃在八寨之間其地多良田茂林村落相望堪以移設鳳化縣治量築城垣廨宇招撫逃亡可以成一方之保障仍將上林一縣通割以屬思恩似於事勢爲便等因又經具　題外爲照署掌府印還

築府城新創縣治及蓋廨宇等項皆不可缺人督理合就劄仰本官卽便星馳
前去思恩府署掌印信撫綏目民其遷築府城於荒田移設縣治於三里及創
建廨宇等項一應事宜公同各該委官用心督理云云如其因循玩愒曠事廢
功豈徒身名毀辱兼亦罪責難逃

牌行南昌府保昌縣禮送故官

照得保昌縣縣丞杜洞久在軍門管理軍賞清介自持賢勞茂著郡屬之中實
爲翹然今不幸病故使人檢其行橐蕭然無以爲歸殯之資殊可傷悼今尋常
故官小吏無洞一日之勞者猶且有水手殯殮之例況洞從征惡寇跋涉險阻
衝冒瘴毒又且平日才而且賢所謂以死勤事者矣焉可以不從厚待之是賢
不肖略無所辨也爲此牌仰本府官吏卽於庫貯無礙官錢內給與水夫二名
棺殮銀十兩就行照例起關應付船隻脚力查照家屬名數給與口糧務要從
厚資送還鄉開報及仰保昌縣官吏卽便僉撥長行水手二名棺殮銀二十兩
及將本官應得俸糧馬夫銀兩照數支給交付伊男及差的當人役護送還鄉

毋致稽誤

調發土兵　十月

照得各州土兵征調頻數本非良法非但耗費竭財抑且頓兵剉銳必須各州輪年調發一以省供饋之費一以節各兵之勞庶幾土人稍有休息之期而官府亦獲精銳之用已經行仰該司遵照備行南丹州官族莫振亨即就揀選勇敢精銳目兵三千名躬親統領照依剋定日期前赴廣西省城聽調殺賊果能輸忠報効立有奇功卽與具　奏准襲該州官職自今八月初一日爲始至下年八月初一日止卻調東蘭州土兵依期更替自今各州目兵軍門斷不輕易調發致令奔疲勞苦亦決不姑息隱忍縱令驕惰玩弛但有稽抗遲誤違犯節制輕則量行罰治重則拏究革去冠帶又重則貶級削地又重則舉兵誅討斷不虛言通行各土官兵目知悉俱仰改心易慮毋蹈前非自貽後悔去後今據所呈爲照本院軍令既出難再輕改失信下人但本官呈稱鵰勦缺兵固亦一時權宜況稱原係本州先年自願報効不在秋調之數亦合姑從所請暫准取

調爲此牌仰本官卽便會同鎮守太監傅倫行仰該州土官韋虎林照數精選
目兵前赴省城聽各官調遣勦賊待三兩月閒事畢隨卽撤放回州遵照軍門
批行事理依期更班聽調不許久留失信其所呈鵰勦事宜悉聽會同三司掌
印守巡兵備等官依擬施行事完之日通將獲過功次用過錢糧數目開報查
考俱毋違錯仍行總鎮總兵鎮巡等衙門知會

犒獎儒士岑伯高

照得思田之亂上廑　九重命將出師動調四省軍馬錢糧洶洶兩年功未告
成而變日不測本院前來勘處是固仰賴　皇上好生之仁格於天地至誠動
物不疾而速是以宣布　威德而旬月之閒諸夷卽爾革心向化翕然來歸然
而奔走服役固有效勞於下者其閒乃有深謀祕計之士潛開默導以會合事
機其功隱而難見此惟主將知之功成行賞是所謂首功者也照得儒士岑伯
高素行端介立心忠直積學待時安貧養母一毫無所苟取而人皆服其廉一
言不肯輕發而人皆服其信遊學橫州南寧之閒遠近士夫及各處土官土夷

莫不聞風向慕仰其高節本院撫臨之初卽用此生使之深入諸夷仰布 朝廷之德下宣本院之誠是以諸夷孚信之速至於如此本生實與有力焉當時平復奏內卽欲具列本生之功而事變方息深謀祕計未欲張布於諸夷但本生志在科第發身不肯異途苟進堅辭力請本院不欲重違雅志遂爾未及奏列今思田既已大定凡有微勞於茲役者莫不開列而本生之功泯然未表其於報功勵忠之典誠有未當仰抄案回司卽於軍餉銀內動支一百兩及置買彩幣羊酒禮送本生以見本院慰賞犒勞之意仍仰遵本院欽奉 勅諭便宜事理給與軍功冠帶以榮其身該司仍備給劄付執照幷行原籍官司以禮優待免其雜泛差徭明 朝廷賞功之典彰軍門激勵之道既以遂其養母之願且以遂其高尚之心是後本生志求科第其冠帶自不相妨仍行兩廣總鎮總兵鎮巡等衙門知會

征勦八寨斷藤峽牌 七年三月 以下俱征八寨

據留撫田州思恩等處地方右布政使林富原任副總兵都指揮同知張祐連

名呈稱田州思恩平復居民悉已各安生理土夷亦皆各事農耕地方實已萬
幸惟八寨猺賊云云合就仰遵　勅諭事理量撥官兵協同盧蘇王受等土兵
分路進勦除差官舍賫捧令旗令牌分投督押土兵本院親至賓州思恩等處
相機調度面授方略外爲此牌仰右布政使林富副總兵張佑卽便督領官軍
督發土目盧蘇王受等兵夫從公堯思恩取路進勦後開寨分務要聲言各賊
累年殺害良民攻劫州縣鄉村之罪殲厥渠魁及其黨與罪惡顯著者明正天
討以絕禍根除臨陣擒斬外其餘脇從老弱一切皆可宥免今兹之舉惟以定
亂安民爲事不以黷武多獲爲功各官務要仰體　朝廷憂憫困窮之心俯念
地方久遭盜賊屠戮之苦督各官兵目兵人等務殲眞正惡目一洗民冤永除
民患以靖地方仍禁兵馬所過鄉村毋得侵擾民間一草一木有犯令者仰卽
遵本院欽奉　勅諭事理當卽處以軍法俱毋有違節制方略自取罪戾

牌行領兵官

牌行左參將署都指揮僉事張經會同該道守巡守備官及湖廣督兵僉事汪

溱都指揮謝珮督永順宣慰彭明輔統兵進勦牛腸諸賊云云及監都保靖宣
慰彭九霄統兵進勦六寺磨刀等寨諸賊云云未至信地三日之前停軍中途
候約參將張經與同守巡各官集議先將進兵道路之險易遠近各巢賊徒之
多寡强弱及所過良民村分之經由往復面同各鄉道人等逐一備細講究明
白務要彼此習熟通曉若出一人然後剋定日時偃旗息鼓寂若無人密至信
地乘夜速發務使迅雷不及掩耳將各稔惡賊魁盡數擒勦以除民害以靖地
方除臨陣斬獲外其餘脅從老弱一切皆可宥免今茲之舉惟以定亂安民爲
事不以多獲首級爲功各官務要仰體　朝廷憂憫困窮之心俯念地方久罹
荼毒之苦仍要禁約軍民人等所過良民村分毋得侵擾一草一木有犯令者
當以軍法斬首示衆本官既有地方責任兼復素懷忠義當茲委用務竭心力
大展才猷以袪患安民一應機宜牌內該載不盡者聽公同各官計議從便施
行一面呈報事完之日通將獲過功次開報紀功御史衙門紀驗以憑奏報仍
密行總鎮鎮巡等衙門知會俱毋違錯

戒諭土目　五月

案照先經行委副總兵張祐督率官土目兵人等進勦思恩八寨猺賊今據頭目盧蘇王受等稟報皆已攻破各寨斬獲賊級雖未日久苦亦無多且又未見獲有真正首惡中間恐有容隱脫放情弊合行戒諭督促爲此牌仰本官上緊親行督諭各頭目及土兵人等俱要協力齊心竭忠報効務圖勦滅以絶禍根庶可以表明各目盡忠圖報之真心若是少有縱容復留遺孽亦是徒勞一場不足爲功適足爲罪非惟不能仰報　朝廷再生之恩其於本院所以勤勤懇懇不顧利害是非務要委曲成就爾等之意亦辜負矣牌至卽以此意勉諭各目各兵此舉非獨爲除地方之害亦爲爾等建子孫久長之業盡此一番辛苦便可一勞永逸矣發去良民其榜可給則給可止則止一應事機俱仰相機而行其號色等項已付思田報効人役徑自帶回分俵亦宜知悉

追捕逋賊

據同知桂鏊稟報領兵土目盧蘇王受等各已屯兵八寨斬獲賊首賊從數多

巢穴悉已破蕩卽今方在分兵四路搜勦及稱附近上林縣一十八村俱搬移上山躱住又訪得鐵坑那埋二堡賊村界連遷江洛春高徑大潘思盧北三向北夷獞村分今皆逃往潛住又訪得八寨賊徒我兵未進之前陸續出刦鄉村今皆不敢回巢散入賓州淥里幷貴縣涼傘疊紙等夷獞村分藏躱合行分兵搜捕等因看得八寨猺賊稔惡多年攻刦鄉村殺害人民擄掠財畜百姓怨恨痛入骨髓今惡貫滿盈民怨神怒巢穴破蕩分崩離析如失林之梟投罝之兔迷魄喪魂正可蒐獵而盡是乃上天欲亡此賊之秋若不乘此機會奉行 天討以雪百姓之寃以舒神人之怒以除地方之禍存其遺孽復爲他日根芽此豈爲民父母之心乎及訪得平日哨守八寨官兵人等往往與賊交通者據法俱應明正典刑今且姑未拏究容其殺賊報効立功自贖除各差官督勦外爲此牌仰指揮程萬全督率遷江所土官指揮黃祿千戸黃瑞百戸淩顯等各起集管下土兵人等前去北三思盧等處搜捕各賊仍行曉諭各良善向化村寨務將逃躱各賊盡數擒斬以泄軍民之憤獲功解報一體給賞若是與賊通謀

容留隱蔽訪究得出　國憲難逃如是各賊果有誠心悔罪願來投撫立功報效者亦准免其一死帶來軍門撫諭安插各官務要盡忠竭力上報　國恩下除民患副軍門之委託立自己之功名仍督平日與賊交通之人令其向道追捕痛加懲改及此機會立功自贖果能奮不顧身多獲真正惡賊非但免其既往之罪抑且同受維新之賞若猶疑貳觀望意圖苟免定行斬首示衆斷不虛言本院數日之後亦且親臨地方躬行賞罰仰各上緊立功毋自取悔

牌行委官林應驄督諭土目　五月

看得田州思恩領兵頭目盧蘇王受等所領目兵皆係驍勇慣戰之人今又各爲身家子孫之計自願出力報效立功贖罪既已攻破賊巢分屯其地則其搜捕潰散之賊當如探囊取物數日可盡今已半月有餘尚未見有成功氣勢日見委靡此必軍中收有賊巢婦女等項貪戀女色財物不肯割舍脫離奮勇殺賊苟且偷安遂致兵氣日衰軍威不振若諸賊聞此消息乘此懈怠掩襲不備我軍必致撓敗如此則是各目此舉本欲立功而反敗事本欲贖罪而反增罪

非惟不能仰報　朝廷之德抑且有損軍門之威矣正名定罪後悔何及爲此牌仰原任戶部郎中今降徐聞縣縣丞林應驄齎執　令旗令牌會同總兵監軍等官公同署田州府事知州林寬身督領兵頭目盧蘇等閱視各營但有收得賊巢婦女財物者通行搜出俱各開紀名數別立老營一所選委老成頭目另撥謹實小心兵夫晝夜管守將各貪戀女色財物不肯奮勇殺賊頭目兵夫姑且免其罰治責令卽出搜山果能多有擒斬旬日之內功成班師仍將前項婦女財物照名給還亦不追失前罪若有貪戀女賊違犯軍令仍前不肯効力者仰卽遵照軍門號令當時斬首示衆斷毋姑息容忍致敗三軍大事蓋前日之招撫專以慈愛惻怛爲念者乃是本院憐憫兩府之民無罪而就死地乃是父母愛子之心惟恐一民不遂其生也至於今日用兵卻須號令嚴明有功必賞有罪必戮者乃是本院欲安兩府之民使之立功贖罪以定其身家而因以除去地方之患是乃帥師行軍之道不如此不足以取勝而成功也差去旗牌官員務要星火催督毋事姑息若旬日之後再無成功本院親臨分地定先將

監軍督軍等官明正軍法其推託避事不肯奮勇殺賊頭目通行斬首決不虛言

牌委指揮趙璇留勦餘賊　六月

牌仰指揮趙璇前去督哨副總兵張祐處查審各寨稔惡猺賊曾否勦絕各兵見住何處聞已出屯三里仰就各營士兵目夫凡有疾病老弱者俱令在營將息調理其精壯驍勇目兵仍仰本官務要三四日或五六日督令入山巡勦一番出意外之奇以示不測之武須候各山果無潛遁之奸各巢已無復歸之賊俟軍門牌至方許回兵仍諭土目盧蘇王受等以如此炎毒天氣如此暑雨連綿各兵久在山中辛勤勞苦本院非不惓惓憂念但一則欲爲爾等立功一則欲爲地方除害心雖不忍久勞爾等而勢有所不能已也爾等其務體本院之意再耐旬日之苦以成百年之功毋得欲速一時致貽後悔事完之日通至賓州本院親行犒賞就領牌劄仰各知悉

牌行副總兵張祐搜勦餘巢　七月

訪得上林相近地方如淥茅等村皆係陽招陰叛與八寨諸賊裏應外合積年流毒地方卽其罪惡尤有甚於八寨諸賊若不勦滅終遺禍根爲此今差指揮趙璇齎牌前去督哨副總兵張祐處計議仰卽密召領兵頭目盧蘇王受等令各挑選精兵一千或一千五百以搜巡八寨爲名當日乘夜速發分道夾勦後開各賊村分務要殲除黨與蕩平巢穴若是各賊奔竄大名深山各兵就可留屯其地食其禾米六畜分兵探賊向往追捕本院先曾發有武緣鄉兵分搜大名諸山遙計此時各賊正回山下各村躲住及今往勦正合事機仰諭各目務要潛機速發不得遲留隔宿必致透漏消息徒勞無功發兵進勦之後一面差人飛報

計開　淥茅　通親　淥小　批頭　羅煖　其餘各巢不能盡開須要量其罪惡大小可勦則勦可撫則撫相機而應

犒勞從征土目　八月

照得思田二府頭目盧蘇王受等率領部下兵夫自備衣糧征勦八寨猺賊渠

魁殄滅羣黨剷平卽今地方寧靖旋師　奏凱實由各目兵夫不避炎蒸奮勇
効勞但進兵以來妨廢一年耕種況今青黄不接之時部下兵夫家屬未免缺
乏相應量爲賑給以慰人心爲此牌仰同知桂鏊卽便會同南寧府掌印官將
該府軍餉糧米魚鹽内照依開數支給各頭目收領但念思恩南寧道里相去
隔遠糧米搬運不便合就於武緣縣見貯軍餉米内支給與各領用以見本院
體恤之心仍開給散過數目繳報查考毋得違錯

綏柔流賊　五月

據左江道參議等官汪必東等呈稱古陶白竹石馬等賊近雖誅勦然尚有流
出府江諸處者誠恐日後爲患乞調歸順土官岑𪨊兵一千名萬承龍英共五
百名或韋貴兵一千名住劄平南桂平衝要地方及該府知府程雲鵬等亦申
量留湖兵及調武靖州狼兵防守等因始觀論議似亦區畫經久之圖徐考成
功終亦支吾目前之計葢用兵之法伐謀爲先處夷之道攻心爲上今各猺征
勦之後有司卽宜誠心撫恤以安其心若不服其心而徒欲久留湖兵多調狼

卒憑藉兵力以威劫把持謂爲可久之計則亦末矣殊不知遠來客兵怨憤不肯爲用一也供饋之需稍不滿意求索訾詈將無抵極二也就居民間騷擾濁亂易生釁隙三也困頓日久資財耗竭適以自弊四也欲借此以衞民而反爲民增一苦欲借此防賊而反爲吾招一寇各官之意豈不虞各賊乘間突出故欲振揚兵威以苟幸目前之無事抑亦不睹其害矣前歲湖兵之調既已大拂其情乃今復欲留之其可行乎夫刑賞之用當而後善有所勸惡有所懲勸懲之道明而後政得其安今稔惡各猺舉兵征勦刑既加於有罪矣然破敗奔竄之餘卽欲招撫彼亦未必能信必須先從其傍良善各巢加厚撫恤使爲善者益知所勸而不肯與之相連相比則黨惡自孤而其勢自定使良善各巢傳道引諭使各賊咸有回心向化之機然後吾之招撫可得而行而凡綏懷御制之道可以次而舉矣夫柔遠人而撫戎狄謂之柔與撫者豈專恃兵甲之威威力之強而已乎古之人能以天地萬物爲一體故能通天下之志凡舉大事必順其情而使之因其勢而導之乘其機而動之及其時而興之是以爲之但見其

易而成之不見其難此天下之民所以陰受其庇而莫知其功之所自也今皆反之豈所見若是其相遠乎亦由無忠誠惻怛之心以愛其民不肯身任地方利害爲久遠之圖凡所施爲不本於精神心術而惟事補輳掇拾支吾粉飾於其外以苟幸吾身之無事此蓋今時之通弊也合就通行計處仰抄案回道即行知府程雲鵬公同指揮周胤宗及各縣知縣等官親至已破賊巢各鄰近良善村寨以次加厚撫恤給以告示犒以魚鹽待以誠信敷以德恩喻以 朝廷所以誅勦各賊者爲其稔惡不悛若爾等良善守分村寨我官府何嘗輕動爾等一草一木爾等各宜益堅向善之心毋爲彼所扇惑搖動從而爲之推選衆所信服立爲酋長以連屬之優其禮待厚其犒賞以漸綏來調習使之日益親附又喻以稔惡各賊彼若不改一征不已至於再再征不已至於三至於四五至於六七必使滅絕而後已此後官府若行勦除爾等但要安心樂業無有驚疑若各賊果能改惡遷善實心向化今日來投今日即待以良善即開其自新之路決不追既往之惡爾等即可以此意傳告開喻之我官府亦未嘗有必欲

殺彼之心若彼賊果有相引來投者亦就實心撫安招來之量給鹽米爲之經紀生業亦就爲之選立酋長使有統率毋令渙散一面淸查侵占田土開立里甲以息日後之爭禁約良民毋使乘機報復以激其變如農夫之植嘉禾而去莨莠深耕易耨芸菑灌溉專心一事勤誠無惰必有秋穫夫善者益知所勸則助惡者日衰惡者益知所懲則向善者益衆此撫柔之道而非專有恃於兵甲者也至於本院近行十家牌諭誠亦弭盜安民之良法而今之有司概以虛文抵塞莫肯實心推求舉行雖已造冊繳報而尚不知其間所屬何意所處地方該道仍要用心督責整理誠使此法一行則不待調發而處處皆兵不待屯聚而家家皆兵不待畜養而人人皆兵無餽運之勞而糧餉足無關隘之設而守禦固習之愈久而法愈精行之彌廣而功彌大其前項區處摘調之兵有虛名而無實用可張皇於暫時而不可施行於永久者勞逸煩簡相去遠矣惟有□該府議欲散撤雇倩機快等項調取武靖州土兵使之就近防守一節區畫頗當然以三千之衆而常在一處屯頓坐食亦未得宜必須分作六班每五百名

爲一班每兩箇月日而更一次若有鵰勦等項然後通行起調然必須於城市別立營房毋使與民雜處然後可免於騷擾嫌隙蓋以十家牌門之兵而爲守土安民之本以武靖起調之兵而備追捕勦截之用此亦經權交濟相須之意合就准行仰該道仍將行糧等項再議停當備行該州土目人等遵照奉行自今以後免其秋調各處哨守等役專在潯州地方聽憑守備參將調用凡遇緊急調取卽要星馳赴信地不得遲違時刻守巡各官仍要時加戒諭撫輯毋令日久玩弛又成虛應故事本院疎才多病精力不足不能躬親細務獨其憂患地方欲爲建立久安長治一念眞切自不能已是以不覺其言之叨叨各官務體此意毋厭其多言而必務爲紬繹毋謂其迂遠而必再與精思務竭其忠誠務行其切實同心協德共濟時艱通行總鎮總兵鎮巡等衙門知會仍行三司各道守巡守備等官事有相類者悉以此意推而行之發去魚鹽或有不足再行計處定奪

告諭村寨

近年牛腸等寨積年稔惡是以舉兵征勦爾等良善村寨我官府自加撫恤決無侵擾各宜益堅爲善之心共享太平之樂其間平日縱有罪犯從今但能中心改過官府決不追論舊惡毋自疑沮或爲彼所扇惑自取滅亡後悔無及就使已勦餘黨果能悔罪自新官府亦待以良善一體撫恤若是長惡不悛一勦十勦至於百勦必加殄滅斷不虛言爾等各寨爲善爲惡日後自見各宜知悉

議立縣衞

看得八寨猺賊稔惡爲患巢穴連絡千里實爲廣西衆賊之淵藪近該本院進勦掃蕩巢穴若不及今設置軍屯衞縣據其心腹要害以阨塞各賊呼吸之咽喉斷絕各賊牽引之脈絡不過數年又將屯聚生息禍根終未剪除本院身親督調各兵看得周安堡正當八寨之中而三里堡亦當八寨之隘俱各山勢回抱堪以築立城郭移衞設縣但未經廣詢博訪詳審水土之善惡民情之逆順中間有無利害得失擬合再行查訪爲此牌仰分巡右江道兵備副使翁素會同該道分守官卽便督同同知桂鏊指揮孫綱等帶領高年知識親至其地經

營相度若果風氣包完水土便利即行料理規制景定方向各另畫圖貼說仍要咨訪父老子弟通曉賊情習知民俗者即今移立衛縣其於四遠賊巢果否足能控制民情有無便益妨損務在人心樂順足為經長永久之計然後備由呈來以憑會奏就將築立城垣合用木石甎灰人夫匠作料價工食等項議估停當具揭呈來以憑先行一面委官分督辦理及時興工毋得忽意苟且玩愒遲延致誤事機

撫恤來降 八月

據參將張經呈稱武靖州耕守黃璋等一十四名被十冬總甲黃鄧護等妄捏窩賊乞行釋放仍給榜諭看得本院屢經牌仰該道該府等官將各向化良善村寨加意撫恤懷柔以收其散亡之勢而堅其向善之心庶使遠近知勸而惡黨自孤各官略不體承本院勤勤懇懇之意肆志妄行輕信十冬奸民之言輒便推求往事為之報復舊讎沮抑歸向之望驚疑反側之心聽其所為必成激變後雖寸斬奸民之骨固亦何救地方之患所據違法各官即合治以軍法姑

且記罪再行飭諭仰將見監黃璋李舉等一十四名卽行釋放仍加慰諭令其復業寧家其十冬黃鄧護等監候本院撫臨解赴軍門發落今後仍要備細開諭該府該縣十冬里老人等各要守法安分務以寧靖地方爲重不得乘機挾勢侵剝新舊投撫之人協取財物泄憤報怨及至釀成變亂卻又貽累地方勞煩官府今後有違犯者體訪得出或被人告發決行拿送軍門治以軍法斷不輕恕仍將發去告示卽行刊刻給赴十冬里老人等遵照奉行具遵行過緣由繳報

批廣東市舶司提舉故官水手呈

看得廣東市舶司提舉已故錢邦用平日果係清白自守足稱廉能乃今客死遠鄉情殊可憫仰廣州府卽與量撥水手起關資送還鄉其原領文憑發該衙門轉繳此繳

王文成公全書卷之十八

外集一 賦 詩

賦騷七首

太白樓賦 丙辰

歲丙辰之孟冬兮泛扁舟予南征淩濟川之驚濤兮覽層構乎任城曰太白之故居兮儼高風之猶在蔡侯導余以從陟兮將放觀乎四海木蕭蕭而亂下兮江浩浩而無窮鯨敖敖而湧海兮鵬翼翼而承風月生輝於采石兮日留景於嶽峯蔽長煙乎天姥兮渺匡廬之雲松嘅昔人之安在兮吾將上下求索而不可蹇予雖非白之儔兮遇季真之知我羌後人之視今兮又烏知其不果吁嗟太白公奚爲其居此兮余奚爲其復來倚穹霄以流盼兮固千載之一哀昔夏桀之顛覆兮尹退乎莘之野成湯之立賢兮迺登庸而伐夏謂鼎俎其要說兮維黨人之擠詬曾聖哲之匡時兮夫焉前枉而直後當天寶之末代兮淫好色以信讒惡來妹喜其猖獗兮衆皆狐媚以貪婪判獨轂而不顧兮爰命夫以僕

妾之役寧直死以顚頷兮夫焉患得而局促開元之紹基兮亦遑遑其求理生逢時以就列兮固雲臺麟閣而容與夫何漂泊于天之涯兮登斯樓乎延佇信流俗之嫉妬兮自前世而固然懷夫子之故都兮沛余涕之潺潺廟堂之偃蹇兮或非情之所好惟不合於斯世兮恣沈酣而遠眺進吾不遇於武丁兮退吾將顏氏之簞瓢奚麴蘖其昏迷兮亦夫子之所逃管仲之輔糾兮孔聖與其改行佐璘而失節兮始以見道之未明覩夜郎之有作兮橫逸氣以徘徊亦初心之無他兮故雖悔而弗摧吁嗟其誰無過兮抗直氣之爲難輕萬乘於褐夫兮固孟軻之所嘆曠絕代而相感兮望天宇之漫漫去夫子其千祀兮世益隘以周容媒婦妾以馳騖兮又從而爲之吮癰賢者化而改度兮競規曲以爲同卒曰嶧山青兮河流瀉風颸颸兮澹平野憑高樓兮不見舟楫紛兮樓之下舟之人兮儼服亦有庶幾夫子之蹤者

九華山賦　壬戌

循長江而南下指青陽以幽討啓鴻濛之神秀發九華之天巧非效靈於坤軸

孰搆奇於玄造陟五溪而徑入宿無相之窈窕訪王生於邃谷掏金沙之清潦淩風雨乎半霄登望江而遠眺步千仞之蒼壁俯龍池於深窅弔謫仙之遺跡躋化城之縹緲欽缽盂之朝露見蓮花之孤標扣雲門而望天柱列仙舞於晴昊儼雙椒之闢門真人駕陽雲而獨蹻翠蓋平臨乎石照綺霞掩映乎天姥二神升於翠微九子鄰於積稻炎熇起於玉甑爛石碑之文藻回澄秋於枕月建少微之星旄覆甌承滴翠之餘瀝展旗立雲外之旌纛下安禪而步逍遙覽雙泉於松杪踰西洪而憩黃石懸百丈之灝灝瀨流觴而縈紆遺石船於澗道呼白鶴於雲峯釣嘉魚於龍沼倚透碧之峗屼謝塵寰之紛擾攀齊雲之巉削鑑琉璃之浩渫沿東陽而西歷飧九節之蒲草樵人導余以冥探排碧雲之瑤島羣巒翳其繆轕失陰陽之昏曉垂七布之沈沈靈龜隱而復佻履高僧而屧招賢開白日之杲杲試明茗於春陽汲垂雲之淵湫淩繡壁而據石屋何文殊螺髻之蟠糾梯拱辰而北盼隳遺光於拾寶緇裳迓於黃匏休圓寂之幽俏烏呼春於叢篁和雲韶之鷿鷈喚起促余之晨興落星河於簷檫護山嘎其驚飛怪

遊人之太早攬冉木之如濯被晨暉而爭姣靜鑱聲之剝啄幽人劚麥蕨於冥杳碧雞嚱於青林鵾翻雲而失皓隱搗藥於樛蘿挾提壺餅焦而翔繞鳳凰承盂冠以相遺飲沆瀣之仙醥羞竹實以嬉翱集梧枝之娟娟嵐欲雨而霏霏鳴濕濕於豐葆躐三遊而轉青峭拂天香於茳渺席泓潭以濯纓浮桃瀉而揚縞淙澌澌而落蔭飲猿猱之捷狡睨斧柯而昇大還望會仙於雲表憫予京之故宅款知微之碧桃倏金光之閃映睫累景於穹坳弄玄珠於赤水舞千尺之潛蛟並花塘而峻極散香林之迴飈撫浮屠之突兀泛五釵之翠濤襲珍芳於絕巘裊金步之搖搖莎羅躑躅芬敷而燦燿幢玉女之妖嬌搴龍鬚於靈寶墮鉢囊之飄飄開仙掌於嶔崁散青馨之迢迢披白雲而躡崇壽見參錯之僧寮日既夕而山冥掛星辰於巉巖宿南臺之明月虎夜嘯而羆皐鹿麌羣遊於左右若將侶幽人之岑寥迥高寒其無寐聞冰鏊之洞簫溪女厲晴瀧而曝朮雜精苓之春苗邀予觴以玉液飯玉粒之瓊瑤濾醉予而遠去颯霞裾之飄飄復中峯而悵望或仙蹤之可招迺下見陽陵之蜿蟺忽有感於子明之宿要逝予將

遺世而獨立採石芝於層霄雖長處於窮僻迺永離乎豚囂彼蒼黎之緝緝固吾生之同胞苟顛連之能濟吾豈靳於一毛矧狂胡之越獗王師局而奔勞吾寧不欲請長纓於闕下快平生之鬱陶顧力微而任重懼覆敗於或遭又出位以圖遠將無誚於鷦鷯嗟有生之迫隘等滅沒於風泡亦富貴其奚爲猶榮蘚之一朝曠百世而興感蔽雄傑於蓬蒿吾誠不能同草木而腐朽又何避乎羣喙之啾啾已矣乎吾其鞭風霆而騎日月被九霞之翠袍摶鵬翼於北溟釣三山之巨鼇道崑崙而息駕聽王母之雲璈呼浮丘於子晉招句曲之三茅長遨遊於碧落共太虛而逍遙亂曰蓬壺之藐藐兮列仙之所逃兮九華之矯矯兮吾將於此巢兮匪塵心之足攪兮念鞠育之劬勞兮苟初心之可紹兮永矢弗撓兮

弔屈平賦　丙辰

正德丙寅某以罪謫貴陽取道沅湘感屈原之事爲文而弔之其詞曰

山黯慘兮江夜波風颼颼兮木落森柯汎中流兮焉泊湛椒醑兮弔湘纍雲冥

冥兮月星蔽晦冰崚嶒兮霰又下纍之宮兮安在悵無見兮愁予高岸兮嶔崎
紛糾錯兮樛枝下深淵兮不惻穴頹洞兮蛟螭山岑兮無極空谷谽谺兮迴寥
寂猿啾啾兮吟兩熊羆嗥兮虎交蹟念纍之窮兮焉託處四山無人兮駭狐鼠
魈魅遊兮羣跳嘯瞰出入兮爲纍姦宄嫉纍正直兮反詆爲殃呢比上官兮子
蘭爲臧幽叢薄兮疇侶懷故都兮增傷望九疑兮參差就重華兮陳辭沮積雪
兮磵道絕洞庭渺邈兮天路迷要彭咸兮江潭召申屠兮使驂娥鼓瑟兮馮夷
舞聊遨遊兮湘之浦乘回波兮泊蘭渚睠故都兮獨延佇君不還兮郢爲墟心
壹鬱兮欲誰語郢爲墟兮函崤亦焚讒鬼逋戮兮快不酬冤歷千載兮耿忠悃
君可復兮排帝閽望遁跡兮渭陽箕羅囚兮其徉以狂艱貞兮晦明懷若人兮
將予退藏宗國淪兮摧腑肝忠憤激兮中道難勉低回兮不忍溘自沈兮心所
安雄之謏兮讒喙衆狂穉兮謂纍揚己爲魈爲魅兮爲讒媵妾纍視若鼠兮佞
纇有泚纍忽舉兮雲中龍薪晻靄兮飃風橫四海兮倏忽駟玉虬兮上衡降望
兮大壑山川蕭條兮渀寥廓逝遠去兮無窮懷故都兮蜷局亂曰日西夕兮沅

湘流楚山嵯峨兮無冬秋纍不見兮洙泗世愈隘兮孰知我憂

思歸軒賦 庚辰

陽明子之官于虔也廨之後喬木蔚然退食而望若處深麓而遊於其鄉之園也構軒其下而名之曰思歸焉門人相謂曰歸乎夫子之役役於兵革而沒沒於徽纆也而靡寒暑焉而靡昏朝焉而髮蕭蕭焉而色焦焦焉雖其心之固囂囂也而不免於呶呶焉嘵嘵焉亦奚爲乎槁中竭外而徒以勞勞焉爲乎哉且長谷之迢迢也窮林之寥寥也而耕焉而樵焉亦焉往而弗宜矣夫退身以全節大知也斂德以亨道大時也怡神養性以遊於造物大熙也又夫子之夙期也而今日之歸又奚以思爲乎哉則又相謂曰夫子之思歸也其亦在陳之懷歟吾黨之小子其狂且簡倀倀然若瞽之無與偕也非吾夫子之歸孰從而裁之乎則又相謂曰嗟乎夫子而得其歸也斯土之人爲失其歸矣乎天下之大也而皆若是焉其誰與爲理乎雖然夫子而得其歸也而後得於道惟夫天下之不得於道也故若是其貿貿夫道得而志全志全而化理化理而人安則夫

斯人之徒亦未始爲不得其歸也而今日之歸又奚疑乎而奚以思爲乎陽明子聞之憮然而歎曰吾思乎吾思乎吾親老矣而暇以他爲乎雖然之言也其始也吾私焉其次也吾資焉又其次也吾幾焉乃援琴而歌之歌曰歸兮歸兮又奚疑兮吾行日非兮吾親日衰兮胡不然兮日思予旋兮後悔可遷兮歸兮歸兮二三子之言兮

咎言　丙寅

正德丙寅冬十一月守仁以罪下錦衣獄省愆內訟時有所述既出而錄之

何玄夜之漫漫兮悄予懷之獨結嚴霜下而增寒兮皦明月之在隙風呶呶以憎木兮鳥驚呼而未息魂營營以惝恍兮目窅窅其焉極懔寒颸之中人兮沓不知其所自夜展轉而九起兮沾予襟之如泗胡定省之弗遑兮豈荼甘之如薺懷前哲之耿光兮恥周容以爲比何天高之冥冥兮孰察予之衷予匪戚於累囚兮牿匪予之爲恫沛洪波之浩浩兮造雲阪之濛濛稅予駕其安止兮終

予去此其焉從孰瘿瘰之在頸兮謂累足之何傷熏目而弗顧兮惟盲者以爲常孔訓之服膺兮惡訐以爲直辭婉孌期巷遇兮豈予言之未力皇天之無私兮鑒予情之靡他寧保身之弗知兮膺斧鑕之謂何蒙出位之爲愆兮信愚忠而蹈亟苟 聖明之有裨兮雖九死其焉恤亂曰予年將中歲月遒兮深谷崆峒逝息遊兮飄然淩風八極周兮孰樂之同不均憂兮匪修名崇仁之求兮出處時從天命何憂兮

守儉弟歸曰仁歌楚聲爲別予亦和之

庭有竹兮青青上喬木兮鳥嚶嚶妹之來兮弟與偕行竹青青兮雨風鳥嚶嚶兮西東弟之歸兮兄誰與同江雲闇兮暑雨江波渺渺兮愁予弟別兄兮須臾兄思弟兮何處景翳翳兮桑榆念重闈兮離居路修遠兮崎嶮沮風波兮江湖山有洞兮洞有雲深林窅窅兮澗道曛松落落兮葛櫐櫐猿啾啾兮鶴怨羣山之人兮不歸山鬼晝嘯兮下上煙霏風嫋嫋兮桂花落草萋萋兮春日遲葺予屋兮雲閟荒予圃兮溪之陽驅虎豹兮無踐我藿擾麋鹿兮無駭我場解予綬

兮鍾阜委予佩兮江湄往者不可追兮歎鳳德之日衰將沮溺其耦耕兮孰接輿之避予回予駕兮扶桑鼓予枻兮滄浪終攜汝兮空谷採三秀兮徜徉

祈雨辭 正德丙子南贛作

嗚呼十日不雨兮田且無禾一月不雨兮川且無波一月不雨兮民已爲疴再月不雨兮民將柰何小民無罪兮天無咎民撫巡失職兮罪在予臣嗚呼盜賊兮爲民大屯天或罪此兮赫威降嗔民則何罪兮玉石俱焚嗚呼民則何罪兮天何遽怒油然興雲兮雨茲下土彼罪曷逋兮哀此窮苦

歸越詩三十五首 弘治壬戌年以刑部主事告病歸越幷楚遊作

遊牛峯寺四首 牛峯今改名浮峯

洞門春靄蔽深松飛磴纏空轉石峯猛虎踞厓如出柙斷螭蟠頂訝懸鐘金城絳闕應無處翠壁丹書尚有蹤天下名區皆一到此山殊不厭來重

縈紆鳥道入雲松下數湖南百二峯巖犬吠人時出樹山僧迎客自鳴鐘淩飆陟險真扶病異日探奇是舊蹤欲扣靈關問丹訣春風蘿薜隔重重

偶尋春寺入層峯曾到渾疑是夢中飛鳥去邊懸棧道馮夷宿處有幽宮溪雲晚度千巖雨海月涼飄萬里風夜擁蒼厓臥丹洞山中亦自有王公

一臥禪房隔歲心五峯煙月聽猿吟飛湍映樹懸蒼玉香粉吹香落細金翠壁年多霜蘚合石牀春盡雨花深勝遊過眼俱陳迹珍重新題滿竹林

又四絶句

翠壁看無厭山池坐益清深林落輕葉不道是秋聲

怪石有千竅老松多半枝清風灑巖洞是我再來時

人閒酷暑避不得清風都在深山中池邊一坐卽三日忽見巖頭碧樹紅

兩到浮峯興轉劇醉眠三日不知還眼前風景色色異惟有人聲似世閒

姑蘇吳氏海天樓次鄺尹韻

晴雪吹寒春事濃江樓三月尚殘冬青山暗逐回廊轉碧海真成捷徑通風暖簷牙雙燕劇雲深簾幙萬花重倚闌天北疑回首想像丹梯下六龍

山中立秋日偶書

風吹蟬聲亂林臥驚新秋山池靜澄碧暑氣亦已收青峯出白雲突兀成瓊樓袒裼坐溪石對之心悠悠倏忽無定態變化不可求浩然發長嘯忽起雙白鷗

夜雨山翁家偶書

山空秋夜靜月明松檜涼沿溪步月色溪影搖空蒼山翁隔水語酒熟呼我嘗褰衣涉溪去笑引開竹房謙言值暮夜盤飧百無將露華明橘柚摘獻冰盤香洗盞對酬酢浩歌入蒼茫醉拂巖石臥言歸遂相忘

尋春

十里湖光放小舟謾尋春事及西疇江鷗意到忽飛去野老情深只自留日暮草香含雨氣九峯晴色散溪流吾儕是處皆行樂何必蘭亭說舊遊

西湖醉中謾書二首

十年塵海勞魂夢此日重來眼倍清好景恨無蘇老筆乞歸徒有賀公情白鳥飛處青林晚翠壁明邊返照晴爛醉湖雲宿湖寺不知山月墮江城

掩映紅粧莫謾猜隔林知是藕花開共君醉臥不須到自有香風拂面來

九華山下柯秀才家

蒼峯抱層嶂翠瀑繞雙溪下有幽人宅蘿深客到迷

夜宿無相寺

春宵臥無相月照五溪花掬水洗雙眼披雲看九華巖頭金佛國樹杪謫仙家

彷彿聞笙鶴青天落絳霞

題四老圍棋圖

世外煙霞亦許時至今風致後人思卻懷劉項當年事不及山中一著棋

無相寺三首

老僧巖下屋繞屋皆松竹朝聞春鳥啼夜伴巖虎宿

坐望九華碧浮雲生曉寒山靈應秘惜不許俗人看

靜夜聞林雨山靈似欲留只愁梯石滑不得到峯頭

化城寺六首

化城高住萬山深樓閣憑空上界侵天外清秋度明月人閒微雨結浮陰鉢龍

降處雲生座巖虎歸時風滿林最愛山僧能好事夜堂燈火伴孤吟
雲裏軒窗半上鉤望中千里見江流高林日出三更曉幽谷風多六月秋仙骨
自憐何日化塵緣翻覺此生浮夜深忽起蓬萊與飛上青天十二樓
雲端鼓角落星斗松頂袈裟散雨花一百六峯開碧漢八十四梯踏紫霞山空
仙骨葬金槨春暖石芝抽玉芽獨揮談麈拂煙霧一笑天地真無涯
化城天上寺石磴入星躔雲外開丹井峯頭耕石田月明猿聽偈風靜鶴參禪
今日揩雙眼幽懷二十年
僧屋煙霏外山深絶世譁茶分龍井水飯帶石田砂香細雲嵐雜窗高峯影遮
林棲無一事終日弄丹霞
突兀閑穹閣氤氳散曉鐘飯遺黃稻粒花發五釵松金骨藏靈塔神光照遠峯
微茫竟何是老衲話遺踪

李白祠二首

千古人豪去空山尚有祠竹深荒舊徑蘚合失殘碑雲雨羅文藻溪泉繫夢思

老僧殊未解猶自索題詩

謫仙棲隱地千載尚高風雲散九峯雨巖飛百丈虹寺僧傳舊事詞客弔遺踪回首蒼茫外青山感慨中

雙峯

凌崖望雙峯蒼茫竟何在載拜西北風爲我掃浮靄

蓮花峯

夜靜涼飆發輕雲散碧空玉鉤掛新月露出青芙蓉

列仙峯

靈峭九萬丈參差生曉寒僊人招我去揮手青雲端

雲門峯

雲門出孤月秋色坐蒼濤夜久羣籟絶獨照宮錦袍

芙蓉閣二首

青山意不盡還向月中看明日歸城市風塵又馬鞍

巖下雲萬重洞口桃千樹終歲無人來惟許山僧住

書梅竹小畫

寒倚春霄蒼玉杖九華峯頂獨歸來柯家草亭深雲裏卻有梅花傍竹開

山東詩六首 弘治甲子年起復主試山東時作

登泰山五首

曉登泰山道行行入煙霏陽光散巖壑秋容淡相輝雲梯掛青壁抑見蛛絲微

長風吹海色飄颻送天衣峯頂動笙樂青童兩相依振衣將往從淩雲忽高飛

揮手若相待丹霞閃餘暉凡軀無健羽悵望未能歸

二

天門何崔嵬下見青雲浮泱漭絶人世迥豁高天秋暝色從地起夜宿天上樓

天雞鳴半夜日出東海頭隱約蓬壺樹縹緲扶桑洲浩歌落青冥遺響入滄流

唐虞變楚漢滅沒如風漚藐矣鶴山僊秦皇豈堪求金砂費日月頹顏竟難留

吾意在龐古泠然馭涼颸相期廣成子太虛顯遨遊枯槁向巖谷黄綺不足儔

三

窮厓不可極飛步淩煙虹危泉瀉石道空影垂雲松千峯互攢簇掩映青芙蓉

高臺倚巉削傾側臨崆峒失足墮煙霧碎骨顛厓中下愚竟難曉摧折紛相從

吾方坐日觀披雲笑天風赤水問軒后蒼梧叫重瞳隱隱落天語閶闔開玲瓏

去去勿復道濁世將焉窮

四

塵網苦羈縻富貴真露草不如騎白鹿東遊入蓬島朝登太山望洪濤隔縹緲

揚輝出海雲來作天門曉遙見碧霞君翩翩起員嶠玉女紫鸞笙雙吹入晴昊

舉首望不及下拜風浩浩擲我玉虛篇讀之殊未了傍有長眉翁一一能指道

從此煉金砂人閒跡如掃

五

我才不救時匡扶志空大置我有無閒緩急非所賴孤坐萬峯顛嗒然遺下塊

已矣復何求至精諒斯在澹泊非虛杳灑脫無芥蔕世人聞予言不笑即吁怪

吾亦不強語惟復笑相待魯叟不可作此意聊自快

泰山高次王内翰司獻韻

歐生誠楚人但識廬山高廬山之高猶可計尋丈若夫泰山仰視恍惚吾不知其尚在青天之下乎其已直出青天上我欲倣擬試作泰山高但恐培塿之見未能測識高大筆底難具狀扶輿磅礴元氣鍾突兀半遮天地東南衡北恆西泰華俯視傴僂誰爭雄人寰茫昧乍隱見雷雨初解開鴻濛繡壁丹梯煙霏靄霸海日初湧照耀蒼翠平麓遠抱滄海灣日觀正與扶桑對聽濤聲之下瀉知百川之東會天門石扇豁然中開幽崖邃谷險積隱埋中有遯世之流龜潛雌伏蜚霞吸秀於其閒往往怪譎多僊才上有百丈之飛湍懸空絡石穿雲而直下其源疑自青天來巖頭膚寸出煙霧須臾滂沱徧九垓古來登封七十二主後來相效紛紛如雨玉檢金函無不爲只今埋沒知何許但見白雲猶復起封中斷碑無字天外日月磨剛風飛塵過眼倏超忽飄蕩豈復有遺蹤天空翠華遠落日辭千峯魯郊獲麟岐陽會鳳明堂既毀閟宮興頌宣尼曳杖逍遙一去

不復來幽泉嗚咽而含悲羣巒拱揖如相送俯仰宇宙千載相望隳山喬嶽尚被其光峻極配天無敢頡頏嗟予瞻眺門牆外何能彷彿窺室堂也來攀附攝遺跡三千之下不知亦許再拜占末行吁嗟乎泰山之高其高不可極半壁回首此身不覺已在東斗傍

京師詩八首 弘治乙丑年改除兵部主事時作

憶龍泉山

我愛龍泉寺寺僧頗疎野盡日坐井欄有時臥松下一夕別山雲三年走車馬媿殺巖下泉朝夕自清瀉

憶諸弟

久別龍山雲時夢龍山雨覺來枕簟涼諸弟在何許終年走風塵何似山中住百歲如轉蓬拂衣從此去

寄舅

老舅近何如心性老不改世故惱情懷光陰不相待借問同輩中鄉鄰幾人在

從今且爲樂舊事無勞悔

送人東歸

五洩佳山水平生思一遊送子東歸省尊鱸況復秋幽探須及壯世事苦悠悠

來歲春風裏長安憶故邱

寄西湖友

予有西湖夢西湖亦夢予三年成闊別近事竟何如況有諸賢在他時終卜廬

但恐吾歸日君還軒冕拘

贈陽伯

陽伯郎伯陽伯陽竟安在大道郎人心萬古未嘗改長生在求仁金丹非外待

繆矣三十年于今吾始悔

故山

鑑水終年碧雲山盡日閑故山不可到幽夢每相關霧豹言長隱雲龍欲共攀

緣知丹壑意未勝紫宸班

憶鑑湖友

長見人來說扁舟每獨遊春風梅市晚月色鑑湖秋空有煙霞好猶爲塵世留

自今當勇往先與報江鷗

獄中詩十四首 正德丙寅年十二月以上疏忤逆瑾下錦衣獄作

不寐

天寒歲云暮冰雪關河逈幽室魍魎生不寐知夜永驚風起林木驟若波浪洶

我心良匪石詎爲戚欣動滔滔眼前事逝者去相踵厓窮猶可陟水深猶可泳

焉知非日月胡爲亂予衷深谷自逶迤煙霞日悠永匡時在賢達歸哉盍耕壠

有室七章

有室如簴周之崇墉窒如穴處無秋無冬

耿彼屋漏天光入之瞻彼日月何嗟及之

倏晦倏明淒其以風倏雨倏雪當晝而蒙

夜何其矣靡星靡粲豈無白日寤寐永嘆

心之憂矣匪家匪室或其啓矣殞予匪恤
氤氳其埃日之光矣淵淵其鼓明旣昌矣
朝旣式矣日旣夕矣悠悠我思曷其極矣

讀易

囚居亦何事省愆懼安飽瞑坐玩羲易洗心見微奧乃知先天翁畫畫有至教
包蒙戒爲寇童牿事宜早蹇蹇匪爲節虩虩未違道遯四獲我心蠱上庸自保
俛仰天地間觸目俱浩浩簞瓢有餘樂此意良匪矯幽哉陽明麓可以忘吾老

歲暮

兀坐經旬成木石忽驚歲暮還思鄉高簷白日不到地深夜黠鼠時登牀峯頭
霽雪開草閣瀑下古松閒石房溪鶴洞猿爾無恙春江歸棹吾相將

見月

屋罅見明月還見地上霜客子夜中起旁皇涕沾裳匪爲嚴霜苦悲此明月光
月光如流水徘徊照高堂胡爲此幽室奄忽踰飛揚逝者不可及來者猶可望

盈虛有天運嘆息何能忘
天涯歲暮冰霜結永巷人稀罔象遊長夜星辰瞻閣道曉天鐘鼓隔雲樓思家有淚仍多病報主無能合遠投留得昇平雙眼在且應蓑笠臥滄洲

屋罅月

幽室不知年夜長晝苦短但見屋罅月清光自虧滿佳人宴清夜繁絲激哀管朱閣出浮雲高歌正淒婉寧知幽室婦中夜獨愁嘆良人事遊俠經歲去不返來歸在何時年華忽將晚蕭條念宗祀淚下長如霰

別友獄中

居常念朋舊簿領成闊絕嗟我二三友胡然此簪盍累累囹圄間講誦未能輟桎梏敢忘罪至道良足悅所恨精誠眇尚口徒自蹶　天王本明聖旋已但中爇行藏未可期明當與君別願言無詭隨努力從前哲

赴謫詩五十五首

正德丁卯年赴謫貴陽龍場驛作

答汪抑之三首

去國心已恫別子意彌惻伊邇怨昕夕況茲萬里隔戀戀歧路間執手何能默
子有昆弟居而我遠親側回思菽水懽羨子何由得知子念我深夙夜敢忘惕
良心忠信資蠻貊非我戚
北風春尚號浮雲正南馳風雲一相失各在天一涯客子懷往路起視明星稀
驅車赴長阪迢迢入嵐霏旅宿蒼山底霧雨昏朝彌閒關不足道嗟此白日微
切嗟懷良友願言毋心違
聞子賦茆屋來歸在何年索居閒楚越連峯鬱參天緬懷巖中隱磴道窮扳緣
江雲動蒼壁山月流澄川朝採石上芝暮漱松間泉鵝湖有前約鹿洞多遺編
寄子春鴻書待我秋江船

陽明子之南也其友湛元明歌九章以贈崔子鍾和之以五詩於是陽明子作八詠以答之

君莫歌九章歌以傷我心微言破寥寂重以離別吟別離悲尚淺言微感逾深
瓦缶易諧俗誰辯黃鍾音

其二

君莫歌五詩歌之增離憂豈無良朋侶洵樂相遨遊譬彼桃與李不爲倉囷謀

君莫忘五詩忘之我焉求

其三

洙泗流浸微伊洛僅如綫後來三四公瑕瑜未相掩嗟予不量力跛躄期致遠

屢與還屢仆惴息幾不免道逢同心人秉節倡予敢力爭毫釐閒萬里或可勉

風波忽相失言之淚徒泫

其四

此心還此理寧論己與人千古一噓吸誰爲歎離羣浩浩天地內何物非同春

相思輒奮勵無爲俗所分但使心無閒萬里如相親不見宴遊交徵逐胥以淪

其五

器道不可離二之卽非性孔聖欲無言下學從泛應君子勤小物蘊蓄乃成行

我誦窮索篇於子旣聞命如何圜中士空谷以爲靜

其六

靜虛非虛寂中有未發中中有亦何有無之卽成空無欲見真體忘助皆非功

至哉玄化機非子孰與窮

其七

憶與美人別贈我青琅函受之不敢發焚香始開緘諷誦意彌遠期我濂洛間

道遠恐莫致庶幾終不懈

其八

憶與美人別惠我雲錦裳錦裳不足貴遺我冰雪腸寸腸亦何遺誓言終不渝

珍重美人意深秋以爲期

南遊三首

元明與予有衡嶽羅浮之期賦南遊申約也

南遊何迢迢蒼山亦南馳如何衡陽雁不見燕臺書莫歌澧浦曲莫弔湘君祠

蒼梧煙雨絶從誰問九疑

其二

九疑不可問羅浮如可攀遙拜羅浮雲奠以雙瓊環渺渺洞庭波東逝何時還

人生不努力草木同衰殘

其三

洞庭何渺茫衡嶽何崔嵬風飃迴雁雪美人歸未歸我有紫瑜珮留掛芙蓉臺

下有蛟龍峽往往與雲雷

憶昔答喬白巖因寄儲柴墟三首

憶昔與君約玩易探玄微君行赴西嶽經年始來歸方將事窮索忽復當遠辭

相去萬里餘後會安可期問我長生訣惑也吾誰欺盈虧消息間至哉天地機

聖狂天淵隔失得分毫釐

其二

毫釐何所辯惟在公與私公私何所辯天動與人爲遺體豈不貴踐形乃無虧

願君崇德性問學刋支離無爲氣所役毋爲物所疑恬淡自無欲精專絕交馳

博弈亦何事好之甘若飴吟咏有性情喪志非所宜非君愛忠告斯語容見嗤
試問柴墟子吾言亦何如

其三

柴墟吾所愛春陽溢鬢眉白巖吾所愛慎默長如愚二君廊廟器予亦山泉姿
度量較齒德長者皆吾師置我五人末庶亦忘崇卑迢迢萬里別心事兩不疑
北風送南雁慰我長相思

一日懷抑之也抑之之贈既嘗答以三詩意若有歉焉是以賦也

一日復一日去子日以遠惠我金石言沈鬱未能展人生各有際道誼尤所眷
嘗嗟兒女悲憂來仍不免緬懷滄洲期聊以慰遲晚

其二

遲晚不足歎人命各有常相去忽萬里河山鬱蒼蒼中夜不能寐起視江月光
中情旣自抑美人難自忘

其三

美人隔江水彷彿若可覩風吹蒹葭雪飄蕩知何處美人有瑤瑟清奏含太古高樓明月夜惆悵爲誰鼓

夢與抑之昆季語湛崔皆在焉覺而有感因紀以詩三首

夢與故人語語我以相思纔爲旬日別宛若三秋期令弟坐我側屈指如有爲須臾湛君至崔子行相隨肴酳旋羅列語笑如平時縱言及微奧會意忘其辭覺來復何有起坐空嗟咨

其二

起坐憶所夢默遡猶歷歷初談自有形繼論入無極無極生往來往來萬化出萬化無停機往來何時息來者胡爲信往者胡爲屈微哉屈信間子午當其屈非子盡精微此理誰與測何當衡廬間相攜玩羲易

其三

衡廬曾有約相攜尚無時去事多翻覆來蹤豈前知斜月滿虛牖樹影何參差林風正蕭瑟驚鵲無寧枝邈彼二三子惄焉勞我思

因雨和杜韻

晚堂疎雨暗柴門忽入殘荷瀉石盆萬里滄江生白髮幾人燈火坐黃昏客途最覺秋先到荒徑惟憐菊尚存卻憶故園耕釣處短蓑長笛下江村

赴謫次北新關喜見諸弟

扁舟風雨泊江關兄弟相看夢寐間已分天涯成死別寧知意外得生還投荒自識君恩遠多病心便吏事閑攜汝耕樵應有日好移茅屋傍雲山

南屏

溪風漠漠南屏路春服初成病眼開花竹日新僧已老湖山如舊我重來層樓雨急青林迥古殿雲晴碧嶂迴獨有幽禽解相信雙飛時下讀書臺

臥病靜慈寫懷

臥病空山春復夏山中幽事最能知雨晴階下泉聲急夜靜松間月色遲把卷有時眠白石解纓隨意濯清漪吳山越嶠俱堪老正奈燕雲繫遠思

移居勝果寺二首

江上但知山色好峯迴始見寺門開半空虛閣有雲住六月深松無暑來病肺正思移枕簟洗心兼得遠塵埃富春咫尺煙濤外時倚層霞望釣臺

病餘巖閣坐朝曛異景相新得未聞日脚倒明千頃霧雨聲高度萬峯雲越山陣水當吳嶠江月隨潮上海門便欲攜書從此老不教猿鶴更移文

憶別

憶別江干風雪陰艱難歲月兩侵尋重看骨肉情何限況復斯文約舊深賢聖可期先立志塵凡未脫謾言心移家便住煙霞壑綠水青山長對吟

泛海

險夷原不滯胸中何異浮雲過太空夜靜海濤三萬里月明飛錫下天風

武夷次壁間韻

肩輿飛度萬峯雲回首滄波月下聞海上真爲滄水使山中又遇武夷君溪流九曲初諳路精舍千年始及門歸去高堂慰垂白細探更擬在春分

草萍驛次林見素韻奉寄

山行風雪瘦能當會喜江花照野航本與宦途成懶散頗因詩景受閑忙鄉心草色春同遠客鬢松梢晚更蒼料得煙霞終有分未須連夜夢溪堂

玉山東嶽廟遇舊識嚴星士

憶昨東歸亭下路數峯簫管隔秋雲肩輿欲到妨多事鼓枻重來會有云春夜絕憐燈節近溪聲最好月中聞行藏無用君平卜請看沙邊鷗鷺羣

廣信元夕蔣太守舟中夜話

樓臺燈火水西東簫鼓星橋渡碧空何處忽談塵世外百年惟此月明中客途孤寂渾常事遠地相求見古風別後新詩如不惜衡南今亦有飛鴻

夜泊石亭寺用韻呈陳婁諸公因寄儲柴墟都憲及喬白巖太常諸友

廿年不到石亭寺惟有西山只舊青白拂挂牆僧已去紅闌照水客重經沙村遠樹凝春望江雨孤篷入夜聽何處故人還笑語東風啼鳥夢初醒

悵望沙頭成久坐江洲春樹何青青煙霞故國虛夢想風雨客途真慣經白壁屢投終自信朱絃一絕好誰聽扁舟心事滄浪舊從與漁人笑獨醒

過分宜望鈐岡廟

共傳峯頂樹古廟有靈神楚俗多尊鬼巫言解惑人望禋存舊典捍禦及斯民

世事渾如此題詩感慨新

雜詩三首

危棧斷我前猛虎尾我後倒崖落我左絕壑臨我右我足復荊榛兩雪更紛驟

邈然思古人無悶聊自有無悶雖足珍警惕忘爾守君觀真宰意匪薄亦良厚

其二

青山清我目流水靜我耳琴瑟在我御經書滿我几措足踐坦道悅心有妙理

頑冥非所懲賢達何靡靡乾乾懷往訓敢忘惜分晷悠哉天地內不知老將至

其三

羊腸亦坦道太虛何陰晴燈窗玩古易欣然獲我情起舞還再拜聖訓垂明明

拜舞詎踰節頓忘樂所形斂衽復端坐玄思窺沈溟寒根固生意息灰抱陽精

沖漠際無極列宿羅青冥夜深向晦息始聞風雨聲

袁州府宜春臺四絕

宜春臺上還春望山水南來眼未嘗卻笑韓公亦多事更從南浦羨滕王

臺名何事只宜春山色無時不可人不用煙花費妝點儘教刊落儘嶙峋

持修江藻拜祠前正是春風欲暮天童冠儘多歸詠與城南兼說有温泉

古廟香燈幾許年增修還費大官錢至今楚地多風雨猶道山神駕鐵船

夜宿宣風館

山石崎嶇古轍痕沙溪馬渡水猶渾夕陽歸鳥投深麓煙火行人望遠村天際浮雲生白髮林間孤月坐黃昏越南冀北俱千里正恐春愁入夜魂

萍鄉道中謁濂溪祠

木偶相沿恐未真清輝亦復凜衣巾簿書曾屑乘田吏俎豆猶存畏壘民碧水蒼山俱過化光風霽月自傳神千年私淑心喪後下拜春祠薦渚蘋

宿萍鄉武雲觀

曉行山徑樹高低雨後春泥沒馬蹄翠色絕雲開遠嶂寒聲隔竹隱晴溪已聞

南去艱舟楫漫憶東歸沮杖藜夜宿仙家見明月清光還似鑑湖西

醴陵道中風雨夜宿泗洲寺次韻

風雨偏從險道嘗深泥沒馬陷車箱虛傳鳥路通巴蜀豈必羊腸在太行遠渡漸看連暝色晚霞會喜見朝陽水南昏黑投僧寺還理羲編坐夜長

長沙答周生

旅倦憩江觀病齒廢談誦之子特相求禮殫意彌重自言絕學餘有志莫與共手持一編書披歷見肝衷近希小范蹤遠爲賈生慟兵符及射藝方技靡不綜我方懲創後見之色亦動子誠仁者心所言亦屢中願子且求志蘊蓄事涵泳孔聖固遑遑與點樂歸詠回也王佐才閉戶避鄰鬨知子信美才大構中梁棟未當匠石求滋植務培壅愧子勤繾意何以相規諷養心在寡欲操存舍卽縱嶽麓何森森遺址自南宋江山足游息賢迹尚堪踵何當謝病來士氣多沈勇

涉湘于邁嶽麓是遵仰止先哲因懷友生麗澤與感伐木寄言二首

客行長沙道山川鬱稠繆西探指嶽麓凌晨渡湘流躋岡復陟巘弔古還尋幽

林壑有餘采昔賢此藏修我來實仰止匪伊事盤遊衡雲閒曉望洞野浮春洲懷我二三友伐木增離憂何當此來聚道誼日相求

其二

林閒憩白石好風亦時來春陽熙百物欣然得予懷緬思兩夫子此地得徘徊當年靡童冠曠代登堂階高情詎今昔物色遺吾儕顧謂二三子取瑟爲我諧我彈爾爲歌爾舞我與偕吾道有至樂富貴真浮埃若時乘大化勿愧點與回陟岡採松柏將以遺所思勿採松柏枝兩賢昔所依緣峯踐臺石將以望所期勿踐臺上石兩賢昔所躋兩賢去邈矣我友何相違吾斯未能信役役空爾疲胡不此簪盍麗澤相遨嬉渴飲松下泉飢飧石上芝偃仰絕餘念還客難久稽洞庭春浪闊浮雲隔九疑江洲滿芳草目極令人悲已矣從此去奚必茲山爲戀繫乃從欲安土惟隨時晚聞冀有得此外吾何知

遊嶽麓書事

醴陵西來涉湘水信宿江城沮風雨不獨病齒畏風濕泥潦侵途絕行旅人言

嶽麓最形勝隔水溟濛隱雲霧趙侯需晴邀我遊故人徐陳各傳語周生好事屢來速森森雨脚何由住曉來陰翳稍披拂便攜周生涉江去戒令休遣府中知徒爾勞人更妨務橘洲僧寺浮江流鳴鐘出延立沙際停橈一至荅其情三洲連緜亦佳處行雲散漫浮日色是時峯巒益開霽亂流蕩槳濟倏忽繫檝江邊老檀樹岸行里許入麓口周生道予勤指顧柳蹊梅隄存彷彿道林林壑獨如故赤沙想像虛田中西嶼傾頽今塚墓道鄉荒趾留突兀赫曦遠望石如鼓殿堂釋菜禮從宜下拜朱張息遊地鑿石開山面勢改雙峯闢闕見江渚聞是吳君所規畫此舉良是反遭忌九仞誰虧一簣功歎息遺基獨延佇浮屠觀閣摩青霄盤據名區徧寰宇其徒素爲儒所擯以此方之反多愧愛禮思存告朔羊況此實作匪文具人云趙侯意頗深隱忍調停旋修舉昨來風雨破棟脊方遣圬人補殘敝予聞此語心稍慰野人蔬蕨亦羅置欣然一酌纔舉杯津夫走報郡侯至此行隱跡何由聞遣騎候訪自吾寓潛來鄙意正爲此倉卒行庖益勞費整冠出迓見兩蓋乃知王君亦同御肴羞層疊絲竹繁避席興辭懇莫拒

多儀劣薄非所承樂闋觴周日將暮黃堂吏散君請先病夫沾醉須少憩入舟暝色漸微茫卻喜順流還易渡嚴城燈火人已稀小巷曲折忘歸路傴宮酣倦成熟寐曉聞簷聲復如注昨遊偶遂實天假信知行樂皆有數涉躐差償夙好心尚有名山敢多慕齒角盈虧分則然行李雖淹吾不惡

次韻答趙太守王推官

詰朝事虔謁玄居宿齋沐積霖喜新霽風日散清燠蘭橈渡芳渚半涉見水陸溪山儼新宇雷雨荒大麓皇皇絃誦區斯文昔炳郁興廢尚屯疑使我懷悱懊近聞牧守賢經營亟乘屋方舟爲予來飛蓋遙肅肅花絮媚晚筵韶景正柔淑浴沂諒同情及茲授春服令德倡高祠混珠愧魚目努力崇修名迂疎自嚴谷

天心湖阻泊既濟書事

掛席下長沙瞬息百餘里舟人共揚眉予獨憂其駃日暮入沅江抵石舟果圮補敝詰朝發衝風遂齟齬暝泊後江湖蕭條旁罾壘月黑波濤驚蛟鼉互睥睨翼午風益厲狼狽收斷汜天心數里間三日但遙指甚雨迅雷雹作勢殊未已

溟溟雲霧中四望渺涯涘篙槳不得施丁夫盡嗟譩淋漓念同胞吾寧忍暴使饘粥且傾橐苦甘吾與爾衆意在必濟糧絶亦均死憑陵向高浪吾亦詎容止虎怒安可攖志同稍足倚且令並岸行試涉湖濱沚收舵幸無事風雨亦浸弛逡巡緣沚湄迤邐就風勢新漲翼回湍倏忽逝如矢夜入武陽江漁村穩堪艤糴市謀晚炊且爲衆人喜江醪信漓濁聊復盪胸滓濟險在需時儌倖豈常理爾輩勿輕生偶然非可恃

去婦歎五首 楚人有閉於新娶而去其婦者其婦無所歸去之山間獨居懷綣不忘終無他適予聞其事而悲之爲作去婦歎

委身奉箕箒中道成棄捐蒼蠅間白璧君心亦何愆獨嗟貧家女素質難爲妍命薄良自喟敢忘君子賢春華不再艷頹魄無重圓新歡莫終恃令儀慎周還

依違出門去欲行復遲遲鄰嫗盡出別強語含辛悲陋質容有繆放逐理則宜姑老籍相慰缺乏多所資妾行長已矣會面當無時

妾命如草芥君身比瑯玕奈何以妾故廢食懷憤冤無爲傷姑意燕爾且爲歡中廚存宿旨爲姑備朝飡畜育意千緒倉卒徒悲酸伊邇望門屏盍從新人言

夫意已如此妾還當誰顏
去矣忽復道已去還躊躕雞鳴尚聞響犬戀猶相隨感此摧肝肺淚下不可揮
罔回行漸遠日落羣鳥飛羣鳥各有託孤妾去何之
空谷多淒風樹木何瀟森浣衣澗冰合採苓山雪深離居寄巖穴憂思託鳴琴
朝彈別鶴操暮彈孤鴻吟彈苦思彌切巑岏隔雲岑君聽甚明哲何因聞此音

羅舊驛

客行日日萬峯頭山水南來亦勝遊市谷鳥啼村雨暗剌桐花暝石溪幽蠻煙
喜過青楊瘴鄉思愁經芳杜洲身在夜郎家萬里五雲天北是神州

沅水驛

辰陽南望接沅州碧樹林中古驛樓遠客日憐風土異空山惟見瘴雲浮耶溪
有信從誰問楚人無情只自流卻幸此身如野鶴人間隨地可淹留

鐘鼓洞

見說水南多異迹巖頭時有鼓鐘聲空遺石壁千年在未信金砂九轉成遠地

星辰瞻北極春山明月坐更深年來夷險還忘卻始信羊腸路亦平

平溪館次王文濟韻

山城寥落閉黃昏燈火人家隔水村清世獨便吾職易窮途還賴此心存蠻煙瘴霧承相往翠壁丹厓好共論畎畝投閑終有日小臣何以答君恩

清平衛卽事

積雨山途喜乍晴煖雲浮動水花明故園日與青春遠敝縕涼思白苧輕煙際卉衣窺絕棧時土苗方仇殺峯頭戍角隱孤城華夷節制嚴冠履漫說殊方列省卿

興隆衛書壁

山城高下見樓臺野戍參差暮角催貴竹路從峯頂入夜郎人自日邊來鶯花夾道驚春老雉堞連雲向晚開尺素屢題還屢擲衡南那有鴈飛回

七盤

鳥道縈紆下七盤古藤蒼木峽聲寒境多奇絕非吾土時可淹留是謫官猶記邊峯傳羽檄近聞苗俗化衣冠投簪實有居夷志垂白難承菽水懽

初至龍場無所止結草菴居之

草菴不及肩旅倦體方適開棘自成籬土階漫無級迎風亦蕭疏漏雨易補緝
靈瀨響朝湍深林凝暮色羣獠環聚訊語龐意頗質鹿豕且同遊茲類猶人屬
污樽映瓦豆盡醉不知夕緬懷黃唐化格稱茅茨迹

始得東洞遂爲陽明小洞天三首

古洞閟荒僻虛設疑相待披萊歷風磴移居快幽塏營炊就巖竇放榻依石壘
穹窒旋薰塞夷坎仍灑掃卷帙漫堆列樽壺動光彩夷居信何陋恬淡意方在
豈不桑梓懷素位聊無悔

童僕自相語洞居頗不惡人力免結構天巧謝雕鑿清泉傍廚落翠霧還成幕
我輩日嬉偃主人自愉樂雖無棨戟榮且遠塵囂聒但恐霜雪凝雲深衣絮薄

我聞莞爾笑周慮愧爾言上古處巢窟抔飲皆汙樽沍極陽內伏石穴多冬暄
豹隱文始澤龍蟄身乃存豈無數尺榱輕裘吾不溫邈矣簞瓢子此心期與論

謫居糧絕請學于農將田南山永言寄懷

謫居屢在陳從者有慍見山荒聊可田錢鎛還易辦夷俗多火耕倣習亦頗便

及茲春未深數畝猶足佃豈徒實口腹且以理荒宴遺穗及鳥雀貧寡發餘羨

出耒在明晨山寒易霜霰

觀稼

下田既宜稌高田亦宜稷種蔬須土疏種蕷須土濕寒多不實秀暑多有螟螣

去草不厭頻耘禾不厭密物理既可玩化機還默識即是參贊功毋為輕稼穡

採蕨

採蕨西山下扳援陟崔嵬遊子望鄉國淚下心如摧浮雲塞長空頹陽不可回

南歸斷舟楫北望多風埃已矣供子職勿更貽親哀

猗猗

猗猗澗邊竹青青巖畔松直榦歷冰雪密葉留清風自期永相託雲壑無違蹤

如何兩分植憔悴歎西東人事多翻覆有如道上蓬惟應歲寒意隨處還當同

南溟

南溟有瑞鳥東海有靈禽飛遊集上苑結侶珍樹林願言飾羽儀共舞簫韶音
風雲忽中變一失難相尋瑞鳥既遭縻靈禽投荒岑天衢雨雪積江漢虞羅侵
哀哀鳴索侶病翼飛未任羣鳥亦千百誰當會其心南嶽有竹實丹溜青松陰
何時共棲息永託雲泉深

溪水

溪石何落落溪水何泠泠坐石弄溪水欣然濯我纓溪水清見底照我白髮生
年華若流水一去無回停悠悠百年內吾道終何成

龍岡新構

諸夷以予穴居頗陰濕請搆小廬欣然趨事不月而成諸生聞之亦皆
來集請名龍岡書院其軒曰何陋

謫居聊假息荒穢亦須治鑿巘薙林條小構自成趣開牕入遠峯架扉出深樹
墟寨俯逶迤竹木互蒙翳畦蔬稍溉鋤花藥頗雜蒔宴適豈專予來者得同憩
輪奐非致美毋令易傾敧

營茅乘田隙洽旬始苟完初心待風雨落成還美觀鋤荒旣開徑拓樊亦理園
低簷避松偃疎土行竹根勿翦牆下棘束列因可藩莫擷林間蘿蒙籠覆雲軒
素缺農圃學因茲得深論毋爲輕鄙事吾道固斯存

諸生來

簡滯動罹咎廢幽得幸免夷居雖異俗野朴意所眷思親獨疚心疾憂庸自遣
門生頗羣集樽斝亦時展講習性所樂記問復懷靦林行或沿澗洞遊還陟巘
月榭坐鳴琴雲牕臥披卷澹泊生道真曠達匪荒宴豈必鹿門棲自得乃高踐

西園

方園不盈畝蔬卉頗成列分溪免甕灌補籬防豕蹢蕪草稍焚薙清雨夜來歇
濯濯新葉敷熒熒夜花發放鋤息重陰舊書漫披閱倦枕竹下石醒望松閒月
起來步閑謠晚酌簷下設盡醉即草鋪忘與鄰翁別

水濱洞

送遠憩岨谷濯纓俯清流沿溪涉危石曲洞藏深幽花靜馥常閟溜暗光亦浮

平生泉石好所遇成淹留好鳥忽雙下儵魚亦羣遊坐久塵慮息澹然與道謀

山石

山石猶有理山木猶有枝人生非木石別久寧無思愁來步前庭仰視行雲馳行雲隨長風飄飄去何之行雲有時定遊子無還期高梁始歸燕題鴂已先悲有生豈不苦逝者長若斯已矣復何事商山行采芝

無寐二首

煙燈暧無寐憂思坐長往寒風振喬林葉落聞飔響起窺庭月光山空遊罔象懷人阻積雪崖冰幾千丈

其二

窮厓多雜樹上與青冥連穿雲下飛瀑誰能識其源但聞清猿嘯時見皓鶴翻中有避世士冥寂栖其巔緊予亦同調路絕難攀緣

諸生夜坐

謫居澹虛寂眇然懷同遊日入山氣夕孤亭俯平疇草際見數騎取徑如相求

漸近識顏面隔樹停鳴騶投轡鴈鶩進攜榼各有羞分席夜堂坐絳蠟清樽浮

鳴琴復散帙壺矢交觥籌夜弄溪上月曉陟林間丘村翁或招飲洞客偕探幽

講習有真樂談笑無俗流緬懷風沂與千載相爲謀

艾草次胡少參韻

艾草莫艾蘭蘭有芬芳姿況生幽谷底不礙君稻畦艾芝亦何益徒令香氣衰

荆棘生滿道出刺傷人肌持刀忌觸手睨視不敢揮艾草須艾棘勿爲棘所欺

鳳雛次韻答胡少參

鳳雛生高岡風雨摧其翼養痾深林中百鳥驚辟易虞人視爲妖舉網爭彈弋

此本王者瑞惜哉誰能識吾方哀其窮胡忍復相亟鴟梟據叢林驅鳥恣搏食

嗟爾獨何心梟鳳如白黑

鸚鵡和胡韻

鸚鵡生隴西羣飛恣鳴遊何意虞羅及充貢來中州金縧縻華屋雲泉謝林丘

能言實階禍吞聲亦何求主人有隱寇竊發聞其謀感君惠養德一語思所酬

懼君不見察殺身反爲尤

諸生

人生多離別佳會難再遇如何百里來三宿便辭去有琴不肯彈有酒不肯御遠陟見深情寧予有弗顧洞雲還自栖溪月誰同步不念南寺時寒江雪將暮不記西園日桃花夾川路相去倏幾月秋風落高樹富貴猶塵沙浮名亦飛絮嗟我二三子吾道有真趣胡不攜書來茆堂好同住

遊來僊洞早發道中

霜風清木葉秋意生蕭疏衝星策曉騎幽事將有徂股蝨亂飛擲道狹草露濡傾暑特晨發征夫已先途淅米石閒溜炊火巖中廬煙峯上初日林鳥相嚶呼意欣物情適戰勝癯色腴行樂信宇宙富貴非吾圖

別友

幽尋意方結奈此世累牽凌晨驅馬別持杯且爲傳相求苦非遠山路多風煙所貴明哲士秉道非苟全去矣崇令德吾亦行歸田

贈黃太守澍

歲宴鄉思切客久親舊疎臥痾閉空院忽來故人車入門辯眉宇喜定還驚吁
遠行亦安適符竹膺新除荒郡號難理況茲征索餘君才素通敏窘劇宜有紓
蠻鄉雖瘴毒逐客猶安居經濟非復事時還理殘書山泉足遊憩鹿麋能友予
澹然穹壤內容膝皆吾廬惟營垂白念旦夕懷歸圖君行勉三事吾計終五湖

寄友用韻

懷人坐沈夜帷燈曖幽光耿耿積煩緒忽忽如有忘玄景逝不處朱炎化微涼
相彼谷中葛重陰殞衰黃感此遊客子經年未還鄉伊人不在目絲竹徒滿堂
天深鴈書杳夢短關塞長情好矢無斁願言覬終償惠我金石編徽音激宮商
馳輝不可即式爾增予傷馨香襲肝膂聊用中心藏

秋夜

樹暝栖翼喧螢飛夜堂靜遙穹出晴月低簷入峯影窅然坐幽獨怵爾抱深警
年徂道無聞心違跡未屏蕭瑟中林秋雲凝松桂冷山泉豈無適離人懷故境

安得駕雲鴻高飛越南景

採薪二首

朝採山上荆暮採谷中栗深谷多淒風霜露霑衣濕採薪勿辭辛昨來斷薪拾
晚歸陰壑底抱甕還自汲薪水良獨勞不愧食吾力

倚擔青厓際歷斧厓下石持斧起環顧長松百餘尺徘徊不忍揮俯略澗邊棘
同行笑吾餒爾斧安用歷快意豈不能物材各有適可以相天子衆穉詎足識

龍岡謾興五首

投荒萬里入炎州卻喜官卑得自由心在夷居何有陋身雖吏隱未忘憂春山
卉服時相問雪寨藍輿每獨遊擬把犂鋤從許子謾將絃誦止言游

旅況蕭條寄草堂虛簷落日自生涼芳春已共煙花盡孟夏俄驚草木長絕壁
千尋淩杳靄深厓六月宿冰霜人間不有宣尼叟誰信申棖未是剛

路僻官卑病益閒空林惟聽鳥閒關地無醫藥憑書卷身處蠻夷亦故山用世
謾懷伊尹恥思家獨切老萊斑夢魂兼喜無餘事只在耶溪舜水灣

臥龍一去忘消息千古龍岡漫有名草屋何人方管樂桑間無耳聽咸英江沙漠漠遺雲鳥草木蕭蕭動甲兵好共鹿門龐處士相期採藥入青冥

歸與吾道在滄浪顏氏何曾擊柝忙枉尺已非賢者事斲輪徒有古人方白雲晚憶歸巖洞蒼蘚春應徧石牀寄語峯頭雙白鶴野夫終不久龍場

答毛拙庵見招書院

野夫病臥成疏懶書卷長抛舊學荒豈有威儀堪法象實慚文檄過稱揚移居正擬投醫肆虛席仍煩避講堂範我定應無所獲空令多士笑王良

老檜

老檜斜生古驛傍客來繫馬解衣裳託根非所還憐汝直榦不撓終異常風雪凜然存節概刮摩聊爾見文章何當移植山林下偃蹇從渠拂漢蒼

卻巫

臥病空山無藥石相傳土俗事神巫吾行久矣將焉禱衆議紛然反見迂積習片言容未解輿情三月或應孚也知伯有能爲厲自笑孫僑非丈夫

過天生橋
水光如練落長松雲際天橋隱白虹遼鶴不來華表爛僊人一去石橋空徒聞
鵲駕橫秋夕謾說秦鞭到海東移放長江還濟險可憐虛卻萬山中
南霽雲祠
死矣中丞莫謾疑孤城援絕久知危賀蘭未滅空遺恨南八如生定有爲風雨
長廊嘶鐵馬松杉陰霧捲靈旗英魂千載知何處歲歲邊人賽旅祠
春晴
林下春晴風漸和高巖殘雪已無多遊絲冉冉花枝靜青壁迢迢白鳥過忽向
山中懷舊侶幾從洞口夢煙蘿客衣塵土終須換好與湖邊長芰荷
陸廣曉發
初日曈曈似曉霞雨痕新霽渡頭沙溪深幾曲雲藏峽樹老千年雪作花白鳥
去邊回驛路青崖缺處見人家徧行奇勝才經此江上無勞羨九華
雪夜

天涯久客歲侵尋茆屋新開楓樹林漸慣省言因病齒屢經多難解安心猶憐未繫蒼生望且得閒爲白石吟乘興最堪風雪夜小舟何日返山陰

元夕二首

故園今夕是元宵獨向蠻村坐寂寥賴有遺經堪作伴喜無車馬過相邀春還草閣梅先動月滿虛庭雪未消堂上花燈諸弟集重闈應念一身遙

去年今日臥燕臺銅鼓中宵隱地雷月傍苑樓燈彩淡風傳閣道馬蹄迴炎荒萬里頻回首羌笛三更謾自哀尚憶先朝多樂事　孝皇曾爲兩宮開

家僮作紙燈

寥落荒村燈事賒蠻奴試巧剪春紗花枝綽約含輕霧月色玲瓏映綺霞取辦不徒酬令節賞心兼是惜年華何如京國王侯第一盞中人產十家

白雲堂

白雲僧舍市橋東別院迴廊小徑通歲古簷松存獨幹春還庭竹發新叢晴牎暗映羣峯雪清梵長飄高閣風還客從來甘寂寞青鞋時過月明中

來僊洞

古洞春寒客到稀綠苔荒徑草霏霏書懸絕壁留僧偈花發層蘿繡佛衣壼榼
遠從童冠集杖藜隨處宦情微石門遙鎖陽明鶴應笑山人久不歸

木閣道中雪

瘦馬支離緣絕壁連峯窅窕入層雲山村樹暝驚鴉陣澗道雪深逢鹿羣凍合
衡茅炊火斷望迷孤戍暮笳聞正思講席諸賢在絳蠟清酤坐夜分

元夕雪用蘇韻二首

林間暮雪定歸鴉山外鈴聲報使車玉盞春光傳柏葉夜堂銀燭亂簷花蕭條
音信愁邊雁迢遞關河夢裏家何日扁舟還舊隱一蓑江上把魚叉

寒威入夜益廉纖酒甕爐牀亦戒嚴久客漸憐衣有結蠻居長歎食無鹽飢豺
正爾羣當路凍雀從渠自宿簷陰極陽回知不遠蘭芽行見發春尖

曉霽用前韻書懷二首

雙闕鐘聲起萬鴉禁城月色滿朝車竟誰詩詠東曹檜正憶梅開西寺花此日

天涯傷逐客何年江上卻還家曾無一字堪驅使謾有虛名擬八叉
澗草巖花欲鬭纖溪風林雪故爭嚴連岐盡說還宜麥賁海何曾見作鹽路斷
塹憐無過客病餘兼喜曝晴簷謫居亦自多清絕門外羣峯玉筍尖

次韻陸僉憲元日喜晴

城裏夕陽城外雪相將十里異陰晴也知造物曾何意底是人心苦未平柏府
樓臺銜倒景茆茨松竹瀉寒聲布衾莫謾愁僵臥積素還多達曙明

元夕木閣山火

荒村燈夕偶逢晴野燒峯頭處處明內苑但知鰲作嶺九門空說火爲城天應
爲我開奇觀地有兹山不世情卻恐炎威被松柏休教玉石遂同赬

夜宿汪氏園

小閣藏身一斗方夜深虛白自生光梁間來下徐生榻座上慚無荀令香驛樹
雨聲翻屋瓦龍池月色浸書牀他年貴竹傳遺事應說陽明舊草堂

春行

冬盡西歸滿山雪春初復來花滿山白鷗亂浴清溪上黃鳥雙飛綠樹間物色變遷隨轉眼人生豈得長朱顏好將吾道從吾黨歸把漁竿東海灣

村南

花事紛紛春欲酣杖藜隨步過村南田翁開野教新犢溪女分流浴種蠶稺犬吠人依密槿閑鳧照影立晴潭偶逢江客傳鄉信歸臥楓堂夢石龕

山途二首

上山見日下山陰陰欲開時日欲沈晚景無多傷遠道朝陽莫更沮雲岑人歸暝市分漁火客舍空林依暮禽世事驗來還自領古人先已得吾心

南北驅馳任板輿謫鄉何地是安居家家細雨殘燈後處處荒原野燒餘江樹欲迷遊子望朔雲長斷故人書茂陵多病終蕭散何事相如賦子虛

白雲

白雲冉冉出晴峯客路無心處處逢已逐肩輿度青壁還隨孤鶴下蒼松此身愧爾長多繫他日從龍謾託蹤斷鷲殘鴉飛欲盡故山回首意重重

答劉美之見寄次韻

休疑遷客迹全貧猶有沙鷗日見親勳業已辭滄海夢煙花多負故園春百年長恐終無補萬里寧期尚得身念我不勞傷鬢雪知君亦欲拂衣塵

寄徐掌教

徐穉今安在空梁榻久懸北門傾蓋日東魯校文年歲月成超忽風雲易變遷新詩勞寄我不愧鳥鳴篇

書庭蕉

簷前蕉葉綠成林長夏全無暑氣侵但得兩聲連夜靜不妨月色半牀陰新詩舊葉題將滿老芰疎梧根共深莫笑鄭人談訟鹿至今醒夢兩難尋

送張憲長左遷滇南大參次韻

世味知公最飽諳百年清德亦何慚柏臺藩省官非左江漢滇池道益南絕域煙花憐我遠今宵風月好誰談交遊若問居夷事爲說山泉頗自堪

南庵次韻二首

隔水樵漁亦幾家緣岡石路入溪斜松林晚映千峯兩楓葉秋連萬樹霞漸覺
形骸逃物外未妨遊樂在天涯頻來不用勞僧榻已僭汀鷗一席沙
斜日江波動客衣水南深竹見巖扉漁人收網舟初集野老忘機坐未歸漸覺
雲閑栖翼亂愁看天北暮雲飛年年歲晚長爲客閑殺西湖舊釣磯

觀傀儡次韻

處處相逢是戲場何須傀儡夜登堂繁華過眼三更促名利牽人一線長穉子
自應爭詫說矮人亦復淚悲傷本來面目還誰識且向樽前學楚狂

徐都憲同遊南庵次韻

巖寺藏春長不夏江花映日艷於桃山陰入戶川光暮林影浮空暑氣高樹老
豈能知歲月溪清真可鑑秋毫但逢佳景須行樂莫遣風霜著鬢毛

即席次王文濟少參韻二首

搖落休教感客途南來秋興未全孤肝腸已自成金石齒髮從渠變柳蒲傾倒
酒懷金谷罰逼真詞格輞川圖謫鄉莫道貧消骨猶有新詩了舊逋

此身未擬泣窮途隨處翻飛野鶴孤霜冷幾枝存晚菊溪春兩度見新蒲荆西寇盜紆籌策湘北流移入畫圖莫怪當筵倍淒切誅求滿地促官逋

贈劉侍御二首

蹇以反身困以遂志今日患難正閣下受用處也知之則處此當自別病筆不能多及然其餘亦無足言者聊次韻某頓首劉侍御大人契長

相送溪橋未隔年相逢又過小春天憂時敢負君臣義念別羞爲兒女憐道自升沈寧有定心存氣節不無偏知君已得虛舟意隨處風波只宴然

夜寒

簷際重陰覆夜寒石爐松火坐更殘窮荒正訝鄉書絕險路仍愁歸夢難僊侶春風懷越嶠釣船明月負嚴灘未因謫宦傷憔悴客鬢還羞鏡裏看

冬至

客牀無寐聽潛雷珍重初陽夜半回天地未嘗生意息冰霜不耐鬢毛催春添衰綫誰能補歲晚心丹自動灰料得重闈強健在早看消息報緦梅

春日花開偶集示門生

閒來聊與二三子　單夾初成行暮春　改課講題非我事　研幾悟道是何人　階前細草雨還碧　簷下小桃晴更新　坐起咏歌俱實學　毫釐須遣認教真

次韻送陸文順僉憲

貴陽東望楚山平　無柰天涯又送行　杯酒豫期傾蓋日　封書煩慰倚門情　心馳魏闕星辰逈　路遶鄉山草木榮　京國交游零落盡　空將秋月寄猿聲

次韻陸僉憲病起見寄

一賦歸來不願餘　文園多病滯相如　籬邊竹筍青應滿　洞口桃花紅自舒　荷蕢有心還擊磬　周公無夢欲刪書　雲間憲伯能相慰　尺素長題問謫居

次韻胡少參見過

旋管小酌典春裘　佳客真慚竟日留　長怪嶺雲迷楚望　忽聞吳語破鄉愁　鏡湖自昔堪歸老　杞國何人獨抱憂　莫訝臨花倍惆悵　賞心原不在枝頭

雪中桃次韻

雲裏桃花強自春蕭疎終覺損精神卻憐幽竹節逾勁始信寒梅骨自真遭際本非甘冷淡飄零須信委風塵從來此事還希闊莫怪臨軒賞更新

舟中除夕二首

扁舟除夕尚窮途荊楚還憐俗未殊處處送神懸楮馬家家迎歲換桃符江醪信薄聊相慰世路多岐謾自吁白髮頻年傷遠別綵衣何日是庭趨

遠客天涯又歲除孤航隨處亦吾廬也知世上風波滿還戀山中木石居事業無心從齒髮親交多難絕音書江湖未就新春計夜半樵歌忽起予

溆浦山夜泊

溆浦山邊泊雲間見驛樓灘聲迴遠樹崖影落中流柳放新年綠人歸隔歲舟客途時極目天北暮陰愁

過江門崖

三年謫宦沮蠻氛天放扁舟下楚雲歸信應先春鴈到閑心期與白鷗羣晴溪欲轉新年色蒼壁多遺古篆文此地從來山水勝宅時回首憶江門

辰州虎溪龍興寺聞楊名父將到留韻壁閒

杖藜一過虎溪頭何處僧房是惠休雲起峯頭沈閣影林疎地底見江流煙花日煖猶含雨鷗鷺春閒欲滿洲好景同來不同賞詩篇還爲故人留

武陵潮音閣懷元明

高閣憑虛臺十尋捲簾踈雨動微吟江天雲鳥自來去楚澤風煙無古今山色漸疑衡嶽近花源欲問武陵深新春尚沮東歸楫落日誰堪話此心

閣中坐雨

臺下春雲及寺門懶夫睡起正開軒煙蕪漲野平堤綠江雨隨風入夜喧道意蕭踈慚歲月歸心迢遞憶鄉園年來身迹如漂梗自笑迂癡欲手援

霽夜

雨霽僧堂鐘磬清春溪月色特分明沙邊宿鷺寒無影洞口流雲夜有聲靜後始知羣動妄閒來還覺道心驚問津久已慚沮溺歸向東皋學耦耕

僧齋

盡日僧齋不厭閑獨餘春睡得相關簷前水漲遂無地江外雲晴忽有山遠客趁墟招渡急舟人曬網得魚還也知世事終無補亦復心存出處閑

德山寺次壁閒韻

乘與看山薄暮來山僧迎客寺門開雨昏碧草春申墓雲捲青峯善卷臺性愛煙霞終是僻詩留名姓不須猜巖根老衲成灰色枯坐何年解結胎

沅江晚泊二首

去時煙雨沅江暮此日沅江暮雨歸水漫遠沙村市改泊依舊店主人非草深廨宇無官住花落僧房有鳥啼處處春光蕭索甚正思荊棘掩巖扉

春來客思獨蕭騷處處東田沒野蒿雷雨滿江喧日夜扁舟經月住風濤流民失業乘時橫原獸爭羣薄暮號卻憶鹿門栖隱地杖藜壺榼餉東皋

夜泊江思湖憶元明

扁舟泊近漁家晚茅屋深環柳港清雷雨驟開江霧散星河不動暮川平夢回客枕人千里月上春隄夜四更欲寄愁心無過鴈披衣坐聽野雞鳴

睡起寫懷

江日熙熙春睡醒江雲飛盡楚山青閑觀物態皆生意靜悟天機入窅冥道在險夷隨地樂心忘魚鳥自流形未須更覓羲唐事一曲滄浪擊壤聽

三山晚眺

南望長沙杳靄中鵝羊只在暮雲東天高雙櫓哀明月江闊千帆舞逆風花暗漸驚春事晚水流應與客愁窮北飛亦有衡陽鴈上苑封書未易通

鵝羊山

福地相傳楚水阿三年春色兩經過羊亡但有初平石書罷惟籠道士鵝禮斗壇空松影靜步虛臺逈月明多巖房一宿猶緣薄遙憶開雲住薜蘿

泗洲寺

淥水西頭泗洲寺經過轉眼又三年老僧熟認直呼姓笑我清癯只似前每有客來看宿處詩留佛壁作燈傳開軒掃榻還相慰慚愧維摩世外緣

再經武雲觀書林玉璣道士壁

碧山道士曾相約歸路還來宿武雲月滿僊臺依鶴侶書留蒼壁看鵝羣春巖
多雨林芳淡暗水穿花石溜分奔走連年家尚遠空餘魂夢到柴門

再過濂溪祠用前韻

曾向圖書識面真半生長自愧儒巾斯文久已無先覺　聖世今應有逸民一
自支離乖學術競將雕刻費精神瞻依多少高山意水漫蓮池長綠蘋

王文成公全書卷之十九

外集二詩 廬陵詩六首

遊瑞華二首

簿領終年未出郊此行聊解俗人嘲憂時有志懷先達作縣無能愧舊交松古尚存經雪幹竹高還長拂雲梢溪山處處堪行樂正是浮名未易拋

其二

萬死投荒不擬回生還且復荷栽培逢時已負三年學治劇兼非百里才身可益民寧論屈志存經國未全灰正愁不是中流砥千尺狂瀾豈易摧

古道

古道當長阪肩輿入暮天蒼茫聞驛鼓冷落見炊煙凍燭寒無燄泥爐溼未燃正思江檻外閒卻釣魚船

立春日道中短述

臘意中宵盡春容傍曉生野塘冰轉綠江寺雪消晴農事沾泥犢羈懷聽谷鶯

故山梅正發誰寄欲歸情

公館午飯偶書

行臺依獨寺僧屋自成鄰殿古凝殘雪牆低入早春巷泥晴淖馬檐日暖堪人

雪散小巖碧松梢挂月新

午憩香社寺

脩程動百里往往餉僧居佛鼓迎官急禪牀爲客虛桃花成井落雲水接郊墟

不覺泥塗澀看山與有餘

京師詩二十四首 正德庚午年十月陞南京刑部主事辛未年入覲調北京吏部主事作

夜宿功德寺次宗賢韻二絕

山行初試夾衣輕脚軟黃塵石路生一夜洞雲眠未足湖風吹月渡溪清

水邊楊柳覆茅楹飲馬春流更一登坐久遂忘歸路夕溪雲正瀉暮山青

別方叔賢四首

西樵山色遠依依東指江門石路微料得楚雲臺上客久懸秋月待君歸

自是孤雲天際浮篋中枯蠹豈相謀請君靜後看羲畫曾有陳篇一字不
休論寂寂與惺惺不妄由來即性情笑卻慇懃諸老子翻從知見覓虛靈
道本無為只在人自行自住豈須鄰坐中便是天台路不用漁郎更問津

白灣六章

宗巖文先生居白浦之灣四方學者稱曰白浦先生而不敢以姓字某素高先生又辱為之僚因為書白灣二字并詩以詠之

浦之灣其白漫漫彼美君子在水之盤
灣之浦其白瀰瀰彼美君子在水之涘
雲之溶溶于灣之湄君子于處民以為期
雲之油油于灣之委君子于興施及四海
白灣之渚于遊以處彼美君子兮可以容與
白灣之洋于濯以湘彼美君子兮可以徜徉

寄隱巖

每逢山水地便有卜居心終歲風塵裏何年滄海潯洞寒泉滴細花暝石房深
青壁須留姓他時好共尋

香山次韻

尋山到山寺得意卻忘山巖樹坐來靜壁蘿春自閑樓臺星斗上鐘磬翠微間
頓息塵寰念清溪踏月還

夜宿香山林宗師房次韻

幽壑來尋物外情石門遙指白雲生林間伐木時聞響谷口逢僧不記名天壁
倒涵湖月曉煙梯高接緯堦平松堂靜夜渾無寐到枕風泉處處聲
久落泥塗惹世情紫崖丹壑是平生養真無力常懷靜竊祿未歸羞問名樹隱
洞泉穿石細雲迴溪路入花平道人只住層蘿上明月峯頭有磬聲

別湛甘泉二首

行子朝欲發驅車不得留驅車下長阪顧見城東樓遠別情已慘況此艱難秋
分手訣河梁涕下不可收車行望漸杳飛埃越層邱遲回歧路側孰知我心憂

其二

我心憂以傷君去阻且長一別豈得已母老思所將奉命危難際流俗反猜量
黃鵠萬里逝豈伊爲稻粱棟火及毛羽燕雀猶棲堂跳梁多不測君行戒前途
達命諒何滯將母能忘虞安居尤穽擭關路非歧嶇令德崇易簡可以知險阻
結茆湖水陰幽期終不忘伊爾得相就我心亦何傷世艱變倏忽人命非可常
斯文天未墜別短會日長南寺春月夜風泉閑竹房逢僧或停檝先掃白雲牀

贈別黃宗賢

古人戒從惡今人戒從善從惡乃同污從善翻滋怨紛紛嫉娼興指謫相非訕
自非篤信士依違多背面寧知竟漂流淪胥亦污賤卓哉汪陂子奮身勇厥踐
拂衣還舊山霧隱期豹變嗟嗟吾黨賢白黑匪難辯

歸越詩五首　正德壬申年陞南京太僕寺少卿便道歸越作

四明觀白水二首

邑南富巖壑白水尤奇觀興來每思往十年就茲觀停驂指絕壁涉澗緣危蟠

百源旱方歇雲際猶飛湍霏霏灑林薄漠漠凝風寒前聞若未愜仰視終莫攀
石陰暑氣薄流觸遡迴瀾茲遊詎盤樂養靜意所關逝者諒如斯哀此歲月殘
擇幽雖得所避時時猶難劉樊古方外感慨有餘歎

千丈飛流舞白鸞碧潭倒影鏡中看藤蘿半壁雲煙溼殿角長年風雨寒野性
從來山水癖直躬更覺世途難卜居斷擬如周叔高臥無勞比謝安

杖錫道中用張憲使韻

山鳥懽呼欲問名山花含笑似相迎風迴碧樹秋聲早雨過丹巖夕照明雪嶺
插天開玉帳雲溪環碧抱金城懸燈夜宿茅堂靜洞鶴林僧相對清

又用曰仁韻

每逢佳處問山名風景依稀過眼生歸霧忽連千嶂暝夕陽偏放一溪晴晚投
巖寺依雲宿靜愛楓林送雨聲夜久披衣還起坐不禁風月照人清

書杖錫寺

杖錫青冥端澗壁環天險垂巖下陡壑涉水攀絕巘溪深聽喧瀑路絕駭危棧

捫蘿登峻極披翳見平衍僧逋寄孤衲守廢遺荒殿傷茲窮僻墟曾未誅求免探幽冀累息憤時翻意慘拯援才已踈栖遲心益眷哀猿嘯春嶂懸燈宿西崦誅茆竟何時白雲愧舒卷

滁州詩三十六首 正德癸酉年到太僕寺作

梧桐江用韻

鳳鳥久不至梧桐生高岡我來竟日坐清陰灑衣裳援琴俯流水調短意苦長遺音滿空谷隨風遞悠揚人生貴自得外慕非所臧顏子豈忘世仲尼固遑遑已矣復何事吾道歸滄浪

林閒睡起

林閒盡日掃花眠衹是官閒媿俸錢門徑不妨春草合齋居長對晚山妍每疑方朔非真隱始信揚雄誤太玄混世亦能隨地得野情終是愛邱園

贈熊彰歸

門徑荒涼蔓草生相求深媿遠來情千年絕學蒙塵土何處澄江無月明坐看

遠山凝暮色忽驚廢葉起秋聲歸途望嶽多幽興為問山田待耦耕

別易仲

辰州劉易從從予滁陽一日問道可言乎予曰啞子喫苦瓜與你說不得爾要知我苦還須爾自喫易仲省然有悟久之辭歸別以詩

迢遞滁山春子行亦何遠纍然艮苦心惝恍不遑飯至道不外得一悟失羣闇

秋風洞庭波遊子歸已晚結蘭意方勤寸草心先斷末學久仳離頹波竟誰挽

歸哉念流光一逝不復返

送守中至龍盤山中

未盡師生六日情天教風雪阻西行茅堂豈有春風坐江郭虛留一月程客邸

琴書燈火靜故園風竹夢魂清何年穩閉陽明洞榾柮山爐煮石羹

龍蟠山中用韻

無奈青山處處情村沽日日辦山行真慚廩食虛官守只把山遊作課程谷口

亂雲隨騎遠林閒飛雪點衣輕長思澹泊還真性世味年來久絮羹

瑯琊山中三首

草堂奇放瑯琊閒溪鹿巖僧且共閒冰雪能回草木死春風不化山石頑六經散地莫收拾叢棘被道誰刊刪已矣驅馳二三子鳳圖不出吾將還

狂歌莫笑酒盃增異境人閒得未曾絕壁倒翻銀海浪遠山真作玉龍騰浮雲野思春前動虛室清香靜後凝懶拙惟餘林壑計伐檀長自媿無能

風景山中雪後增看山雪後亦誰曾隔溪巖犬迎人吠飲澗飛猱踔樹騰歸騎林閒燈火動鳴鐘谷口暮光凝塵蹤正自韜籠在一宿雲房尚未能

答朱汝德用韻

東去蓬瀛合有津若爲風雨動經旬同來海岸登舟在俱是塵寰欲渡人弱水洪濤非世險長年三老定誰真青鸞眇眇無消息悵望煙花又暮春

送惟乾二首

獨見長年思避地相從千里欲移家慚予豈有萬間庇借爾剛餘一席沙古洞幽期攀桂樹春溪歸路問桃花故人勞念還相慰回雁新秋寄綵霞

簦笈連年愧遠求本來無物若爲酬春城驛路聊相送夜雪空山且復留江浦雲開廬嶽曙洞庭湖闊九疑浮懸知再鼓瀟湘枻應是芙蓉湘水秋

別希顏二首

中歲幽期亦幾人是誰長負故山春道情暗與物情化世味爭如酒味醇耶水雲門空舊隱青鞋布襪定何晨童心如故容顏改慚愧年年草木新

後會難期別未輕莫辭行李滯江城且留南國春山興共聽西堂夜雨聲歸路終知雲外去晴湖想見鏡中行爲尋洞裏幽棲處還有峯頭雙鶴鳴

山中示諸生五首

路絶春山久廢尋野人扶病強登臨同遊仙侶須乘興共探花源莫厭深鳴鳥遊絲俱自得閑雲流水亦何心從前卻恨牽文句展轉支離歎陸沈

其二

滁流亦沂水童冠得幾人莫負詠歸興溪山正暮春

其三

桃源在何許西峯最深處不用問漁人沿溪踏花去

其四

池上偶然到紅花間白花小亭閒可坐不必問誰家

其五

溪邊坐流水水流心共閑不知山月上松影落衣斑

龍潭夜坐

何處花香入夜清石林茅屋隔溪聲幽人月出每孤往棲鳥山空時一鳴草露不辭芒屨溼松風偏與葛衣輕臨流欲寫猗蘭意江北江南無限情

送德觀歸省二首

雪裏閉門十日坐開門一笑忽青天茅簷正好負暄日客子胡爲思故園椿樹慣經霜雪老梅花偏向歲寒妍瑯琊春色如相憶好放山陰月下船

瑯琊雪是故園雪故園春亦瑯琊春天機動處卽生意世事到頭還俗塵立雪浴沂傳故事吟風弄月是何人到家好謝二三子莫向長沮錯問津

送蔡希顏三首

正德癸酉冬希淵赴南宮試訪予滁陽遂留閱歲既而東歸問其故辭以疾希淵與予論學瑯琊之間於斯道既釋然矣別之以詩

風雪蔽曠野百鳥凍不翻孤鴻亦何事嗷嗷遡寒雲豈伊稻粱計獨往求其羣之子眇萬鍾就我滁水濱野寺同遊請春山共攀援鳥鳴幽谷曙伐木西澗曛清夜湛玄思晴窗玩奇文寂景賞新悟微言欣有聞寥寥絕代下此意冀可論

羣鳥喧北林黃鵠獨南逝北林豈無枝羅弋苦難避之子丹霞姿辭我雲門去山空響流泉路僻迷深樹長谷何盤紆紫芝春可茹求志暫棲巖避喧寧遯世繫予辱風塵送子媿雲霧匡時已無術希聖徒有慕倘入陽明峯爲尋舊棲處

何事憧憧南北行望雲依闕兩關情風塵暫息滁陽駕鷗鷺還尋鑑水盟悟後六經無一字靜餘孤月湛虛明從知歸路多相憶伐木山山春鳥鳴

贈守中北行二首

江北梅花雪易殘山窗一樹自家看臨行掇贈聊數顆珍重清香是歲寒

來何匆促去何遲來去何心莫漫疑不爲高堂雙雪鬢歲寒寧受北風欺

鄭伯興謝病還鹿門雪夜過別賦贈三首

之子將去遠雪夜來相尋秉燭耿無寐憐此歲寒心歲寒豈徒爾何以贈遠行

聖路塞已久千載無復尋豈無羣儒迹蹊徑榛茀深濬流須尋源積土成高岑

攬衣望遠道請君從此征

濬流須有源植木須有根根源未濬植枝派寧先蕃謂勝通夕話義利分毫間

至理匪外得譬猶鏡本明外塵蕩瑕垢鏡體自寂然孔訓示克己孟子垂反身

明明賢聖訓請君勿與諼

鹿門在何許君今鹿門去千載龐德公猶存棲隱處潔身匪亂倫其次乃避地

世人失其心顧瞻多外慕安宅舍弗居狂馳驚奔騖高言詆獨善文非遂巧智

瑣瑣功利儒寧復知此意

門人王嘉秀實夫蕭琦子玉告歸書此見別意兼寄聲辰陽諸賢

王生兼養生蕭生頗慕禪迢迢數千里拜我滁山前吾道既匪佛吾學亦匪仙

坦然由簡易日用匪深玄始聞半疑信既乃心豁然譬彼土中鏡闇闇光內全外但去昏翳精明燭孅妍世學如翦綵粧綴事蔓延宛宛具枝葉生理終無緣所以君子學布種培根原萌芽漸舒發暢茂皆由天秋風動歸思共鼓湘江船湘中富英彥往往多及門臨岐綴斯語因之寄拳拳

滁陽別諸友

滁陽諸友從遊送予至烏衣不能別及暮王性甫汝德諸友送至江浦必留居俟予渡江因書此促之歸幷寄諸賢庶幾共進此學以慰離索耳

滁之水入江流江潮日復來滁州相思若潮水來往何時休空相思亦何益欲慰相思情不如崇令德掘地見泉水隨處無弗得何必驅馳爲千里遠相即君不見堯羹與舜牆又不見孔與跖對面不相識逆旅主人多慇懃出門轉盼成路人

寄浮峯詩社

晚涼庭院坐新秋微月初生亦滿樓千里故人誰命駕百年多病有孤舟風霜草木驚時態砧杵關河動遠愁飲水曲肱吾自樂茆堂今在越溪頭

棲雲樓坐雪二首

纔看庭樹玉森森忽漫階除已許深但得諸生通夕坐不妨老子半酣吟瓊花入座能欺酒冰溜垂簷欲墮針卻憶征南諸將士未禁寒夜鐵衣沈

此日棲雲樓上雪不知天意爲誰深忽然夜半一言覺又動人間萬古吟玉樹有花難結果天機無線可通針曉來不覺城頭鼓老懶羲皇睡正沈

與商貢士二首

見說浮山麓深林遶石溪何時拂衣去三十六巖棲

其二

見說浮山勝心與浮山期三十六巖內爲選一巖奇

南都詩四十七首 正德甲戌年四月陞南京鴻臚寺卿

題歲寒亭贈汪尙和

一覺紅塵夢欲殘江城六月滯風湍人間炎暑無逃遯歸向山中臥歲寒

與徽州程畢二子

句句糠粃字字陳卻於何處覓知新紫陽山下多豪俊應有吟風弄月人

山中懶睡四首

竹裏藤牀識懶人脫巾山麓任吾真病夫已久逃方外不受人間禮數嗔

掃石焚香任意眠醒來時有客談玄松風不用蒲葵扇坐對青崖百丈泉

古洞幽深絕世人石牀風細不生塵日長一覺羲皇睡又見峯頭上月輪

人間白日醒猶睡老子山中睡卻醒醒睡兩非還兩是溪雲漠漠水泠泠

題灌山小隱二絕

茆屋山中早晚成任他風雨任他晴男婚女嫁多年畢不待而今學向平

一自移家入紫煙深林住久遂忘年山中莫道無供給明月清風不用錢

六月五章

六月乙亥南都熊峯少宰石公以少宗伯召南都之士聞之有惻然而

戚者有欣然而喜者其戚者曰公端介敏直方爲留都所倚重今茲往
善類失所恃羣小罔以嚴辯惑考學者曷從而討究剖政斷疑者曷從
而咨決南都非根本地乎而獨不可以公遺之其喜者曰公之端介敏
直寧獨留都所倚重其在京師獨無善類乎獨無羣小乎獨無辯惑考
學剖政斷疑者乎且天子之召之也亦寧以少宗伯將必大用大用則
以庇天下斯彙征之慶也公聞之曰戚者非吾之所敢喜者乃吾之所
憂也吾思所以逃吾之憂者而不得其道若之何陽明子素知于公旣
以戚衆之戚喜衆之喜而復憂公之憂乃敘其事爲賦六月庸以贈公
之行

六月淒風七月暑雨倏雨倏寒道脩以阻允允君子迪爾寢興毋沾爾行國步
斯頻
哀此下民靡屆靡極不有老成其何能國吁嗟老成獨遺典刑若屋之傾尙支
其楹

心之憂矣言靡有所如彼喑人食荼與苦依依長谷言采其芝人各有能我歸孔時

昔彼叔季沈湎以逞耄集以咨我人自靖允允君子淑慎爾則靡曰休止民何于極

日月其逝如彼滄浪南北其望如彼參商允允君子毋沾爾行如日之升以曷不光

守文弟歸省攜其手歌以別之

爾來我心喜爾去我心悲不爲倚門念吾寧舍爾歸長途正炎暑爾行慎興居涼茗勿頻啜節食但無飢勿出船旁立忽登岸上嬉收心每澄坐適意時觀書申洪皆冥頑不足長嗔笞見人勿多說慎默真如愚接人莫輕率忠信持謙卑從來爲己學慎獨乃其基紛紛多嗜欲爾病還爾知到家良足樂怡顏報重闈昨秋童蒙去今夏成人歸長者愛爾敬少者悅爾慈親朋稱嘖嘖羨爾能若兹信哉學問功所貴在得師吾匪崇外飾欲爾沽名爲望爾日慥慥聖賢以爲期

九兄及印弟誦此共勉之

書扇面寄館賓

湖上羣山落照晴湖邊萬木起秋聲何年歸去陽明洞獨棹扁舟鑑裏行

用實夫韻

詩從雪後吟偏好酒向山中味轉佳巖瀑隨風雜鐘磬水花如雨落袈裟

游牛首山

春尋指天闕煙霞眇何許雙峯久相違千巖來舊主浮雲剌中天飛閣淩風雨探秀澗阿入蘿陰息筐筥滅迹避塵纓清朝入深沮風磴仰捫歷淙壑屢窺俯梯雲躋石閣下榻得吾所釋子上方候鳴鐘出延佇頹景耀回盼層飈翼輕舉曖曖林芳暮泠泠石泉語清宵耿無寐峯月升煙宇會晤得良朋可以寄心腑

送徽州洪侹承瑞

平生舉業最疎慵挾冊虛煩五月從竹院檢方時論藥茆堂放鶴或開籠憂時漫有孤忠在好古全無一藝工念我還能來夜雪逢人休說坐春風

病中大司馬喬公有詩見懷次韻奉答二首

十日無緣拜後塵病夫心地欲生榛詩篇極見憐才意伎倆慚非可用人黃閣望公長秉軸滄江容我老垂綸保釐珍重回天手會看春風萬木新

一自多歧分路塵堂堂正道遂生榛聊將膚淺窺前聖敢謂心傳啓後人淮海帝圖須節制雲雷大造看經綸枉勞詩句裁風雅欲借盤銘獻日新

送諸伯生歸省

天涯送爾獨傷神歲月龍山夢裏春爲謝江南諸故舊起居東嶽太夫人閒中書卷堪時展靜裏工夫要日新能向塵途薄軒冕不妨蓑笠老江濱

寄馮雪湖二首

竿竹誰隱扶桑東白眉之叟今龐公隔湖聞雞謝墅接渡海有鶴蓬山通鹵田經歲苦秋雨浪痕半壁驚湖風歌聲屋低似金石點也此意當能同

海岸西頭湖水東他年蓑笠擬從公釣沙碧海羣鷗借樵徑青雲一鳥通席有春陽堪坐雪門垂五柳好吟風于今猶是天涯夢悵望青霄月色同

諸用文歸用子美韻爲別

一別煙雲歲月深天涯相見二毛侵孤帆江上親朋意樽酒燈前故國心冷雪晴林還作雨鳥聲幽谷自成吟飲餘莫上峯頭望煙樹迷茫思不禁

題王實夫畫

隨處山泉着草廬底須松竹掩柴扉天涯遊子何曾出畫裏孤帆未是歸小酉諸峯開夕照虎溪春寺入煙霏他年還向辰陽望卻憶題詩在翠微

贈潘給事

五月滄浪濯足歸正堪荷葉製初衣甲非乙是君休問酉水辰山志未違沙鳥不須疑雀舫江雲先爲掃魚磯武陵溪壑猶深僻莫更移家入翠微

與沅陵郭掌教

記得春眠寺閣雲松林水鶴日爲羣諸生問業衝星入稚子拈香靜夜焚世事暗隨江草換道情曾許碧山聞別來點瑟還誰鼓悵望煙花此送君

別族太叔克彰

情深宗族誼同方消息那堪別後荒江上相逢疑未定天涯獨去意重傷身閒最覺湖山靜家近殊聞草木香雲路莫嗟遲發軔世途崎曲盡羊腸

登憑虛閣和石少宰韻

山閣新春負一登酒邊孤興晚堪乘松間鳴瑟驚棲鶴竹裏茶煙起定僧望遠每來成久坐傷時有涕恨無能峯頭見說連閶闔幾欲排雲尚未曾

登閱江樓

絕頂樓荒舊有名　高皇曾此駐龍旌險存道德虛天塹守在蠻夷豈石城山色古今餘王氣江流天地變秋聲登臨授簡誰能賦千古新亭一愴情

獅子山

殘暑須還一雨清高峯極目快新晴海門潮落江聲急吳苑秋深樹脚明烽火正防胡騎入羽書愁見朔雲横百年未有涓埃報白髮今朝又幾莖

遊清涼寺三首

春尋載酒本無期乘興還嫌馬足遲古寺共憐春草沒遠山偏與夕陽宜雨晴

澗竹消蒼粉風㛹叢花落紫蕤昏黑更須淩絕頂高懷想見少陵詩

其二

積雨山行已後期更堪多病益遲遲風塵漸覺初心負邱壑真於野性宜綠樹陰層新作蓋紫蘭香細尚餘蕤輞川圖畫能如許絕是無聲亦有詩

其三

不顧尙書此日期欲爲花外板輿遲繁絲急管人人醉竹徑松堂處處宜雙樹暗芳春寂寞五峯晴秀晚羲蕤暮鐘杳杳催歸騎惆悵煙光不盡詩

寄張東所次前韻

遠趨君命忽中違此意年來識者稀黃綺曾爲炎祚出子陵終向富春歸江船一話千年闊塵夢今驚四十非何日孤帆過天目海門春浪掃漁磯

別余縉子紳

不須買棹往來頻我亦攜家向海濱但得青山隨鹿豕未論黃閣畫麒麟喪心疾已千年痼起死方存六籍真歸向蘭溪溪上問桃花春水正迷津

送劉伯光

五月茅茨靜竹扉論心方洽忽辭歸滄江獨棹衝新暑白髮高堂戀夕暉謾道六經皆注脚還誰一語悟真機相知若問年來意已傍西湖買釣磯

冬夜偶書

百事支離力不禁一官棲息病相侵星辰魏闕江湖迥松柏茅茨歲月深欲倚黃精消白髮由來空谷有餘音曲肱已醒浮雲夢荷蕢休疑擊磬心

寄潘南山

秋風吹散錦溪雲一笑南山雨後新詩妙盡從言外得易微誰見畫前真登山脚健何妨老留客情深不計貧朱呂月林傳故事他年還許上西鄰

送胡廷尉

鍾陵雪後市燈殘簫鼓江船發曉寒山水總憐南國好才猷須濟朔方艱綵衣得侍仙舟遠春色行應故里看別去中宵瞻北極五雲飛處是長安

與郭子全

相別翻憐相見時碧桃開盡桂花枝光陰如許成虛擲世故催人總不知雲路不須朱紱去歸帆且得綵衣隨嵐山風景濂溪近此去還應自得師

次欒子仁韻送別四首

子仁歸以四詩請用其韻答之言亦有過者蓋因子仁之病而藥之病已則去其藥

從來尼父欲無言須信無言已躍然悟到鳶魚飛躍處工夫原不在陳編

操持存養本非禪矯枉寧知已過偏此去好從根脚起竿頭百尺未須前

野夫非不愛吟詩才欲吟詩卽亂思未會性情涵泳地二南還合是淫辭

道聽塗傳影響前可憐絕學遂多年正須閉口林間坐莫道青山不解言

書悟真篇答張太常二首

悟真篇是誤真篇三注由來一手箋恨殺妖魔圖利益遂令迷妄競流傳造端難免張平叔首禍誰誣薛紫賢直說與君惟箇字從頭去看野狐禪

誤真非是悟真篇平叔當時已有言只爲世人多戀著且從情欲起因緣癡人

前豈堪談夢真性中難更說玄爲問道人還具眼試看何物是青天

贛州詩三十二首 正德丙子年九月陞南贛僉都御史以後作

丁丑二月征漳寇進兵長汀道中有感

將略平生非所長也提戎馬入汀漳數峯斜日旌旗遠一道春風鼓角揚莫倚貳師能出塞極知充國善平羌瘡痍到處曾無補翻憶鍾山舊草堂

回軍上杭

山城經月駐旌戈亦復幽尋到薜蘿南國已忻回甲馬東田初喜出農蓑溪雲曉度千峯雨江漲新生兩岸波暮倚七星瞻北極絕憐蒼翠晚來多

喜雨三首

即看一雨洗兵戈便覺光風轉石蘿順水飛檣來買舶絕江喧浪舞漁蓑片雲東望懷梁國五月南征想伏波長擬歸耕猶未得雲門初伴漸無多

轅門春盡猶多事竹院空閑未得過特放小舟乘急浪始聞幽碧出層蘿山田旱久兼逢雨野老歡騰且縱歌莫謂可塘終據險地形原不勝人和

吹角峯頭曉散軍橫空萬騎下氤氳前旌已帶洗兵雨飛鳥猶驚捲陣雲南畝漸忻農事動東山休共凱歌聞王思鋒鏑堪揮淚一戰功成未足云

聞曰仁買田霅上攜同志待予歸二首

見說相攜霅上耕連蓑應已出烏程荒畬初墾功須倍秋熟雖微稅亦輕雨後湖舠兼學釣餉餘堤樹合閒行山人久有歸農興猶向千峯夜度兵

月色高林坐夜沈此時何限故園心山中古洞陰蘿合江上孤舟春水深百戰自知非舊學三驅猶媿失前禽歸期久負雲門伴獨向幽溪雪後尋

祈雨二首

旬初一雨徧汀漳將謂汀虔是接疆天意豈知分彼此人情端合有炎涼月行今已虛纏畢斗杓何曾解挹將夜起中庭成久立正思民瘼欲沾裳

見說虔南惟苦雨深山毒霧長陰陰我來偏遇一春旱誰解挽回三日霖寇盜郴陽方出掠干戈塞北還相尋憂民無計淚空墮謝病幾時歸海潯

還贛

積雨雩都道山途喜乍晴溪流遲渡馬岡樹隱前旌野屋多移竈窮苗尚阻兵
迎趨勤父老無苗媿巡行

借山亭

借山亭子近如何乘興時從夢裏過尚想清池環醉影猶疑花徑駐鳴珂疎簾
細雨燈前局碧樹涼風月下歌傳語諸公合頻賞休令歲月亦蹉跎

桶岡和邢太守韻二首

處處山田盡入畬可憐黎庶半無家興師正爲民痍甚陟險寧辭鳥道斜勝世
真如瓴水建先聲不礙嶺雲遮窮巢容有遺驅脅尚恐兵鋒或濫加

戢亂與師既有名揮戈真已見風行豈云薄劣能驅策實仗 皇威自震驚爛
額尚慚爲上客徙薪尤覺費經營主恩未報身多病旋凱須還隴上耕

通天巖

青山隨地佳豈必故園好但得此身閑塵寰亦蓬島西林日初暮明月來何早
醉臥石牀涼洞雲秋未掃

遊通天巖次鄒謙之韻

天風吹我上丹梯始信青霄亦可躋俯視氛寰成獨慨卻憐人世尚多迷東南真境埋名久閩楚諸峯入望低莫道仙家全脫俗三更日出亦聞雞

又次陳惟濬韻

四山落木正秋聲獨上高峯望眼明樹色遙連閩嶠碧江流不盡楚天清雲中想見雙龍轉風外時傳一笛橫莫遣新愁添白髮且呼明月醉沈觥

忘言巖次謙之韻

意到已忘言與劇復忘飯坐我此巖中是誰鑿混沌尼父欲無言達者窺其本此道何古今斯人去則遠空巖不見人真成面牆立巖深雨不到雲歸花亦溼

圓明洞次謙之韻

羣山走波浪出沒龍蛇脊巖棲寄盤渦沈淪遂成癖我來汲東溟爛煑南山石千年熟一炊欲餉巖中客

潮頭巖次謙之韻

潮頭起平地化作千丈雪棹舟者何人試問巖頭月

天成素有志於學茲得告東歸林居靜養其所就可知矣臨別以此紙索

贈漫爲賦此遂寄聲山澤諸賢

予有山林期荏苒風塵際高秋送將歸神往迹還滯回車當盛年養痾非遯世垂竿鑑湖雲結廬浮峯樹愛日遂庭趨芳景添遊詣掎生悟玄魄妙靜息緣慮眇眇素心人望望滄洲去東行訪天沃雲中倘相遇

坐忘言巖問二三子

幾日巖棲事若何莫將佳景復虛過未妨雲壑淹留久終是塵寰錯誤多澗道霜風疎草木洞門煙月掛藤蘿不知相繼來遊者還有吾儕此意麽

留陳惟濬

聞說東歸欲問舟清遊方此復離憂卻看陰雨相淹滯莫道山靈獨苦留薜荔巖高兼得月桂花香滿正宜秋煙霞到手休輕擲塵土驅人易白頭

棲禪寺雨中與惟乾同登

絕頂深泥冒雨扳天於佳景亦多慳自憐久客頻移棹頗羨高僧獨閉關江草遠連雲夢澤楚雲長斷九嶷山年來出處渾無定慚愧沙鷗盡日閑

茶寮紀事

萬壑風泉秋正哀四山雲霧晚初開不因王事兼程入安得閑行向北來登陟未妨安石興縱擒徒羨孔明才乞身已擬全師日歸掃溪邊舊釣臺

回軍九連山道中短述

百里妖氛一戰清萬峯雷雨洗回兵未能干羽苗頑格深媿壺漿父老迎莫倚謀攻為上策還須內治是先聲功微不願封侯賞但乞蠲輸絕橫征

回軍龍南小憩玉石巖雙洞絕奇徘徊不忍去因寓以陽明別洞之號兼留此作二首

甲馬新從鳥道回覽奇還更陟崔嵬寇平漸喜流移復春煖兼欣農務開兩竇高明行日月九關深黑閉風雷投簪最好支茅地戀土猶懷舊釣臺

洞府人寰此最佳當年空自費青鞵麾幢旖旎懸仙仗臺殿高低接緯階天巧

固應非斧鑿化工無乃太安排欲將點瑟攜童冠就攬春雲結小齋

陽明山人舊有居此地陽明景不如但在乾坤俱逆旅曾留信宿即吾廬行窩已許人先號別洞何妨我借書他日巾車還舊隱應懷玆土復鄉閭

再至陽明別洞和邢太守韻二首

春山隨處款歸程古洞幽虛道意生澗壑風泉時遠近石門蘿月自分明林僧住久炊遺火野老忘機罷席爭習靜未緣成久坐卻慚塵土逐虛名

山水平生是課程一淹塵土遂心生耦耕亦欲隨沮溺七縱何緣得孔明吾道羊腸須蠖屈浮名蝸角任龍爭好山當面馳車過莫漫尋山說避名

夜坐偶懷故山

獨夜殘燈夢未成蕭蕭總是故園聲草深石徑鼪鼯笑雪靜空山猿鶴驚漫有緘書懷舊侶常牽纓冕負初情雲溪漠漠春風轉紫菌黃花又自生

懷歸二首

深慚經濟學封侯都付浮雲自去留往事每因心有得身閑方喜世無求猿煙

幸息昆陽患蠢測空懷杞國憂一笑海天空闊處從知吾道在滄洲
身經多難早知非此事年來識者稀老大有情成舊德細謀無計解重圍意常
不足真夷道情到方濃是險機悵望衡茅無事日漫吹松火織秋衣

送德聲叔父歸姚并序

守仁與德聲叔父共學於家君龍山先生叔父屢困場屋一旦以親老
辭廩歸養交遊強之出輒笑曰古人一日養不以三公易吾豈以一老
毋博一弊儒冠乎嗚呼若叔父真知內外輕重之分矣今年夏來贛視
某留三月飄然歸興不可挽因謂某曰秋風蓴鱸知子之與無日不切
然時事若此恐卽未能脫吾不能俟子之歸舟吾先歸爲子開荒陽明
之麓如何嗚呼若叔父可謂真知內外輕重之分矣某方有詩戒叔父
曰吾行子可無言輒爲賦此

猶記垂髫共學年于今鬢髮兩蒼然窮通只好浮雲看歲月真同逝水懸歸鳥
長空隨所適秋江落木正無邊何時卻返陽明洞蘿月松風掃石眠

示憲兒

幼兒曹聽教誨勤讀書要孝弟學謙恭循禮義節飲食戒遊戲毋說謊毋貪利毋任情毋鬭氣毋責人但自治能下人是有志能容人是大器凡做人在心地心地好是良士心地惡是兇類譬樹果心是蒂蒂若壞果必墜吾教汝全在是汝諦聽勿輕棄

贈陳東川

白沙詩裏莆陽子盡是相逢逆旅間開口向人談古禮拂依從此入雲山

江西詩一百二十首 正德己卯年奉敕往福建處叛軍至豐城遭宸濠之變趨還吉安集兵平之八月陞副都御史巡按江西作

鄱陽戰捷

甲馬秋驚鼓角風旌旗曉拂陣雲紅勤王敢在汾淮後戀闕真隨江漢東羣醜漫勞同吠犬九重端合是飛龍涓埃未遂酬滄海病懶先須伴赤松

書草萍驛

九月獻俘北上駐草萍時已暮忽傳王師已及徐淮遂乘夜速發次壁間韻紀之二首

一戰功成未足奇親征消息尚堪危邊烽西北方傳警民力東南已盡疲萬里秋風嘶甲馬千山斜日度旌旗小臣何爾驅馳急欲請回鑾罷六師

千里風塵一劍當萬山秋色送歸航堂垂雙白虛頻疏門已三過有底忙羽檄西來秋黯黯關河北望夜蒼蒼自嗟力盡螳螂臂此日回天在廟堂

西湖

靈鷲高林暑氣清竺天石壁雨痕晴客來湖上逢雲起僧住峯頭話月明世路久知難直道此身那得尚虛名移家早定孤山計種果支茅卻易成

寄江西諸士夫

甲馬驅馳已四年秋風歸路更茫然慚無國手醫民病空有官銜縻俸錢湖海風塵雖暫息江湘水旱尚相沿題詩忽憶并州句回首江西亦故園

太息

一日復一日中夜坐歎息庭中有嘉樹落葉何淅瀝蒙翳亂藤纏寧知絶根脈

丈夫貴剛腸光陰勿虛擲頭白眼昏昏吁嗟亦何及

宿淨寺四首 十月至杭王師遣人追寧濠復還江西是日遂謝病退居西湖

老屋深松覆古藤羃棲猶記昔年曾棋聲竹裏消閒晝藥裹窗前對病僧煙艇

避人長曉出高峯望遠亦時登而今更是多牽繫欲似當時又不能

常苦人間不盡愁每拚須是入山休若爲此夜山中宿猶自中宵煎百憂百戰

西江方底定六飛南向尙淹留何人真有回天力諸老能無取日謀

百戰歸來一病身可看時事更愁人道人莫問行藏計已買桃花洞裏春

山僧對我笑長見說歸山如何十年別依舊不曾閑

歸興

一絲無補 聖明朝兩鬢徒看長二毛自識淮陰非國士由來康節是人豪時

方多難容安枕事已無能欲善刀越水東頭尋舊隱白雲茅屋數峯高

即事漫述四首

從來野性只山林翠壁丹梯處處尋一自浮名縈世網遂令真訣負初心夜馳險寇天峯雪秋虜強王漢水陰辛苦半生成底事始憐莊舄亦哀吟

百戰深秋始罷兵六師冬盡尚南征誠微未足回天意性僻還多拂世情煙水滄江從鶴好風雲溟海任龍爭他年若訪陶元亮五柳新居在赤城

窅窅深愁伴客居江船風雨夜燈虛尚勞　車駕臣多缺無補瘡痍術已疎親老豈堪還遠別時危那得久無書明朝且就君平卜要使吾心不負初

茅茨松菊別多年底事寒江尚客船強所不能儒作將付之無奈數由天徒聞諸葛能興漢未必田單解誤燕最羨漁翁閒事業一竿明月一蓑煙

泊金山寺二首 十月將趨行在

但過金山便一登鳴鐘出迓每勞僧雲濤石壁深龍窟風雨樓臺迥佛燈難後詩懷全欲減酒邊孤興尚堪憑巖梯未用妨苔滑曾踏天峯雪棧冰

醉入江風酒易醒片帆西去雨冥冥天迥江漢留孤柱地缺東南著此亭沙渚

亂更新世態峯巒不改舊時青舟人指點龍王廟欲話前朝不忍聽

舟夜

隨處看山一葉舟夜深霜月亦兼愁翠華此際遊何地畫角中宵起戍樓甲馬尚屯淮海北旌旗初散楚江頭洪濤滾滾乘風勢容易開帆不易收

舟中至日

歲寒尤歎滯江濱漸喜陽回大地春未有一絲添袞繡謾提三尺淨風塵丹心倍覺年來苦白髮從教鏡裏新若待完名始歸隱桃花笑殺武陵人

阻風

冬江盡說風長北偏我北來風便南未必天公真有意卻逢人事偶相參殘農得暖堪登穫破屋多寒且曝簷果使困窮能稍濟不妨經月阻江潭

用韻答伍汝真

莫怪鄉思日夜深干戈衰病兩相侵孤腸自信終如鐵衆口從教盡鑠金碧水丹山曾舊約青天白日是知心茅茨歲晚饒風景雲滿清溪雪滿岑

過鞋山戲題

曾駕雙虬渡海東青鞋失脚墮天風經過已是千年後蹤跡依然一夢中屈子漫勞傷世隘楊朱空自泣途窮正須坐我匡廬頂濯足寒濤步曉空

楊邃菴待隱

嘉園名待隱專待主人歸此日真歸隱名園竟不違巖花如共語山石故相依朝市都忘卻無勞更掩扉

其二

大隱真塵市名園陋給孤留侯先謝病苑老竟歸湖種竹非醫俗移山不是愚是日公方移山石對時存變理經濟自成謨

其三

綠野春深地山陰夜靜時冰霜緣徑滑雲石向人危平難心仍在扶顛力未衰

其四

江湖兵甲滿吟罷有餘思

茲園聞已久今度始來窺市裏煙霞靜壺中結構奇勝遊須繼日虛席亦多時

莫道東山僻蒼生或未知

其五

芳園待公隱屯世待公亭花竹深臺榭風塵暗甲兵一身戾得計四海未忘情

語及艱難際停盃淚欲傾

登小孤書壁

人言小孤殊阻絕從來可望不可攀上有顛崖勢欲墮下有劍石交巉頑峽風

閃壁船難進洪濤怒撞蛟龍關帆檣摧縮不敢越往往退次依前山崖傍沙岸

日東徙忽成巨浸通西灣帝心似憫舟楫苦神斧夜闢無痕斑風雷倏翕見萬

怪人謀不得容其閒我來銳意欲一往小舟微服沿回瀾側身脅息仰天竇懸

空絕棧蛛絲慳風吹卯酒眼花落凍滑丹梯足力孱青鼉吹雨出仍沒白鳥避

客來復還峯頭四顧盡落日宛然風景如瀛寰煙霞未覺三山遠塵土聊乘半

日閑奇觀江海詎爲險世情平地猶多艱嗚呼世情平地猶多艱回瞻　北極

雙淚瀑

登蟂磯次草泉心劉石門韻二首二詩壬戌年作誤入此

中流片石倚孤雄下有馮夷百尺宮灩澦西蟠渾失地長江東去正無窮徒聞吳女埋香玉惟見沙鷗亂雪風往事淒微何足問永安宮闕草萊中

江上孤臣一片心幾經漂沒水痕深極憐撐住卽從古正恐崩頹或自今蘚蝕秋螺殘老翠蟂鳴春雨落空音好攜雙鶴磯頭坐明月中宵一朗吟

望廬山

盡說廬山若箇奇當時圖畫亦堪疑九江風浪非前日五老煙雲豈定期眼慣不妨層壁險足跰須著短筇隨香爐瀑布微如綫欲決天河瀉上池

除夕伍汝真用待隱園韻卽席次答五首

一年今又去獨客尚無歸人世傷多難親庭歎久違壯心都欲盡衰病特相依旅館聊隨俗桃符換早扉

其二

向憶青年日追歡與不孤風塵淹歲月漂泊向江湖濟世渾無術違時竟笑愚
未須悲蹇難　列聖有遺謨

其三

正逢兵亂地況是歲窮時天運終無息人心本自危憂疑紛并集筋力頓成衰
千載商山隱悠然獲我思

其四

世道從卮漏人情只管窺年華多涉歷變故益新奇莫憚顛危地曾逢全盛時
海翁機已息應是白鷗知

其五

星窮回曆紀貞極起元亨日望　天迴駕先沾雨洗兵雪猶殘歲戀風已舊春
情莫更辭藍尾人生未幾傾

元日霧

元日昏昏霧塞空出門咫尺誤西東人多失足投坑塹我亦停車泣路窮欲斬

蚩尤開白日還排閶闔拜重瞳小臣謾有澄清志安得扶搖萬里風

二日雨

昨朝陰霧埋元日向曉寒雲迸雨聲莫道人為無感召從來天意亦分明安危

他日須周勃痛哭當年笑賈生坐對殘燈愁徹夜靜聽晨鼓報新晴

三日風

一霧二雨三日風田家卜歲疑凶豐我心惟願兵甲解天意豈必斯民窮虎旅

歸思懷舊土　鑾輿消息望還宮春盤濁酒聊自慰無使戚戚于吾衷

立春二首

才見春歸春又來春風如舊鬢毛衰梅花未放天機泄萱草先將地脈回漸老

光陰逢世難經年懷抱欲誰開孤雲渺渺親庭遠長日斑衣羨老萊

天涯霜雪歎春遲春到天涯思轉悲破屋多時空杼軸東風無力起瘡痍周王

車駕窮南服漢將旌旗守北陲莫訝春盤斷生菜人間菜色正離仳

遊廬山開元寺

僻性尋常慣受猜看山又是百忙來北風留客非無意南寺逢僧卽未回白日高峯開雨雪青天飛瀑瀉雲雷緣溪踏得支茆地修竹長松覆石臺

又次壁間杜牧韻

春山路僻問歸樵爲指前峯石逕遙僧與白雲還暝壑月隨滄海上寒潮世情老去渾無賴遊興年來獨未消回首孤航又陳迹疎鐘隔渚夜迢迢

舟過銅陵埜云縣東小山有鐵船因往觀之果見其彷佛因題石上

青山滾滾如奔濤鐵船何處來停橈人間刳木寧有此疑是仙人之所操仙人一去已千載山頭日日長風號船頭出土尙彷佛後罔有石云船稍我行過此費忖度昔人用心無乃忉由來風波平地惡縱有鐵船還未牢秦鞭驅之未能動奡力何所施其篙我欲乘之訪蓬島雷師鼓舵虹爲繅弱流萬里不勝芥復恐駕此成徒勞世路難行每如此獨立斜陽首重搔

山僧

巖下蕭然老病僧曾求佛法禮南能論詩自許窺三昧入聖無梯出小乘高閣

松風飄夜磬石牀花雨落寒燈更深月出山窗曙漱齒焚香誦法楞

江上望九華山二首

當年一上化城峯十日高眠雷雨中霽色曉開千嶂雪濤聲夜渡九江風此時
隔水看圖畫幾歲緣雲住桂叢卻負洞仙蓬海約玉函丹訣在崆峒

窮探雖得盡幽奇山勢須從遠望知幾朵芙蓉開碧落九天屏嶂列旌麾高同
華嶽應無忝名亞匡廬卻稍卑信是謫仙還具眼九華題後竟難移

觀九華龍潭

飛流三百丈須洞祕靈湫峽坼開雷斧天虛下月鉤化形時試鉢吐氣或成樓
吾欲鞭龍起為霖徧九州

廬山東林寺次韻

東林日暮更登山峯頂高僧有蘭若雲蘿磴道石參差水聲深澗樹高下遠公
學佛卻援儒淵明嗜酒不入社我亦愛山仍戀官同是乾坤避人者我歌白雲
聽者寡山自點頭泉自瀉月明壑底忽驚雷夜半天風吹屋瓦

又次邵二泉韻

昨遊開元殊草草今日東林遊始好手持蒼竹撥層雲直上青天招五老萬壑笙竽松籟哀千峯晻映芙蓉開坐俯西巖窺落日風吹孤月江東來莫向人間空白首富貴何如一杯酒種蓮栽菊兩荒涼惠遠陶潛骨何朽乘風我欲還金庭三洲弱水連沙汀他年海上望廬頂煙際浮萍一點青

遠公講經臺

遠公說法有高臺一朵青蓮雲外開臺上久無獅子吼野狐時復聽經來

太平宮白雲

白雲休道本無心隨我迢迢度遠岑攔路野風吹斷又穿深樹候前林

書九江行臺壁

九華真實是奇觀更是廬山亦耐看幽勝未窮三日與風塵已覺再來難眼餘五老晴光碧衣染天池積翠寒卻怪寺僧能好事直來城市索詩刊

又次李僉事素韻

省災行近郊探幽指層麓回飈振玄岡頹陽薄西陸畱田收積雨禾稼泛平蕪
取徑歷村墟停車問耕牧清溪厲月行暝洞披雲宿淅米石澗溜斧薪澗底木
田翁來聚觀中宵尚馳逐將迎愧深情瘡痍慚撫掬幽枕靜無寐風泉朗鳴玉
雖繆真訣傳頗苦塵緣熟終當遁名山鍊藥洗凡骨檝辭謝親交流光易超忽

繁昌道中阻風二首

阻風夜泊柳邊亭懶夢還鄉午未醒臥穩從教波浪惡地深長是水雲冥入林
沽酒村童引隔水放歌漁父聽頗覺看山緣獨在蓬窗剛對一峯青
東風漠漠水澐澐花柳沿村春事殷泊久漁樵來作市心閑麋鹿漸同羣自憐
失脚趨塵土長恐歸期負海雲正憶山中詩酒伴石門延望幾斜曛

江邊阻風散步至靈山寺

歸船不遇打頭風行脚何緣到此中幽谷餘寒春雪在虛簷斜日暮江空林間
古塔無僧住花外仙源有路通隨處看山隨處樂莫將踪跡歎萍蓬

泊舟大同山溪間諸生聞之有挾冊來尋者

扁舟經月住林隈謝得黃鶯日日來兼有清泉堪洗耳更多修竹好銜盃諸生
涉水攜詩卷童子和雲掃石苔獨奈華峯隔煙霧時勞策杖上崔嵬

巖下桃花盛開攜酒獨酌

小小山園幾樹桃安排春色候停橈開樽旋掃花陰雪展席平臨松頂濤地遠
不須防俗駕溪晴還好著漁舠雲間石路稀人跡深處容無避世豪

白鹿洞獨對亭

五老隔青冥尋常不易見我來騎白鹿淩空陟飛巘長風捲浮雲褰帷始窺面
一笑仍舊顏媿我鬢先變我來爾為主乾坤亦郵傳海燈照孤月靜對有餘眷
彭蠡浮一觴賓主聊酬勸悠悠萬古心默契可無辯

豐城阻風 前歲遇難於此得北風幸免

北風休歎北船窮此地曾經拜北風句踐敢忘嘗膽地齊威長憶射鉤功橋邊
黃石機先授海上陶朱意頗同況是倚門衰白甚歲寒茅屋萬山中

江上望九華不見

五旬三過九華山一度陰寒一度兩此來天色稍晴明忽復昏霾起亭午平生山水最多緣獨此相逢容有數人言此山天所祕山下居人不常睹蓬萊涉海或可求瑤水崑崙俱舊遊洞庭何止吞八九五嶽曾向囊中收不信開雲掃六合手扶赤日照九州駕風騎氣覽八極視此瑣屑真浮漚

江施二生與醫官陶埜冒兩登山人多笑之戲作歌

江生施生頗好奇偶逢陶埜奇更癡共言山外有佳寺勸予往遊爭願隨是時雷兩雲霧塞多傳險滑難車騎兩生力陳道非遠埜請登高覘路歧三人冒兩陟岡背旣仆復起相牽攜同儕咻笑招之返奮袂徑往凌嶔崎歸來未暇顧沾濕且說地近山逕夷青林宿靄漸開霽碧巘絳氣浮微曦津津指譬在必往與劇不到傍人嗤予亦對之成大笑不覺老興如童時平生山水已成癖歷深探隱忘飢疲年來世務頗羈縛逢場遇境心未衰埜本求仙志方外兩生學士亦爾爲世人趨逐但聲利赴湯蹈火甘傾危解脫塵囂事行樂爾輩狂簡翻見譏歸與歸與吾與爾陽明之麓終爾期

遊九華道中

微雨山路滑山行入輕舟桃花夾岸迷遠近迴巒疊嶂盤深幽奇峯應接勞回首瞻之在前忽在後不道舟行轉屈曲但怪青山亦奔走薄午雨霽雲亦開青鞋布襪無塵埃梅蹊柳徑度村落長松白石穿林隈始攀風磴出木杪更俯懸崖聽瀑雷亂山高頂藏平野茆屋高低自成社此中那得有人家恐是當年避秦者西巖日色漸欲下且向前林秣吾馬世途濁隘不可居吾將此地營蘭若

芙蓉閣

九華之山何崔嵬芙蓉直傍青天栽剛風倒海吹不動大雪裂地凍還開夜半峯頭掛明月宛如玉女臨粧臺我拂滄海寫圖畫題詩還媿謫仙才

重遊無相寺次韻四首

遊興殊未盡塵寰不可留山青只依舊白盡世間頭

其二

人迹不到地茆茨亦數間借問此何處云是九華山

其三

拔地千峯起芙蓉插曉寒當年看不足今日復來看

其四

瀑流懸絶壁峯月上寒空鳥鳴蒼磵底僧住白雲中

登蓮花峯

蓮花頂上老僧居脚踏蓮花不染泥夜半花心吐明月一顆懸空黍米珠

重遊無相寺次舊韻

舊識仙源路未差也從谷口問桃花屢攀絶棧經殘雪幾度清溪踏月華虎穴相鄰多異境鳥花不到有僧家頻來休下仙翁榻只借峯頭一片霞

登雲峯望始盡九華之勝因復作歌

九華之峯九十九此語相傳俗人口俗人眼淺見皮膚焉測其中之所有我登華頂拂雲霧極目奇峯那有數巨壑中藏萬玉林大劍長鎗攢武庫有如智者深韜藏復如淑女避讒妒闇然避世不求知卑己尊人羞逞露何人不道九華

奇奇中之奇人未知我欲窮搜盡拈出祕藏恐是天所私旋解詩囊旋收拾脫穎露出錐參差從來題詩李白好渠於此山亦潦草曾見王維畫輞川安得渠來拂纖縞

雙峯遺柯生喬

爾家雙峯下不見雙峯景如錐處囊中深藏未脫穎威德心愈卑幽人迹多屏悠然望雙峯可以發深省

歸途有僧自望華亭來迎且請詩

方自華峯下何勞更望華山僧援故事要我到渠家自謂遊已至那知望轉佳正如酣醉後醒酒卻須茶

無相寺金沙泉次韻

黃金不布地傾沙瀉流泉潭淨長開鏡池分或鑄蓮與雲為大雨濟世作豐年縱有貪夫過清風自灑然

夜宿天池月下聞雷次早知山下大雨三首

昨夜月明峯頂宿隱隱雷聲在山麓曉來卻問山下人風雨三更捲茆屋

野人權作青山主風景朝昏頗裁取巖傍日脚半溪雲山下聲聲一村雨

天池之水近無主木魅山妖競偷取公然又盜山頭雲去向人間作風雨

文殊臺夜觀佛燈

老夫高臥文殊臺拄杖夜撞青天開散落星辰滿平野山僧盡道佛燈來

書汪進之太極巖二首

一竅誰將混沌開千年樣子道州來須知太極元無極始信心非明鏡臺

始信心非明鏡臺須知明鏡亦塵埃人人有箇圓圈在莫向蒲團坐死灰

勸酒

平生忠赤有天知便欲欺人肯自欺毛髮暗從愁裏改世情明向笑中危春風

脈脈回枯草殘雪依依戀舊枝謾對芳樽辭酩酊機關識破已多時

重遊化城寺二首

愛山日日望山晴忽到山中眼自明鳥道漸非前度險龍潭更比舊時清會心

人遠空遺洞識面僧來不記名莫謂中丞喜忘世前途風浪苦難行

山寺從來十九秋舊僧零落老比邱簷松盡長青冥幹瀑水猶懸翠壁流人住層崖嫌洞淺鳥鳴春磵覺山幽年來别有閒尋意不似當時孟浪遊

遊九華

九華原亦是移文錯怪山頭日日雲乘興未甘回俗駕初心終不負靈均紫芝香煖春堪茹青竹泉高晚更分幽夢已分塵土累清猿正好月中聞

弘治壬戌嘗遊九華值時陰霧竟無所覩至是正德庚辰復往遊之風日清朗盡得其勝喜而作歌

昔年十日九華住雲霧終旬竟不開有如昏夜入寶藏兩目無覩成空回每逢好事談奇勝即思策蹇還一來頻年驅逐事兵革出入賊壘衝風埃恐恐晝夜不遑息豈復山水能徘徊鄱湖一戰偶天幸遠隨歸凱停江隈是時軍務頗多暇況復我馬方虺隤舊遊諸生亦羣集遂將童冠登崔嵬先晨霏靄尚暝晦卻疑山意猶嫌猜肩輿一入青陽境忽然白日開西嶺長風擁篲掃浮陰九十九

峯如夢醒羣巒踊躍爭獻奇兒孫俯伏摩其頂今來始識九華面恨無詩筆爲傳影層樓疊閣寫未工千朶芙蓉抽玉井怪哉造化亦安排天下奇山此兼幷攬衣登高望八荒雙闕下見日月光長江如帶繞山麓五湖七澤皆陂塘蓬瀛海上浮拳石舉足可到虹可梁仙人爲我啓閶闔鸞軿鶴駕紛翺翔從茲脫屣謝塵世飄然拂袖淩蒼蒼

巖頭閑坐漫成

盡日巖頭坐落花不知何處是吾家靜聽谷鳥遷喬木閑看林蜂散午衙翠壁泉聲穿亂石碧潭雲影透晴沙癡兒公事眞難了須信吾生自有涯

將遊九華移舟宿寺山二首

逢山未愜意落日更移船峽寺緣溪徑雲林帶石泉鐘聲先度嶺月色已浮川今夜巖房宿寒燈不待懸

其二

維舟谷口傍煙霏共說前岡石徑微竹杖穿雲尋寺去藤筐採藥帶花歸諸生

晚佩聯芳杜野老春霞綴衲衣風詠不須沂水上碧山明月更清輝

登雲峯二三子詠歌以從欣然成謠二首

淳氣日凋薄鄒魯亡真承世儒倡臆説愚瞽相因仍晚途益淪溺手援吾不能棄之入煙霞高歷雲峯層開茅傍虎穴結屋依巖僧豈曰事高尚庶免無予憎

好鳥求其侶嚶嚶林間鳴而我在空谷焉得無良朋飄飄二三子春服來從行詠歌見真性逍遙無俗情各勉希聖志毋爲塵所縈

深林之鳥何閑關我本無心雲自閑大舜亦與木石處醉翁惟在山水閒晴窗展卷有會意絕壁題詩無厚顔顧謂從行二三子隨遊麋鹿俱忘還

有僧坐巖中已三年詩以勵吾黨

莫怪巖僧木石居吾儕真切幾人如經營日夜身心外剽竊糠粃齒頰餘俗學未堪欺老衲昔賢取善及陶漁年來奔走成何事此日斯人亦起予

春日遊齊山寺用杜牧之韻二首

郤看花發又花飛空向花前歎式微自笑半生行脚過何人未老乞身歸江頭

鼓角翻春浪雲外旌旗閃落暉羡殺山中麋鹿伴千金難買芰荷衣
倦鳥投枝已亂飛林間暝色漸霏微春山日暮成孤坐遊子天涯正憶歸古洞
溼雲含宿雨碧溪明月弄清暉桃花不管人間事只笑山人未拂衣

重遊開元寺戲題壁

中丞不解了公事到處看山復尋寺尙爲妻孥守俸錢至今未得休官去三月
開花兩度來寺僧倦客門未開山靈似嫌俗士駕溪風攔路吹人回君不見富
貴中人如中酒折腰解酲須五斗未妨適意山水間浮名于我亦何有

買胡行

買胡得明珠藏珠剖其軀珠藏未能有此身已先無輕己重外物買胡一何愚
請君勿笑買胡愚君今奔走聲利途鑽求富貴未能得役精勞形骨髓枯竟日
惶惶憂毀譽終宵惕惕防艱虞一日僅得五升米半級仍甘九族誅胥靡接踵
略無悔請君勿笑買胡愚

送邵文寶方伯致仕

君不見塒下雞引類呼羣啄且啼稻粱已足脂漸肥毛羽脫落充庖廚又不見籠中鶴斂翼垂頭困牢落籠開一旦入層雲萬里翱翔從寥廓人生山水須認真胡爲利祿纏其身高車駟馬盡桎梏雲臺麟閣皆埃塵鴟夷抱恨浮江水何似乘舟逃海濱舜水龍山予舊宅讓公且作煙霞伯拂衣便擬逐公回爲予先掃峯頭石

紀夢并序

正德庚辰八月廿八夕臥小閣忽夢晉忠臣郭景純氏以詩示予且極言王導之奸謂世之人徒知王敦之逆而不知王導實陰主之其言甚長不能盡錄覺而書其所示詩於壁復爲詩以紀其略嗟乎今距景純若干年矣非有實惡深寃鬱結而未暴寧有數千載之下尚懷憤不平若是者耶

秋夜臥小閣夢遊滄海濱海上神仙不可到金銀宮闕高嵯峋中有仙人芙蓉巾顧我宛若平生親欣然就語下煙霧自言姓名郭景純攜手歷歷訴衷曲義

憤慼激難具陳切齒尤深怨王導深奸老猾長欺人當年王敦覬神器導實陰
主相緣黨不然三問三不答胡忍使敦殺伯仁寄書欲拔太真舌不相爲謀敢
爾云敦病已篤事已去臨哭嫁禍復賣敦事成同享帝王貴事敗仍爲顧命臣
幾微隱約亦可見世史掩覆多失真袖出長篇再三讀覺來字字能書紳開窗
試抽晉史閱中間事迹頗有因因思景純有道者世移事往千餘春若非精誠
果有激豈得到今猶憤嗔不成之語以筮戒敦實氣沮竟殞身人生生死亦不
易誰能視死如輕塵燭微先幾炳易道多能餘事非所論取義成仁忠晉室龍
逄龔勝心可倫是非顚倒古多有吁嗟景純終見伸御風騎氣遊八垠彼敦之
徒草木糞土臭腐同沈淪
我昔明易道故知未來事時人不我識遂傳耽一技一思王導徒神器良久
覬諸謝豈不力伯仁見其底所以敦者傭罔顧天經與地義不然百口未負
託何忍置之死我於斯時知有分日中斬柴市我死何足悲我生良有以九
天一人撫膺哭晉室諸公亦可恥舉目山河徒歎非攜手登亭空灑淚王導

真奸雄千載人未議偶感君子談中及重與寫真記固知倉卒不成文自今

當與頻謔戲倘其爲我一表揚萬世萬世萬萬世

右晉忠臣郭景純自述詩蓋予夢中所得者因表而出之

無題

巖頭有石人爲我下嶙峋脚踏破履五十兩身披舊衲四十斤任重致遠香象

力餐霜坐雪金剛身夜寒雙虎與温足雨後秃龍來伴宿手握頑磚鏡未光舌

底流泉梅未熟夜來拾得遇寒山翠竹黄花好共看同來問我安心法還解將

心與汝安

遊落星寺

女媧煉石補天漏璇璣晝夜無停走自從墮卻玉衡星至今七政迷前後渾儀

晝夜徒揣摩敬授人時亦何有玉衡墮卻此湖中眼前誰是補天手

遊通天巖示鄒陳二子

鄒陳二子皆好遊一往通天十日留候之來歸久不至我亦乘輿聊尋幽巖扉

日出雲氣浮二子晞髮登巖頭谷轉始聞人語響蒼壁杳杳長林秋嗒然坐我亦忘去人生得休且復休採芝共約陽明麓白首無慚黃綺儔

青原山次黃山谷韻

咨觀歷州郡驅馳倦風埃名山特乘暇林壑盤縈迴雲石緣欹徑夏木深層隈仰窮嵐霏際始覩臺殿開衣傳西竺舊構遺唐宋材風松溪溜急湍響空山哀妙香隱玄洞僧屋懸穹崖扳依儼龍象陟降臨緯階飛泉瀉靈竇曲檻連雲棲我來慨遺迹勝事多湮埋邈矣西方教流傳徧中垓如何皇極化反使吾人猜剝陽幸未絕生意存枯荄傷心眼底事莫負生前盃煙霞有本性山水乞歸骸崎嶇羊腸坂車輪幾傾摧蕭散麋鹿伴澗谷終追陪恬愉返真澹閴寂辭喧豗至樂發天籟絲竹謝淫哇千古自同調豈必時代偕珍重二三子茲遊非偶來且從山叟宿勿受役夫催東峯上煙月夜景方徘徊

睡起偶成

四十餘年睡夢中而今醒眼始朦朧不知日已過停午起向高樓撞曉鐘

起向高樓撞曉鐘尚多昏睡正懵懵縱令日暮醒猶得不信人間耳盡聾

立春

荒村亂後耕牛絶城郭春來見土牛家業苟存鄉井戀風塵先幸甲兵休未能布德慚時令聊復題詩寫我憂爲報胡雛須遠塞暫時邊將駐南州

遊廬山開元寺

清晨入谷到斜曛徧歷青霞躡紫雲閶闔遠從雙劍闢銀河真自九天分驅馳此日原非暇夢想當年亦自勤斷擬罷官來駐此不教林鶴更移文

登小孤次陸艮弼韻

看盡東南百二峯小孤江上是真龍攀龍我欲乘風去高躡層霄絶世踪

月下吟三首

露冷天清月更輝可看遊子倍沾衣催人歲月心空在滿眼兵戈事漸非方朔本無金馬意班超惟願玉門歸白頭應倚庭前樹怪我還期秋又違

江天月色自清秋不管人間底許愁謾擬翠華旋北極正憐白髮倚南樓狼烽

絶塞寒初入鶴怨空山夜未休莫重三公輕一日虛名真覺是浮漚
依依窗月夜還來渺渺鄉愁坐未回素位也知非自得白頭無奈是親衰當年
竹下曾裘仲何日花前更老萊懇疏乞骸今幾上中宵翹首望三台

月夜二首

高臺月色倍新晴極浦浮沙遠樹平客久欲迷鄉國望亂餘愁聽鼓鼙聲湖南
水潦頻移粟磧北風煙且罷征濡手未辭援溺苦白頭方切倚閭情
舉世困酣睡而誰偶獨醒疾呼未能起瞪目相怪驚反謂醒者狂羣起環鬭爭
洙泗輟金鐸濂洛傳微聲誰鳴塗毒鼓聞者皆昏冥嗟爾欲奚爲奔走皆營營
何當聞此鼓開爾天聰明

雪望四首

風雪樓臺夜更寒曉來霽色滿山川當歌莫放陽春調幾處人家未起煙
初日湖山雪未融野人村落閉重重安居信是豐年兆爲語田夫莫惰農
霽景朝來更好看河山千里思漫漫茅簷日色猶堪曝應是邊關地更寒

法象冥濛失巨纖連朝風雪費粧嚴誰將塵世化珠玉好與貧家聚米鹽

火秀宮次一峯韻三首

兹山堪遁迹上應少微星洞裏乾坤別壺中日月明道心空自警塵夢苦難醒
方嶠由來此虛無隔九溟

其二

青溪曲曲轉層林始信桃源路未深晚樹煙霏山閣靜古松雷雨石壇陰丹爐
遺火飛殘藥仙樂浮空寄絕音莫道山人才一到千年陳迹此重尋

其三

落日下清江悵望閣道晚人言玉笥更奇絕漳口停舟路非遠肩輿取徑沿村
落心目先馳嫌足緩山昏欲就雲儲眠疎林月色與風泉夢魂忽忽到真境侵
曉循迹來洞天洞天非人世予亦非世人當年曾此寄一迹屈指忽復三千春
巖頭坐石剝落盡手種松柏枯龍鱗三十六峯僅如舊澗谷漸改溪流新空中
仙樂風吹斷化爲鼓角驚風塵風塵慘淡半天地何當一掃還吾真從行諸生

駭吾說問我恐是玆山神君不見廣成子高臥崆峒長不死到今一萬八千年
陽明真人亦如此

歸懷

行年忽五十頓覺毛髮改四十九年非童心獨猶在世故漸改涉過坎稍無餒
每當快意事退然思辱殆傾否作聖功物覩豈不快奈何桑梓懷衰白倚門待

啾啾吟

知者不惑仁不憂君胡戚戚眉雙愁信步行來皆坦道憑天判下非人謀用之
則行舍即休此身浩蕩浮虛舟丈夫落落掀天地豈顧束縛如窮囚千金之珠
彈鳥雀掘土何煩用鐲鏤君不見東家老翁防虎患虎夜入室銜其頭西家兒
童不識虎執竿驅虎如驅牛癡人懲噎遂廢食愚者畏溺先自投人生達命自
灑落憂讒避毀徒啾啾

居越詩三十四首 正德辛巳年歸越後作

歸興二首

百戰歸來白髮新青山從此作閒人峯攢尙憶衝鑾陣雲起猶疑見虜塵島嶼

微茫滄海暮桃花爛熳武陵春而今始信還丹訣卻笑當年識未真

其二

歸去休來歸去休千貂不換一羊裘青山待我長爲主白髮從他自滿頭種果

移花新事業茂林脩竹舊風流多情最愛滄州伴日日相呼理釣舟

次謙之韻

珍重江船冒暑行一宵心話更分明須從根本求生死莫向支流辯濁清久奈

世儒橫臆說競搜物理外人情良知底用安排得此物由來自渾成

再遊浮峯次韻

廿載風塵始一回登高心在力全衰偶懷勝事乘春到況有良朋自遠來還指

松蘿尋舊隱撥開雲石翦蒿萊後期此別知何地莫厭花前勸酒盃

夜宿浮峯次謙之韻

日日春山不厭尋野情原自懶朝簪幾家茅屋山村靜夾岸桃花溪水深石路

草香隨鹿去洞門蘿月聽猨吟禪堂坐久發清磬卻笑山僧亦有心

再遊延壽寺次舊韻

歷歷溪山記舊蹤寺僧遙住翠微重扁舟曾泛桃花入歧路心多草樹封谷口鳥聲兼伐木石門煙火出深松年來百好俱衰薄獨有幽探興尚濃

碧霞池夜坐

一雨秋涼入夜新池邊孤月倍精神潛魚水底傳心訣棲鳥枝頭說道真莫謂天機非嗜欲須知萬物是吾身無端禮樂紛紛議誰與青天掃宿塵

秋聲

秋來萬木發天聲點瑟回琴日夜清絕調迥隨流水遠餘音細入晚雲輕洗心真已空千古傾耳誰能辯九成徒使清風傳律呂人間瓦缶正雷鳴

林汝桓以二詩寄次韻爲別

斷雲微日半晴陰何處高梧有鳳鳴星漢浮槎先入夢海天波浪不須驚魯郊已自非常典膰肉寧爲脫冕行試向滄浪歌一曲未云不是九韶聲

堯舜人人學可齊昔賢斯語豈無稽君今一日真千里我亦當年苦舊迷萬理
由來吾具足六經原只是階梯山中儘有閒風月何日扁舟更越溪

月夜二首 與諸生歌于天泉橋

萬里中秋月正晴四山雲靄忽然生須臾濁霧隨風散依舊青天此月明肯信
良知原不昧從他外物豈能攖老夫今夜狂歌發化作鈞天滿太清

處處中秋此月明不知何處亦羣英須憐絕學經千載莫負男兒過一生影響
尚疑朱仲晦支離羞作鄭康成鏗然舍瑟春風裏點也雖狂得我情

秋夜

春園花木始菲菲又是高秋落葉稀天迥樓臺含氣象月明星斗避光輝閒來
心地如空水靜後天機見隱微深院寂寥羣動息獨憐烏鵲繞枝飛

夜坐

獨坐秋庭月色新乾坤何處更閒人高歌度與清風去幽意自隨流水春千聖
本無心外訣六經須拂鏡中塵卻憐擾擾周公夢未及惺惺陋巷貧

心漁爲錢翁希明別號題 錢翁德洪父五歲雙瞽好古博學能詩文

有漁者歌曰漁不以目惟以心心不在魚漁更深北溟之鯨殊小小一舉六鼇未足歆敢問何如其爲漁耶曰吾將以斯道爲網良知爲綱太和爲餌天地爲舫絜之無意散之無方是謂得無所得而忘無可忘者矣

登香爐峯次蘿石韻

曾從爐鼎躡天風下數天南百二峯勝事縱爲多病阻幽懷還與故人同旌旗影動星辰北鼓角聲迴滄海東世故茫茫渾未定且乘溪月放歸蓬

觀從吾登爐峯絕頂戲贈

道人不奈登山癖日暮猶思絕棧雲巖底獨行穿虎穴峯頭清嘯亂猿羣清溪月出時尋寺歸棹城隅夜款門可笑中郎無好興獨留松院坐黃昏

書扇贈從吾

君家只在海西隈日日寒潮去復迴莫遣扁舟成久別爐峯秋月望君來

嘉靖甲申冬二十一日再登秦望自弘治戊午登後二十七年矣將下適

董蘿石與二三子來復坐久之暮歸同宿雲門僧舍

初冬風日佳杖策登崔嵬自予羈宦迹久與山谷違屈指廿七載今兹復一來沿溪尋往路歷歷皆所懷躋險還屢息與在知吾衰薄午際峯頂曠望未能回良朋亦偶至歸路相徘徊夕陽飛鳥靜羣壑風泉哀悠悠觀化意點也可與偕

山中謾與

清晨急雨度林扉餘滴煙梢尚溼衣雨水霞明桃亂吐沿溪風煖藥初肥物情到底能容懶世事從前頗覺非自擬春光還自領好誰歌詠月中歸

挽潘南山

聖學宮牆亦久荒如公精力可升堂若爲千古經綸手只作終年著述忙末俗澆漓風益下平生辛苦意難忘西風一夜山陽笛吹盡南岡落木霜

和董蘿石菜花韻

油菜花開滿地金鶺鴒聲裏又春深閭閻正苦饑民色畎畝常懷老圃心自有牡丹堪富貴也從蜂蝶謾追尋年年開落渾閑事來賞何人共此襟

天泉樓夜坐和蘿石韻

莫厭西樓坐夜深幾人今夕此登臨白頭未是形容老赤子依然混沌心隔水鳴榔聞過棹映窗殘月見疎林看君已得忘言意不是當年只苦吟

詠良知四首示諸生

箇箇人心有仲尼自將聞見苦遮迷而今指與真頭面只是良知更莫疑

問君何事日憧憧煩惱場中錯用功莫道聖門無口訣良知兩字是參同

人人自有定盤針萬化根源總在心卻笑從前顚倒見枝枝葉葉外頭尋

無聲無臭獨知時此是乾坤萬有基拋卻自家無盡藏沿門持鉢效貧兒

示諸生三首

爾身各各自天真不用求人更問人但致良知成德業謾從故紙費精神乾坤是易原非畫心性何形得有塵莫道先生學禪語此言端的爲君陳

人人有路透長安坦坦平平一直看盡道聖賢須有秘翻嫌易簡卻求難只從孝弟爲堯舜莫把辭章學柳韓不信自家原具足請君隨事反身觀

長安有路極分明何事幽人曠不行遂使蓁茅成閉塞儘教麋鹿自縱橫徒聞絶境勞懸想指與迷途卻浪驚冒險甘投蛇虺窟顛崖墮壑竟亡生

答人問良知二首

良知即是獨知時此知之外更無知誰人不有良知在知得良知卻是誰

知得良知卻是誰自家痛癢自家知若將痛癢從人問痛癢何須更問爲

答人問道

饑來喫飯倦來眠只此修行玄更玄說與世人渾不信卻從身外覓神仙

寄題玉芝庵　丙戌

塵途駿馬勞千里月樹鷦鷯足一枝身既了時心亦了不須多羨碧霞池

別諸生

緜緜聖學已千年兩字良知是口傳欲識渾淪無斧鑿須從規矩出方圓不離日用常行內直造先天未畫前握手臨歧更何語慇懃莫媿別離筵

後中秋望月歌

一年兩度中秋節兩度中秋一樣月兩度當筵望月人幾人猶在幾人別此後望月幾中秋此會中人知在否當筵莫惜慇懃望我已衰年半白頭

書扇示正憲

汝自冬春來頗解學文義吾心豈不喜顧此枝葉事如樹不植根暫榮終必瘁植根可如何願汝且立志

送蕭子雝憲副之任

衰疾悟止足閑居便靜修採芝深谷底考槃南澗頭之子亦早見枉帆經舊邱幽尋意始結公期已先遒星途觸來暑拯焚能自由黃鵠一高舉剛風翼難收懷茲戀邱隴回顧未忘憂往志局千里豈伊枋榆投哲士營四海細人聊自謀聖作正思治吾衰亮何酬所望登才俊濟濟揚鴻休隱者嘉肥遯仕者當誰儔寧無寥寂念宜急瘡痍瘳舍藏應有時行矣毋淹留

中秋

去年中秋陰復晴今年中秋陰復陰百年好景不多遇況乃白髮相侵尋吾心

自有光明月千古團圓永無缺山河大地擁清輝賞心何必中秋節

嘉靖丙戌十二月庚申始得子年已五十有五矣六月靜齋二丈昔與先公同舉于鄉聞之而喜各以詩來賀藹然世交之誼也次韻爲謝

海鶴精神老益強晚途詩價重珪璋洗兒惠兆金錢貴爛目光呈奎井祥何物敢云繩祖武他年只好共爺長偶逢燈事開湯餅庭樹春風轉歲陽

其二

自分秋禾後吐芒敢云琢玉晚珪璋漫憑先德餘家慶豈是生申降嶽祥攜抱且堪娛老況長成或可望書香不辭歲歲臨湯餅還見吾家第幾郎

兩廣詩二十一首 嘉靖丁亥起平思田之亂

秋日飲月巖新搆別王侍御

湖山久繫念塊處限形迹遙望一水闊十年靡由即軍旅起衰廢驅馳豈遑息前旌道回岡取捷上畸側新搆鬱層椒石門轉深寂是時霜始降風淒羣卉拆壑靜響江聲窗虛函海色夕陰下西岑涼月穿東壁觀風此餘情撫景見高臆

匪從羣公餞何因得見覿南徼方如燬救焚敢辭亟來歸幸有期終遂幽尋僻

復過釣臺

憶昔過釣臺驅馳正軍旅十年今始來復以兵戈起空山煙霧深往迹如夢裏微兩林徑滑肺病雙足胝仰瞻臺上雲俯濯臺下水人生何碌碌高尚當如此瘡痍念同胞至人匪爲己過門不遑入憂勞豈得已滔滔良自傷果哉末難矣

右正德己卯獻俘行在過釣臺而弗及登今茲復來又以兵革之役兼肺病足瘡徒顧瞻悵望而已書此付桐廬尹沈元材刻置亭壁聊以紀經行歲月云耳嘉靖丁亥九月廿二日書時從行進士錢德洪王汝中建德尹楊思臣及元材凡四人

方思道送西峯

西峯隱真境微境臨通衢行役空屢屢過眼被塵迷青林外延望中閟何由窺方子巖廊器兼已雲霞姿每逢泉石處必刻棠陵詩茲山秀常玉之子囊中錐羣峯灝秋氣喬木含涼吹此行非佳餞誰爲發幽奇奈何眷清賞局促牽至期

悠悠傷絶學之子亦如斯爲君指周道直往勿復疑

西安兩中諸生出候因寄德洪汝中并示書院諸生

幾度西安道江聲暮兩時機關鷗鳥破蹤跡水雲疑仗鉞非吾事傳經媿爾師

天真泉石秀新有鹿門期

德洪汝中方卜書院盛稱天真之奇并寄及之

不踏天真路依稀二十年石門深竹徑蒼峽瀉雲泉泮壁環胥海龜疇見宋田

文明原有象卜築豈無緣

寄石潭二絶

僕兹行無所樂樂與二公一會耳得見閑齋固已如見石潭矣留不盡之與於後期豈謂樂不可極耶聞尊恙已平復必於不出見客無乃太以界限自拘乎奉次二絶用發一笑且以致不及請教之憾

見說新居止隔山肩輿曉出暮堪還知公久已藩籬撤何事深林尚閉關

乘興相尋涉萬山扁舟亦復及門還莫將身病爲心病可是無關卻有關

長生

長生徒有慕苦乏大藥資名山徧探歷悠悠鬢生絲微軀一繫念去道日遠而中歲忽有覺九還乃在玆非爐亦非鼎何坎復何離本無終始究寧有死生期彼哉遊方士詭辭反增疑紛然諸老翁自傳困多歧乾坤由我在安用他求爲千聖皆過影良知乃吾師

南浦道中

南浦重來夢裏行當年鋒鏑尙心驚旌旗不動山河影鼓角猶傳草木聲已喜閭閻多復業獨憐饑饉未寬征迂疎何有甘棠惠慚愧香燈父老迎

重登黃土腦

一上高原感慨重千山落木正無窮前途且與停西日此地曾經拜北風劍氣晚橫秋色淨兵聲寒帶暮江雄水南多少流亡屋尙訴征求杼軸空

過新溪驛

猶記當年築此城廣徭湖寇正縱橫人今樂業皆安堵我亦經過一駐兵香火

沿門慚老稚壺漿遠道及從行峯山拏手疲勞甚且放歸農莫送迎

夢中絕句

此予十五歲時夢中所作今拜伏波祠下宛如夢中茲行殆有不偶然者因識其事于此

卷甲歸來馬伏波早年兵法鬢毛皤雲埋銅柱雷轟折六字題詩尚不磨

謁伏波廟二首

四十年前夢裏詩此行天定豈人爲徂征敢倚風雲陣所過須同時雨師尚喜遠人知向望卻慚無術救瘡痍從來勝算歸廊廟恥說兵戈定四夷

樓船金鼓宿烏蠻魚麗羣舟夜上灘月遶旌旗千嶂靜風傳鈴柝九溪寒荒夷未必先聲服神武由來不殺難想見虞廷新氣象兩堦干羽五雲端

破斷藤峽

纔看干羽格苗夷忽見風雷起戰旗六月徂征非得已一方流毒已多時還賓玉石分須早聊慶雲霓慰莫遲嗟爾有司懲既往好將恩信撫遺黎

平八寨

見說韓公破此蠻貔貅十萬騎連山而今止用三千卒遂爾收功一月閒豈是人謀能妙算偶逢天助及師還窮搜極討非長計須有恩威化梗頑

南寧二首

一駐南寧五月餘始因送遠過僧廬浮屠絕壁經殘燹井竈沿村見廢墟撫恤尙慚凋弊後遊觀正及省耕初近聞襁負歸猺獞莫陋夷方不可居

勞矣田人莫遠迎瘡痍未定犬猶驚燹餘破屋須先葺雨後荒畬莫廢耕歸喜逃亡來負襁貧憐繻絝綴旗旌聖朝恩澤寬如海甑鮒盆魚縱爾生

往歲破桶岡宗舜祖世麟老宣慰實來督兵今茲思田之役乃隨父致仕宣慰明輔來從事目擊其父子孫三世皆以忠孝相承相尙也詩以嘉之

宣慰彭明輔忠勤晚益敦歸師當五月冒暑淨蠻氛九霄雖已老報　國意尤懃五月衝炎暑回軍立戰勳

愛爾彭宗舜少年多戰功從親心已孝報國意尤忠

題甘泉居

我聞甘泉居近連菊坡麓十年勞夢思今來快心目徘徊欲移家山南尚堪屋渴飲甘泉泉飢飡菊坡菊行看羅浮雲此心聊復足

書泉翁壁

我祖死　國事肇禋在增城荒祠幸新復適來奉初蒸亦有兄弟好念言思一尋蒼蒼蒹葭色宛隔環瀛深入門散圖史想見抱膝吟賢郎敬父執童僕意相親病軀不遑宿留詩慰慇懃落落千百載人生幾知音道通著形迹期無負初心

外集三　書

答佟太守求雨　癸亥

昨楊李二丞來備傳尊教且詢致雨之術不勝慚悚今早謀節推辱臨復申前請尤爲懇至令人益增惶懼天道幽遠豈凡庸所能測識然執事憂勤爲民之意真切如是僕亦何可以無一言之復孔子云丘之禱久矣蓋君子之禱不在於對越祈祝之際而在於日用操存之先執事之治吾越幾年於此矣凡所以爲民祛患除弊興利而致福者何莫而非先事之禱而何俟於今日然而暑旱尚存而雨澤未應者豈別有所以致此者歟古者歲旱則爲之主者減膳徹樂省獄薄賦修祀典問疾苦引咎賑乏爲民遍請於山川社稷故有叩天求雨之祭有省咎自責之文有歸誠請改之禱蓋史記所載湯以六事自責禮謂大雩帝用盛樂春秋書秋九月大雩皆此類也僕之所聞於古如是未聞有所謂書符呪水而可以得雨者也唯後世方術之士或時有之然彼皆有高潔不污之

操特立堅忍之心雖其所爲不必合於中道而亦有以異於尋常是以或能致此然皆出小說而不見於經傳君子猶以爲附會之談又況如今之方士之流曾不少殊於市井嚚頑而欲望之以揮斥雷電呼吸風雨之事豈不難哉僕謂執事且宜出齋於廳事罷不急之務開省過之門洗簡寃滯禁抑奢繁淬誠滌慮痛自悔責以爲八邑之民請於山川社稷而彼方士之祈請者聽民閑從便得自爲之但弗之禁而不專倚以爲重輕夫以執事平日之所操存苟誠無愧於神明而又臨事省惕躬帥僚屬致懇乞誠雖天道亢旱亦自有數使人事旣修旬日之內自宜有應僕雖不肖無以自別於凡民使可以誠有致雨之術亦安忍坐視民患而恬不知顧乃勞執事之僕僕豈無人之心者耶一二日內僕亦將禱於南鎮以助執事之誠執事其但爲民悉心以請毋惑於邪說毋急於近名天道雖遠至誠而不動者未之有也

答毛憲副 戊辰

昨承遣人喻以禍福利害且令勉赴大府請謝此非道誼深情決不至此感激

之至言無所容但差人至龍場陵侮此自差人挾勢擅威非大府使之也龍場諸夷與之爭鬬此自諸夷憤慍不平亦非某使之也然則大府固未嘗辱某某亦未嘗傲大府何所得罪而遽請謝乎跪拜之禮亦小官常分不足以爲辱然亦不當無故而行之不當行而行與當行而不行其爲取辱一也廢逐小臣所守以待死者忠信禮義而已又棄此而不守禍莫大焉凡禍福利害之說某亦嘗講之君子以忠信爲利禮義爲福苟忠信禮義之不存雖祿之萬鍾爵以侯王之貴君子猶謂之禍與害如其忠信禮義之所在雖剖心碎首君子利而行之自以爲福也況於流離竄逐之微乎某之居此蓋瘴癘蠱毒之與處魑魅魍魎之與遊日有三死焉然而居之泰然未嘗以動其中者誠知生死之有命不以一朝之患而忘其終身之憂也大府苟欲加害而在我誠有以取之則不可謂無憾使吾無有以取之而橫罹焉則亦瘴癘而已爾蠱毒而已爾魑魅魍魎而已爾吾豈以是而動吾心哉執事之諭雖有所不敢承然因是而益知所以自勵不敢苟有所隳墮則某也受教多矣敢不頓首以謝

與安宣慰　戊辰

某得罪　朝廷而來惟竄伏陰厓幽谷之中以禦魑魅則其所宜故雖夙聞使君之高誼經旬月而不敢見若甚簡伉者然省愆內訟痛自削責不敢比數於冠裳則亦逐臣之禮也使君不以爲過使廩人餽粟庖人餽肉園人代薪水之勞亦寧不貴使君之義而諒其爲情乎自惟罪人何可以辱守土之大夫懼不敢當輒以禮辭使君復不以爲罪昨者又重之以金帛副之以鞍馬禮益隆情益至某益用震悚是重使君之辱而甚逐臣之罪也愈有所不敢當矣使者堅不可卻求其說而不得無已其周之乎周之亦可受也敬受米二石柴炭雞鵝悉受如來數其諸金帛鞍馬使君所以交於卿士大夫者施之逐臣殊駭觀聽敢固以辭伏惟使君處人以禮恕物以情不至再辱則可矣

二　戊辰

減驛事非罪人所敢與聞承使君厚愛因使者至閑問及之不謂其遂達諸左右也悚息悚息然已承見詢則又不可默凡　朝廷制度定自　祖宗後世守

之不可以擅改在　朝廷且謂之變亂況諸侯乎縱　朝廷不見罪有司者將執法以繩之使君必且無益縱幸免於一時或五六年或八九年雖遠至二三十年矣當事者猶得持典章而議其後若是則使君何利焉使君之先自漢唐以來千幾百年土地人民未之或改所以長久若此者以能世守天子禮法竭忠盡力不敢分寸有所違是故天子亦不得踰禮法無故而加諸忠良之臣不然使君之土地人民富且盛矣　朝廷悉取而郡縣之其誰以爲不可夫驛可減也亦可增也驛可改也宣慰司亦可革也由此言之殆甚有害使君其未之思耶所云奏功陞職事意亦如此夫剗除寇盜以撫綏平良亦守土之常職今縷舉以要賞則　朝廷平日之恩寵祿位顧將欲以何爲使君爲參政亦已非設官之舊今又干進不已是無抵極也衆必不堪夫宣慰守土之官故得以世有其土地人民若參政則流官矣東西南北惟　天子所使　朝廷下方尺之檄委使君以一職或閩或蜀其敢弗行乎則方命之誅不旋踵而至捧檄從事千百年之土地人民非復使君有矣由此言之雖今日之參政使君將恐辭去

之不速其又可再乎凡此以利害言揆之於義反之於心使君必自有不安者夫拂心違義而行衆所不與鬼神所不嘉也承問及不敢不以正對幸亮察

三　戊辰

阿賈阿札等畔宋氏爲地方患傳者謂使君使之此雖或出於妬婦之口然阿賈等自言使君嘗錫之以氈刀遺之以弓弩雖無其心不幸乃有其迹矣始三堂兩司得是說卽欲聞之於　朝既而以使君平日忠實之故未必有是且信且疑姑令使君討賊苟遂出軍勦撲則傳聞皆妄何可以濫及忠良其或坐觀逗遛徐議可否亦未爲晚故且隱忍其議所以待使君者甚厚既而文移三至使君始出衆論紛紛疑者將信喧騰之際適會左右來獻阿麻之首偏師出解洪邊之圍羣公又復徐徐今又三月餘矣使君稱疾歸臥諸軍以次潛回其閒分屯寨堡者不聞擒斬以宣國威惟增剽掠以重民怨衆情愈益不平而使君之民罔所知識方揚言於人謂宋氏之難常使宋氏自平安氏何與而反爲之役我安氏連地千里擁衆四十八萬深坑絶坉飛鳥不能越猿猱不能攀縱遂

高坐不爲宋氏出一卒人亦卒如我何斯言已稍稍傳播不知三堂兩司已嘗聞之否使君誠久臥不出安氏之禍必自斯言始矣使君與宋氏同守土而使君爲之長地方變亂皆守土者之罪使君能獨委之宋氏乎夫連地千里孰與中土之一大郡擁衆四十八萬孰與中土之一都司深坑絶地安氏有之然如安氏者環四面而居以百數也今播州有楊愛愷黎有楊友酉陽保靖有彭世麒等諸人斯言苟聞於　朝朝廷下片紙於楊愛諸人使各自爲戰共分安氏之所有蓋朝令而夕無安氏矣深坑絶地何所用其險使君可無寒心乎且安氏之職四十八支更迭而爲今使君獨傳者三世而羣支莫敢爭以　朝廷之命也苟有可乘之釁孰不欲起而代之乎然則揚此言於外以速安氏之禍者殆漁人之計蕭墻之憂未可測也使君宜速出軍平定反側破衆讒之口息多端之議弭方與之變絶難測之禍補既往之愆要將來之福某非爲人作說客者使君幸熟思之

答人問神仙　戊辰

詢及神仙有無兼請其事三至而不答非不欲答也無可答耳昨令弟來必欲得之僕誠生八歲而即好其說今已餘三十年矣齒漸搖動髮已有一二莖變化成白目光僅盈尺聲聞函丈之外又常經月臥病不出藥量驟進此殆其效也而相知者猶妄謂之能得其道足下又妄聽之而以見詢不得已姑爲足下妄言之古有至人淳德凝道和於陰陽調於四時去世離俗積精全神遊行天地之間視聽八遠之外若廣成子之千五百歲而不衰李伯陽歷商周之代西度函谷亦嘗有之若是而謂之曰無疑於欺子矣然則呼吸動靜與道爲體精骨完久稟於受氣之始此殆天之所成非人力可强也若後世拔宅飛昇點化投奪之類譎怪奇駭是乃祕術曲技尹文子所謂幻釋氏謂之外道者也若是而謂之曰有亦疑於欺子矣夫有無之閒非言語可況存久而明養深而自得之未至而强喻信亦未必能及也蓋吾儒亦自有神仙之道顏子三十二而卒至今未亡也足下能信之乎後世上陽子之流蓋方外技術之士未可以爲道若達磨慧能之徒則庶幾近之矣然而未易言也足下欲聞其說須退處山林

三十年全耳目一心志胸中洒洒不掛一塵而後可以言此今去仙道尚遠也妄言不罪

答徐成之　壬午

承以朱陸同異見詢學術不明於世久矣此正吾儕今日之所宜明辨者細觀來教則與庵之主象山既失而吾兄之主晦庵亦未爲得也是朱非陸天下之論定久矣久則難變也雖微吾兄之爭與庵亦豈能遽行其說乎故僕以爲二兄今日之論正不必求勝務求象山之所以非晦庵之所以是窮本極源真有以見其幾微得失於毫忽之間若明者之聽訟其事之曲者既有以辨其情之不得已而辭之直者復有以察其處之或未當使受罪者得以伸其情而獲伸者亦有所不得辭其責則有以盡夫事理之公即夫人心之安而可以俟聖人於百世矣今二兄之論乃若出於求勝者求勝則是動於氣也動於氣則於義理之正何啻千里而又何是非之論乎凡論古人得失決不可以意度而懸斷之今與庵之論象山曰雖其專以尊德性爲主未免墮於禪學之虛空而其持

守端實終不失爲聖人之徒若晦庵之一於道問學則支離決裂非復聖門誠意正心之學矣吾兄之論晦庵曰雖其專以道問學爲主未免失於俗學之支離而其循序漸進終不背於大學之訓若象山之一於尊德性則虛無寂滅非復大學格物致知之學矣夫既曰尊德性則不可謂墮於禪學之虛空墮於禪學之虛空則不可謂之尊德性矣既曰道問學則不可謂失於俗學之支離失於俗學之支離則不可謂之道問學矣二者之辯閒不容髮然則二兄之論皆未免於意度也昔者子思之論學蓋不下千百言而括之以尊德性而道問學之一語卽如二兄之辯一以尊德性爲主一以道問學爲事則是二者固皆未免於一偏而是非之論尙未有所定也烏得各持一是而遽以相非爲乎故僕願二兄置心於公平正大之地無務求勝夫論學而務以求勝豈所謂尊德性乎豈所謂道問學乎以某所見非獨吾兄之非象山輿庵之非晦庵皆失之非而吾兄之是晦庵輿庵之是象山亦皆未得其所以是也稍暇當面悉姑務養心息辯毋遽

二 壬午

昨所奉答適有遠客酬對紛紜不暇細論姑願二兄息未定之爭各反究其所是者必己所是已無絲髮之憾而後可以及人之非早來承教乃爲僕漫爲含胡兩解之說而細繹辭旨若有以陰助輿庵而爲之地者讀之不覺失笑曾謂吾兄而亦有是言耶僕嘗以爲君子論事當先去其有我之私一動於有我則此心已陷於邪僻雖所論盡合於理既已亡其本矣嘗以是言於朋友之間今吾兄乃云爾敢不自反其殆陷於邪僻而弗覺也求之反復而昨者所論實未嘗有是則斯言也無乃吾兄之過歟雖然無是心而言之未盡於理未得爲無過也僕敢自謂其言之已盡於理乎請舉二兄之所是者以求正輿庵是象山而謂其專以尊德性爲主今觀象山文集所載未嘗不教其徒讀書窮理而自謂理會文字頗與人異者則其意實欲體之於身其亟所稱述以誨人者曰居處恭執事敬與人忠曰克己復禮曰萬物皆備於我反身而誠樂莫大焉曰學問之道無他求其放心而已曰先立乎其大者而小者不能奪是數言者孔子

孟軻之言也烏在其爲空虛者乎獨其易簡覺悟之說頗爲當時所疑然易簡之說出於繫辭覺悟之說雖有同於釋氏然釋氏之說亦自有同於吾儒而不害其爲異者惟在於幾微毫忽之閒而已亦何必諱於其同而遂不敢以言狃於其異而遂不以察之乎是輿庵之是象山固猶未盡其所以是也吾兄是晦庵而謂其專以道問學爲事然晦庵之言曰居敬窮理曰非存心無以致知曰君子之心常存敬畏雖不見聞亦不敢忽所以存天理之本然而不使離於須臾之頃也是其爲言雖未盡瑩亦何嘗不以尊德性爲事而又烏在其爲支離者乎獨其平日汲汲於訓解雖韓文楚辭陰符參同之屬亦必與之註釋考辯而論者遂疑其玩物又其心慮恐學者之躐等而或失之於妄作使必先之以格致而無不明然後有以實之於誠正而無所謬世之學者掛一漏萬求之愈繁而失之愈遠至有敝力終身苦其難而卒無所入而遂議其支離不知此乃後世學者之弊而當時晦庵之自爲則亦豈至是乎是吾兄之是晦庵固猶未盡其所以是也夫二兄之所信而是者既未盡其所以是則其所疑而非者亦

豈必盡其所以非乎然而二兄往復之辯不能一反焉此僕之所以疑其或出於求勝也一有求勝之心則已亡其學問之本而又何以論學爲哉此僕之所以惟願二兄之自反也安有所謂含胡兩解而陰爲輿庵之地者哉夫君子之論學要在得之於心衆皆以爲是苟求之心而未會焉未敢以爲是也衆皆以爲非苟求之心而有契焉未敢以爲非也心也者吾所得於天之理也無閒於天人無分於古今苟盡吾心以求焉則不中不遠矣學也者求以盡吾心也是故尊德性而道問學尊者尊此者也道者道此者也不得於心而惟外信於人以爲學烏在其爲學也已僕嘗以爲晦庵之與象山雖其所爲學者若有不同而要皆不失爲聖人之徒今晦庵之學天下之人童而習之既已入人之深有不容於論辯者而獨惟象山之學則以其嘗與晦庵之有言而遂藩籬之使若由賜之殊科焉則可矣而遂擯放廢斥若碔砆之與美玉則豈不過甚矣乎夫晦庵折衷羣儒之說以發明六經語孟之旨於天下其嘉惠後學之心真有不可得而議者而象山辯義利之分立大本求放心以示後學篤實爲己之道其

功亦寧可得而盡誣之而世之儒者附和雷同不究其實而概目之以禪學則誠可冤也已故僕嘗欲冒天下之譏以爲象山一暴其說雖以此得罪無恨僕於晦庵亦有罔極之恩豈欲操戈而入室者顧晦庵之學既已若日星之章明於天下而象山獨蒙無實之誣于今且四百年莫有爲之一洗者使晦庵有知將亦不能一日而安享於廟廡之閒矣此僕之至情終亦必爲吾兄一吐者亦何肯漫爲兩解之說以陰助於輿庵輿庵之說僕猶恨其有未盡也夫學術者今古聖賢之學術天下之所公共非吾三人者所私有也天下之學術當爲天下公言之而豈獨爲輿庵地哉兄又舉太極之辯以爲象山於文義且有所未能通曉而其強辯自信曾何有於所養夫謂其文義之有未詳不害其爲有未詳也謂其所養之未至不害其爲未至也學未至於聖人寧免太過不及之差乎而論者遂欲以是而蓋之則吾恐晦庵禪學之譏亦未免有激於不平也夫一則不審於文義一則有激於不平是皆所養之未至昔孔子大聖也而猶曰假我數年以學易可以無大過仲虺之贊成湯亦惟曰改過不吝而已所養之

未至亦何傷於二先生之爲賢乎此正晦庵象山之氣象所以未及於顏子明道者在此吾儕正當仰其所以不可及而默識其所未至者以爲涵養規切之方不當置偏私於其閒而有所附會增損之也夫君子之過也如日月之食人皆見之更也人皆仰之而小人之過也必文世之學者以晦庵大儒不宜復有所謂過者而必曲爲隱飾增加務詆象山於禪學以求伸其說且自以爲有助於晦庵而更相倡引謂之扶持正論不知晦庵乃君子之過而吾反以小人之見而文之晦庵有聞過則喜之美而吾乃非徒順之又從而爲之辭也晦庵之心以聖賢君子之學期後代而世之儒者事之以事小人之禮是何誣象山之厚而待晦庵之薄耶僕今者之論非獨爲象山惜實爲晦庵惜也兄視僕平日於晦庵何如哉而乃有是論是亦可以諒其爲心矣惟吾兄去世俗之見宏虛受之誠勿求其必同而察其所以異勿以無過爲聖賢之高而以改過爲聖賢之學勿以其有所未至者爲聖賢之諱而以其常懷不滿者爲聖賢之心則兄與輿庵之論將有不待辯說而釋然以自解者孟子云君子亦仁而已何必同

惟吾兄審擇而正之

答儲柴墟　壬申

戚价來適人事紛紜不及細詢北來事既還卻殊怏怏承示劉生墓誌此實友義所關文亦縝密獨敘乃父側室事頗傷忠厚未刻石刪去之爲佳子於父過諫而過激不可以爲幾稱子之美而發其父之陰私不可以爲訓宜更詳之喻及交際之難此殆謬於私意君子與人惟義所在厚薄輕重己無所私焉此所以爲簡易之道世人之心雜於計較毀譽得喪交於中而眩其當然之則是以處之愈周計之愈悉而行之愈難夫大賢吾師次賢吾友此天理自然之則豈以是爲炎涼之嫌哉吾兄以僕於今之公卿若某之賢者則稱謂以友生若某與某之賢不及於某者則稱謂以侍生豈以矯時俗炎涼之弊非也夫彼可以爲吾友而吾可以友之彼又吾友也吾安得而弗友之彼不可以爲吾友而吾不可以友之彼又不吾友也吾安得而友之夫友也者以道也以德也天下莫大於道莫貴於德道德之所在齒與位不得而干焉僕於某之謂矣彼其無道

與德而徒有其貴與齒也則亦貴齒之而已然若此者與之見亦寡矣非以事相臨不往見也若此者與凡交游之隨俗以待生而來者亦隨俗而待生之所謂事之無害於義者從俗可也千乘之君求與之友而不可得非在我有所不屑乎嗟乎友未易言也今之所謂友或以藝同或以事合徇名逐勢非吾所謂輔仁之友矣仁者心之德人而不仁不可以爲人輔仁求以全心德也如是而後友今特以技藝文辭之工地勢聲翼之重而鶩然欲以友乎賢者賢者弗與也吾兄技藝炎涼之說貴賤少長之論殆皆有未盡歟孟子曰友也者不可以有挾孟獻子之友五人無獻子之家者也曾以貴賤乎仲由少顏路三歲回由之贈處蓋友也回與曾點同時參曰昔者吾友曾以少長乎將矯時俗之炎涼而自畔於禮其閑不能以寸矣吾兄又以僕於後進之來其質美而才者多以先後輩相處其庸下者反待以客禮疑僕別有一道是道也奚有於別凡後進之來其才者皆有意於斯道者也吾安得不以斯道處之其庸下者不過世俗泛然一接吾亦世俗泛然待之如鄉人而已昔伊川初與呂希哲爲同舍友待

之友也旣而希哲師事伊川待之弟子也謂敬於同舍而慢於弟子可乎孔子待陽貨以大夫待回賜以弟子謂待回賜不若陽貨可乎師友道廢久後進之中有聰明特達者頗知求道往往又爲先輩待之不誠不諒其心而務假以虛禮以取悅於後進干待士之譽此正所謂病於夏畦者也以是師友之道日益淪沒無由復明僕常以爲世有周程諸君子則吾固得而執弟子之役乃大幸矣其次有周程之高弟焉吾猶得而私淑也不幸世又無是人有志之士倀倀其將焉求乎然則何能無憂也憂之而不以責之己責之己而不以求輔於人求輔於人而待之不以誠終亦必無所成而已耳凡僕於今之後進非敢以師道自處也將求其聰明特達者與之講明因以自輔也彼自以後進求正於我雖不師事我固有先後輩之道焉伊川瞑目而坐游楊侍立不敢去重道也今世習於曠肆憚於檢飾不復知有此事幸而有一二後進略知求道爲事是有復明之機又不誠心直道與之發明而徒闇然媚世苟且阿俗僕誠痛之惜之傳曰師嚴然後道尊道尊然後民知敬學夫人必有所嚴憚然後言之而聽之

也審施之而承之也肅凡若此者皆求以明道皆循理而行非有容私於其閒
也伊尹曰天之生斯民也使先知覺後知使先覺覺後覺予天民之先覺也非
予覺之而誰也是故大知覺於小知小知覺於無知大覺覺於小覺小覺覺於
無覺夫己大知大覺矣而後以覺於天下不亦善乎然而未能也遂自以小知
小覺而不敢以覺於人則終亦莫之覺矣仁者固如是乎夫仁者己欲立而立
人己欲達而達人僕之意以爲己有分寸之知卽欲同此分寸之知於人己有
分寸之覺卽欲同此分寸之覺於人人之小知小覺者益衆則其相與爲知覺
也益易且明如是而後大知大覺可期也僕於今之後進尙不敢以小知小覺
自處譬之凍餒之人知耕桑之可以足衣食而又偶聞藝禾樹桑之法將試爲
之而遂以告其凡凍餒者使之共爲之也亦何嫌於己之未嘗樹藝而遂不以
告之乎雖然君子有諸己而後求諸人僕蓋未嘗有諸己也而可以求諸人乎
夫亦謂其有意於僕而來者耳承相問輒縷縷至此有未當者不惜往復

二　壬申

昨者草率奉報意在求正不覺蕪冗承長箋批答推許過盛殊增悚汗也來喻責僕不以師道自處恐亦未爲誠心直道顧僕何人而敢以師道自處哉前書所謂以前後輩處之者亦謂僕有一日之長而彼又有求道之心者耳若其年齒相若而無意於求道者自當如常待以客禮安得例以前後輩處之是亦妄人矣又況不揆其來意之如何而抗顏以師道自居世寧有是理耶夫師法者非可以自處得也彼以是求我而我以是應之耳嗟乎今之時孰有所謂師云乎哉今之習技藝者則有師習舉業求聲利者則有師彼誠知技藝之可以得衣食舉業之可以得聲利而希美官爵也自非誠知己之性分有急於衣食官爵者孰肯從而求師哉夫技藝之不習不過乏衣食舉業之不習不過無官爵己之性分有所蔽悖是不得爲人矣人顧明彼而暗此也可不大哀乎往時僕與王寅之劉景素同遊太學每季考寅之恆居景素前列然寅之自以爲講貫不及景素一旦執弟子禮師之僕每歎服以爲如寅之者真可爲豪傑之士使寅之易此心以求道亦何聖賢之不可及然而寅之能於彼不能於此也曾子

病革而易簀子路臨絕而結纓橫渠撤虎皮而使其子弟從講於二程惟天下之大勇無我者能之今天下波頹風靡爲日已久何異於病革臨絕之時然又人是己見莫肯相下求正故居今之世非有豪傑獨立之士的見性分之不容己毅然以聖賢之道自任者莫之從而求師也吾兄又疑後進之來其資稟意向雖不足以承教若其齒之相遠者恐亦不當槪以客禮相待僕前書所及蓋與有意於斯道者相屬而言亦謂其可以客可以無客者耳若其齒數邈絕則名分具存有不待言矣孔子使闕黨童子將命曰吾見其居於位也見其與先生並行也非求益者也欲速成者也亦未嘗無誨焉雖然此皆以不若己者言也若其德器之夙成識見之超詣者雖生於吾後數十年其大者吾師次者吾友也得以齒序論之哉人歸遽劇極潦草便閒批復可否不一一

答何子元　壬申

來書云禮曾子問諸侯見天子入門不得終禮廢者幾孔子曰四又問諸侯相見揖入門不得終禮廢者幾孔子曰六而日食存焉曾子曰當祭而日食

太廟火其祭也如之何孔子曰接祭而已矣如牲至未殺則廢孟春於此有疑焉天子崩太廟火后夫人之喪雨霑服失容此事之不可期或適相值若日食則可預推也諸侯行禮獨不容以少避乎祭又何必專於是日而匆匆於接祭哉牲未殺則祭廢當殺牲之時而不知日食之候者何也執事幸以見教千萬千萬

承喻曾子問日食接祭之說前此蓋未嘗有疑及此者足見為學精察深用歎服如某淺昧何足以辨此古者天子有日官諸侯有日御日官居卿以底日日御不失日以授百官之朝豈有當祭之日而尚未知有日食者夫子答曾子之問竊意春秋之時日官多失其職固有日食而弗之知者矣堯命羲和敬授人時何重也仲康之時去堯未遠羲和已失其職迷於天象至日食罔聞知故有胤之征降及商周其職益輕平王東遷政教號令不及於天下自是而後官之失職又可知矣春秋所書日食三十有六今以左傳考之其以鼓用牲弊于社及其他變常失禮書者三之一其以官失其職書者四之二凡日食而不書朔

日者杜預皆以爲官失之故其必有考也經桓公十七年冬十月朔日有食之傳曰不書日官失之也僖公十五年夏五月日有食之傳曰不書朔與日官失之也則傳固已言之矣襄公之二十七年冬十二月乙卯朔日有食之而傳曰辰在申司曆過也再失閏矣夫推候之繆至於再失閏則日食之不知殆其細者矣古之祭者七日戒三日齋致其誠敬以交於神明謂之當祭而日食則固已行禮矣如是而中輟之不可也接者疾速之義其儀節固已簡　接祭則可兩全而無害矣況此以天子嘗禘郊社而言是乃國之大祀若其他小祭則或自有可廢者在權其輕重而處之若祭于太廟而太廟火則亦似有不得不廢者然此皆無明文竊意其然不識高明且以爲何如也

上晉溪司馬　戊寅

郴衡諸處羣孽漏殄尚多蓋緣進口之時彼省土兵不甚用命而廣兵防夾又復稍遲是以致此其在目今若無凶荒之災兵革之釁料亦未敢動作但恐一二年後則有所不能保耳今大征甫息勢既未可輕舉而地方新遭土兵之擾

復不堪重困將紓目前之患不過添立屯堡若欲稍爲經久之圖亦不過建立縣治然此二端彼省鎮巡已嘗會奏舉行生雖復往豈能別有區畫但度其事勢屯堡之設雖可以張布聲威然使守瞭日久未免怠弛散歸無事則虛具名數冒費糧餉有急則張皇賊勢復須調兵此其勢之所必至者惟建縣一事頗爲得策又聞所設縣分乃瓜分兩省三縣之地彼此各吝土地人民豈肯安然割己所有以資異省別郡必有紛爭異同之論未能歸一則立縣之舉勢亦未易克就既承責委亦已遣人再往詢訪苟有利弊稍可裨益者當復舉請但因閩事孔棘遙聞　廟堂之議亦欲繆以見責故且未敢輒往郴桂然　勑書又未見到則閩中亦不敢遽往旦夕諮訪其事頗悉顛末大槪閩中之變亦由積漸所致其始作於延平繼發於邵武又繼發於建寧發於汀漳發於沿海諸衞所其閒驚鬨雖小大不一然亦皆因倡於前者略無懲創遂敢效尤而與今省城渠魁雖已授首人心尙爾驚惶未定邵武諸處尤不可測急之必致變縱而不問將來之禍尤有不可勝言者蓋福建之軍縱恣驕驁已非一日既無漕運

之勞又無征戍之役飽食安坐徭賦不及居則朘民之膏血以供其糧有事返藉民之子弟而爲之鬬有司豢養若驕子百姓疾畏如虎狠稍不如意呼吸羣聚而起焚掠居民綁笞官吏氣燄所加帖然惟其所欲而後已今其勢既盈如將潰之隄岌乎洶洶匪朝伊夕雖有智者難善其後固非迂劣如守仁者所能辦此也又況積弱之軀百病侵剝近日復聞祖母病危日夜痛苦方寸已亂豈復堪任臨期敗事罪戮益重輒敢先以情訴伏望曲加矜憫改授能者使生得全首領歸延殘息於田野非生一人之幸實一省數百萬生靈之幸也情蹙辭隘忘其突冒死罪死罪

二　己卯

齎奏人回每辱頒教接引開慰勤惓懇惻不一而足仁人君子愛物之誠與人之厚雖在木石亦當感動激發而況於人乎無能報謝銘諸心腑而已生始懇疏乞歸誠以祖母鞠育之恩思一面爲訣後竟牽滯兵戈不及一見卒抱終天之痛今老父衰疾又復日亟而地方已幸無事且蒙　朝廷曾有賊平來說之

旨若再拘縛使不獲一申其情後雖萬死無以贖其痛恨矣老先生亦何惜一舉手投足之勞而不以曲全之乎今生已移疾舟次若復候　命不至斷亦逃歸死無所憾老先生亦何惜一舉手投足之勞而必欲置之有罪之地乎情隘辭迫瀆冒威嚴臨紙涕泣不知所云死罪死罪

上彭幸菴　壬午

不孝延禍先子自惟罪逆深重久擯絕於大賢君子之門矣然猶強息忍死未即殞滅又復有所控籲者痛惟先子平生孝友剛直言行一出其心之誠然而無所飾於其外與人不爲邊幅而至於當大義臨大節則毅然奮卓而不可回奪忝從大夫之後逮事　先朝亦既荐被　知遇中遭逆瑾之變退伏田野忠貞之志抑而不申近幸中興之會聖君賢相方與振廢起舊以發舒幽枉而先子則長已矣德蘊壅閼而未宣終將泯溷於俗豈不痛哉伏惟執事才德勳烈動一世忠貞之節剛大之氣屹然獨峙百撼不搖真足以廉頑而立懦　天子求舊圖新復起以相海內仰望其風采凡天下之韜伏堙滯窒而求通絀而求

直者莫不延頸跂足望下風而奔訴況先子素辱知與不肖孤亦嘗受教於門下近者又蒙爲之刷垢雪穢繆承推引之恩蓋不一而足者反自疏外不一以其情爲請是委先子於溝壑而重棄於大賢君子也不孝之罪不滋爲甚歟先子之沒有司以贈謚乞非執事之憫之也而爲之一表白焉其敢覬覦於萬一乎荒迷懇迫不自知其僭罔瀆冒死罪死罪

寄楊邃庵閣老　壬午

孤聞之昔古之君子之葬其親也必求名世大賢君子之言以圖其不朽然而大賢君子之生不數數於世固有世有其人而不獲同其時者矣又有同其時而限於勢分無由自通於門牆之下者矣則夫圖不朽於斯人者不亦難乎痛惟先君宅心制行庶亦無愧於古人雖已忝在公卿之後而遭時未久志未大行道未大明取嫉權奸斂德而歸今則復長已矣不孝孤將以是歲之冬舉葬事圖所以爲不朽者惟墓石之誌爲重伏惟明公道德文章師表一世言論政烈儀刑百辟求之昔人蓋歐陽文忠范文正韓魏公其人也所謂名世之大賢

君子非明公其誰歟不幸而生不同時也則亦已矣幸而猶及在後進之末雖明公固所不屑揮之門牆之外猶將冒昧強顏而入焉況先君素辱知與不肖孤又嘗在屬吏之末受教受恩懷知己之感有道誼骨肉之愛邇者又嘗辱使臨弔寵之以文詞惻然憫念其遺孤而不忍遽棄遺之者是以忘其不孝之罪犯僭踰之戮而輒敢以誌爲請伏惟明公休休容物篤厚舊故甄陶一世之士而各欲成其名收錄小大之才而惟恐沒其善則如先君之素受知愛者其忍靳一言之惠而使之泯然無聞於世耶不腆先人之幣敢以陸司業之狀先於將命者惟明公特垂哀矜生死受賜世世子孫捐軀殞命未足以爲報也不勝惶悚顛越之至荒迷無次

二　癸未

前日嘗奉啓計已上達自明公進秉機密天下士夫忻忻然動顏相慶皆爲太平可立致矣門下鄙生獨切生憂以爲猶甚難也亨屯傾否當今之時舍明公無可以望者則明公雖欲逃避乎此將亦有所不能然而萬斛之舵操之非一

手則緩急折旋豈能盡如己意臨事不得專操舟之權而僨事乃與同覆舟之罪此鄙生之所謂難也夫不專其權而漫同其罪則莫若預逃其任然在明公亦既不能逃矣逃之不能專又不得則莫若求避其罪然在明公亦終不得避矣天下之事果遂卒無所爲歟夫惟身任天下之禍然後能操天下之權然後能濟天下之患當其權之未得也其致之甚難而其歸之也則操之甚易萬斛之舵平時從而爭操之者以利存焉一旦風濤顛沛變起不測衆方皇惑震喪救死不遑而誰復與爭操乎於是起而專之衆將恃以無恐而事因以濟苟亦從而委靡焉固淪胥以溺矣故曰其歸之也則操之甚易者此也古之君子洞物情之向背而握其機察陰陽之消長以乘其運是以動必有成而吉無不利伊旦之於商周是矣其在漢唐蓋亦庶幾乎此者雖其學術有所不逮然亦足以定國本而安社稷則亦斷非後世偷生苟免者之所能也夫權者天下之大利大害也小人竊之以成其惡君子用之以濟其善固君子之不可一日去小人之不可一日有者也欲濟天下之難而不操之以權是猶倒持

太阿而授人以柄希不割矣故君子之致權也有道本之至誠以立其德植之善類以多其輔示之以無不容之量以安其情攜之以無所競之心以平其氣昭之以不可奪之節以端其向神之以不可測之機以攝其奸形之以必可賴之智以收其望坦然爲之下以上之退然爲之後以先之是以功蓋天下而莫之嫉善利萬物而莫與爭此皆明公之能事素所蓄而有者惟在倉卒之際身任天下之禍決起而操之耳夫身任天下之禍豈君子之得已哉既當其任知天下之禍將終不能免也則身任之而已身任之而後可以免於天下之禍小人不知禍之不可以倖免而百詭以求脫遂致釀成大禍而己亦卒不能免故任禍者惟忠誠憂國之君子能之而小人不能也某受知門下不能效一得之愚以爲報獻其芹曝伏惟鑒其忱悃而憫其所不逮幸甚

三　丁亥

某素辱愛下然久不敢奉狀者非敢自外於門牆實以地位懸絶不欲以寒暄無益之談塵瀆左右蓋避嫌之事賢者不爲然自歎其非賢也非才多病待罪

閑散猶懼不堪乃今復蒙顯擢此固明公不遺下體之盛某亦寧不知感激但量能度分自計已審貪冒苟得異時僨事將爲明公知人之累此所以聞命驚惶而不敢當耳謹具奏辭免祈以原職致仕伏惟明公因材而篤於所不能特賜曲成俾得歸延病喘於林下則未死餘年皆明公之賜其爲感激寧有窮已乎懇切至情不覺瀆冒伏冀宥恕不具

四 丁亥

竊惟大臣報國之忠莫大於進賢去讒故前者兩奉起居皆嘗僭及此意亦其自信山林之志已堅而又素受知己之愛不當復避嫌疑故率意言之若此迺者忽蒙兩廣之命則是前日之言適以爲己地也悚懼何以自容乎某以迂疏之才口耳講說之學耳簿書案牘已非其能而況軍旅之重乎往歲江西之役實亦僥倖偶成近年以來憂病積集尫羸日甚惟養疴丘園爲鄉里子弟考訂句讀使知向方庶於保身及物亦稍得效其心力不致爲天地閑一蠹此其自處亦既審矣　聖天子方勵精求治而又有老先生主張國是於上苟有襪線

之長者不於此時出而自效則亦無其所矣老先生往歲方秉銓軸時有以邊警薦用彭司馬者老先生不可曰彭始成功今或少挫非所以完之矣老先生之愛惜人才而欲成就之也如此至今相傳以爲美談今獨不能以此意而推之某乎懇辭疏上望賜曲成使得苟延喘息俟病痊之後老先生不忍終廢必欲強使一出則如留都之散部或南北太常國子之任量其力之可能者使之自效則圖報當有日也不勝恃愛懇瀆幸賜矜察

寄席元山　癸未

某不孝延禍先子罪逆之深自分無復比數於人仁人君子尚未之知憫念其舊遠使存錄重以多儀號慟拜辱豈勝哀感豈勝哀感伏惟執事長才偉志上追古人進德勇義罕與儔匹向見嗚冤錄及承所寄道山書院記蓋信道之篤任道之勁海內同志莫敢有望下風者矣何幸何幸不肖方在苦毒中意所欲請者千萬荒迷割裂莫得其端緒使還遽臨疏昏塞不盡所云

答王覺庵中丞　甲申

往歲旌節臨越猥蒙枉顧其時憂病懵懵不及少申款曲自後林居懶僻成性平生故舊不敢通音問企慕之懷雖日以積竟未能一奉起居其爲傾渴如何可言使來遠辱問惠登拜感作舍親宋孔瞻亦以書來備道執事勤勤下問之盛不肖奚以得此近世士夫之相與類多虛文彌誑而實意衰薄外和中妬徇私敗公是以風俗日惡而世道愈降執事忠信高明克勤小物長才偉識翹然海內之望而自視欿然遠念不遺若古之君子有而若無以能問於不能者也僕誠喜聞而樂道自顧何德以承之僕已無所可用於世顧其心痛聖學之不明是以人心陷溺至此思守先聖之遺訓與海內之同志者講求切劘之庶亦少資於後學不徒生於聖明之朝然蔽惑既久人是其非其能虛心以相聽者鮮矣若執事之德盛禮恭而與人爲善此誠僕所願效其愚者然又邑里隔絕無因握手一敘其爲傾渴又如何可言耶雖然目擊而道存僕見執事之書既已知執事之心雖在千萬里外當有不言而信者謹以新刻小書二冊奉求教正蓋鄙心之所欲效者亦略具於其中矣便間幸示

與陸清伯　甲申

惟乾之事將申而遂沒痛哉寃乎不如是無以明區區罪惡之重至於貽累朋友不如是無以彰諸君之篤於友道痛哉寃乎不有諸君在則其身沒之後將莫知所在矣況有爲之衣衾棺殮者乎是則猶可以見惟乾平日爲善之報於大不幸之中而尚有可幸者存也嗚呼痛哉卽欲爲之一洗自度事勢未能遽脫或必須進京候到京日再與諸君商議而行之苟遂歸休終須一舉庶可少泄此痛耳其歸喪一事托王邦相爲之經理倘有不便須僕到京圖之未晚也行李倥偬中未暇悉所欲言千萬心照

與黃誠甫　甲申

近得宗賢寄示禮疏明甚誠甫之議當無不同矣古之君子恭敬撙節退讓以明禮僕之所望於二兄者則在此而不彼也果若是以爲斯道之計進於議禮矣先妻不幸於前日奄逝方在悲悼中適陳子文往草草存問闊

二　甲申

別久極渴一語子莘來備道諸公進修亦殊慰大抵吾人習染已久須得朋友相夾持離羣索居即未免隳惰諸公既同在留都當時時講習為佳也

三　乙酉

戚价來領手札知有貴恙且喜漸平復矣賤軀自六月暑病然兩目蒙蒙兩耳蓬蓬幾成廢人僅存微息旬日前元忠宗賢過此留數日北去山廬臥病期少謝人事而應接亦多今復歸臥小閣省愆自訟而已聞有鼓枻之興果爾良慰渴望切磋砥礪之益彼此誠不無也

與黃勉之　乙酉

承欲刻王信伯遺言中間極有獨得之見非餘儒所及惜其零落既久後學莫有傳之者因勉之寄此又知程門有此人也幸甚幸甚中間如論明道伊川處似未免尚有執著然就其所到已甚高明特遠不在游楊諸公之下矣中間可省略者刪去之為佳凡刻古人文字要在發明此學惟簡明切實之為貴若支辭蔓說徒亂人耳目者不傳可也高明以為何如

復童克剛　乙酉

春初枉顧時承以八策見示鄙意甚不爲然旣而思之皆學術不明之故姑且與克剛講學未暇細論策之是非旬日之後學術漸明克剛知見豁然如白日之開雲霧遂翻然悔其初志卽欲焚棄八策以爲自此以後誓不復萌此等好高務外之念矣當時同志諸友無不嘆服克剛以爲不憚改過而勇於從善若此人人皆自以爲莫及也戚价遠來忽辱長箋巨冊諄諄懇懇意求删改前策將圖復上與臨別丁寧意大相矛盾豈閥闊之久切磋無力遂爾迷誤至此耶易曰君子思不出其位若克剛斯舉乃所謂思出其位矣又曰不易乎世不成乎名遯世無悶憂則違之若克剛斯舉是易乎世而成乎名非遯世無悶憂則違之之謂矣克剛向處山林未嘗知有　朝廷事體今日羣司之中縉紳士夫之列其閎高明剴切之論經略康濟之謨何所不有如八策中所陳蓋已不知幾十百人幾十百上矣寧復有俟於克剛耶克剛此舉雖亦仁人志士之心然夜光之璧無因而投人亦且按劍而怒況此八策者特克剛之敝箒耳亦何保

啚之深而必以投人爲哉若此策遂上亦非獨不見施行且將有指摘非訾之者其爲克剛之累不小小也克剛亦何苦而汲汲於爲是哉八策之中類皆老生常談惟第五策於地方利害頗有相關然亦不過訴狀之詞一有司聽之足矣而克剛乃以爲致治垂統之一策得無以身家之故遂爲利害所蔽而未暇深思之耶明者一覽如見肺肝但克剛不自知耳昔者顏子在陋巷簞瓢孔子賢之夫陋巷簞瓢豈遂至於人不堪憂其閒蓋亦必有患害屈抑常情所不能當如克剛今日之所遭際者矣若其時遂以控之於時君世主諭諭屑屑求白於人豈得復謂之賢乎禹稷昌言於朝過門不入以有大臣之責也今克剛居顏子陋巷之地而乃冒任禹稷之憂是宗祝而代庖人之割希不傷手矣冊末授受之說似未端的此則姑留於此俟後日再講至於八策斷斷不宜復留遂會同志諸友共付丙丁爲克剛焚此魔障克剛自此但宜收斂精神日以忠信進德爲務默而成之不言而信不見是而無悶可也

與鄭啓範侍御 丁亥

某愚不自量痛此學之不講而竊有志於發明之自以劣弱思得天下之豪傑相與扶持砥礪庶幾其能有成故每聞海內之高明特達忠信而剛毅者即欣慕愛樂不啻骨肉之親以是於吾啓範雖未及一面之識而心孚神契已如白首之交者亦數年矣每得封事讀之其閒迺有齒及不肖者則又爲之赧顏汗背促踖不安古之君子恥有其名而無其實吾於啓範惟切磋之是望乃不考其實而過情以譽於朝異時苟有不稱將使啓範爲失言矣如之何而可不肖志雖切於求學而質本迂狂疏謬招尤速謗自其所宜近者復聞二三君子以不肖之故相與憤爭力辯於鑠金銷骨之地至於衝鋒冒刃而弗顧僕何以當此哉二三君子之心豈不如青天白日誰得而瑕滓之者顧僕自反亦何敢自謂無愧則不肖之軀將不免爲輕雲薄霧於二三君子者矣如之何而可病軀懶放日久已成廢人尙可勉強者惟宜山林之下讀書講學而已兩廣之任斷非所堪已具疏懇辭必不得請恐異日終爲知己之憂也言不能謝惟自鞭策以期無負相知庶以爲報耳

答方叔賢　丁亥

久不奉狀非敢自外實以憂疾頻仍平生故舊類不敢通問在吾兄誠不當以此例視然廣士之來遊者相踵山中啓處時時聞之簡札虛文似有不必然者吾兄當能亮之也　聖主聰明不世出諸公旣蒙知遇若此安可不一出圖報今日所急惟在培養君德端其志向於此有立政不足閒人不足謫是謂一正君而國定然此非有忠君報國之誠其心斷斷休休者亦只好議論粉飾於其外而已矣僕積衰之餘病廢日甚豈復更堪兵甲驅馳之勞況讒搆未息又可復出而冒爲之乎懇辭疏下望與扶持得具養疴林下稍俟痊復出而圖報非晚也

二　丁亥

昨見邸報知西樵兀崖皆有舉賢之疏此誠士君子立朝之盛節若千年無此事矣深用嘆服但與名其閒卻有一二未曉者此恐鄙人淺陋未能知人之故然此乃天下治亂盛衰所繫君子小人進退存亡之機不可以不愼也此事譬

之養蠶但雜一爛蠶於其中則一筐好蠶盡爲所壞矣凡薦賢於朝與自己用人又自不同自己用人權度在我故雖小人而有才者亦可以器使若以賢才薦之於朝則評品一定便如白黑其間舍短錄長之意若非明言誰復知之小人之才豈無可用如砒硫芒硝皆有攻毒破壅之功但混於參苓耆朮之間而進之養生之人萬一用之不精鮮有不誤者矣僕非不樂二公有此盛舉正恐異日或爲此舉之累故輒叨叨當不以爲罪也思田事貴鄉往來人當能道其詳俗諺所謂生事事生此類是矣今其事體既已壞盡欲以無事處之要已不能只求減省一分則地方亦可減省一分勞擾耳鄙見略具奏內深知大拂喜事者之心然欲殺數千無罪之人以求成一己之功仁者之所不忍也齎奏人去凡百望指示之舟次草草未盡鄙懷千萬鑒恕

與黃宗賢　丁亥

僕多病積衰潮熱痰嗽日甚一日皆吾兄所自知豈復能堪戎馬之役者況讒搆未息而往年江西從義將士至今查勘未已往往廢業傾家身死牢獄言之

實爲痛心又何面目見之今若不量可否冒昧輕出非獨精力決不能支極其事勢正如無舵之舟乘飄風而泛海終將何所止泊乎在諸公亦不得不爲多病之人一慮此也懇辭疏下望相扶持終得養痾林下是幸席元山喪已還蜀否前者奠辭想已轉達天不憖遺此痛何極數日閱唐生自黃巖歸知宅上安好世恭書來備道佳子弟悉知向方可喜閱附知之

二　丁亥

得書知別後動定且知世事之難爲人情之難測有若此者徒增慨嘆而已朽才病廢百念俱息忽承重寄豈復能堪若懇辭不獲自此將爲知己之憂矣奈何奈何江西功次固不足道但已八年餘矣尚爾查勘未息致使效忠赴義之士廢產失業身死道途縱使江西之功盡出冒濫獨不可比於留都湖浙之賞乎此事終須一白但今日言之又若有挾而要者奈何奈何木翁旬日閱亦且啓行矣此老慎默飭重當出流輩但精力則向衰若如兀崖之論欲使之破長格以用財不顧天下之毀譽榮辱以力主國議則恐勢有所未能盡行耳因論

偶及幸自知之東南小蠢特瘡疥之疾羣僚百司各懷讒嫉黨比之心此則腹心之禍大爲可憂者近見二三士夫之論始知前此諸公之心尚未平貼姑待釁耳一二當事之老亦未見有同寅協恭之誠閒聞有口從面諛者退省其私多若讐仇病廢之人愛莫爲助竊爲諸公危之不知若何而可以善其後此亦不可不早慮也兵部差官還病筆草草附此西樵兀崖皆不及別簡望同致意

近聞諸公似有德色傲容者果爾將重失天下善類之心矣相見閒可隱言及之

三　丁亥

近得邸報及親友書聞知石龍之於區區乃無所不用其極若此而西樵兀崖諸公愛厚勤拳亦復有加無已深用悚懼嗟乎今求朝廷之上信其有事君之忠憂世之切當事之勇用心之公若諸公者復何人哉若之何而不足悲也諸公既爲此一大事出世則其事亦不得不然但於不肖則似猶有溺愛過情者異日恐終不免爲諸公知人之累耳悚懼悚懼思田之事本亦無大緊要只爲

從前張皇太過後來遂不可輕易收拾所謂天下本無事在人自擾之耳其略已具奏詞今往一通必得朝廷如奏中所請則地方庶可以圖久安不然反覆未可知也賤軀患咳原自南贛蒸暑中得來今地益南氣類感觸咳發益甚恐竟成痼疾不復可藥地方之事苟幸塞責山林田野則惟其宜矣他尚何說哉西樵兀崖家事極爲時輩所擠排殊可駭嘆此亦皆由學術不明近來士夫專以客氣相尚凡所毀譽不惟其是惟其多且勝者是附是和是以至此近日來接見者略已一講已覺豁然有省發處自後此等意思亦當漸消除京師近來事體如何君子道長則小人道消疾病既除則元氣亦當自復但欲除疾病而攻治太厲則亦足以耗其元氣藥石之施亦不可不以漸也木翁遼老相與如何能不孤海內之望否亦在諸公相與調和此如行舟若把舵不定而東撐西曳亦何以致遠涉險今日之事正須同舟共濟耳齋本人去凡百望指示

四 戊子

兩廣大勢罷敝已極非得誠於爲 國爲民強力有爲者爲之數年未可以責

效也思田之患則幸已平靖其閒三五大巢久爲廣西諸賊之根株淵藪者亦已用計剿平就今日久困積寃之民言之亦可謂之太平無事矣病軀咳患日增平生極畏炎暑今又深入炎毒之鄉遍身皆發腫毒旦夕動履且有不能若巡撫官再候旬月不至亦只得且爲歸休之圖待罪於南贛之閒耳　聖天子在上賢公卿在朝眞所謂明良相遇千載一時鄙人世受　國恩從大臣之末固非果於忘世者平生亦不喜爲尚節求名之事何忍遽言歸乎自度病勢非還故土就舊醫決將日甚一日難復療治不得不然耳靜庵東羅見山西樵兀崖諸公聞京中方嚴書禁故不敢奉啓諸公既當事且須持之以鎭定久遠今一旦名位俱極固非諸公之得已是迺　聖天子崇德任賢更化善治非常之舉諸公當之亦誠無媿但貴不期驕滿不期溢賢者充養有素何俟人言更須警惕朝夕謙虛自居其所以感恩報德者不必務速效求近功要在誠心實意爲久遠之圖庶不負　聖天子今日之舉而亦不負諸公今日之出矣僕於諸公誠有道義骨肉之愛故不覺及此會閒幸轉致之

五　戊子

前齎奏去曾具白區區心事不審已能遂所願否自入廣來精神頓衰雖因病患侵凌水土不服要亦中年以後之人其勢亦自然至此以是懷歸之念日切誠恐坐廢日月上無益於　國家下無以發明此學竟成虛度此生耳奈何奈何春初思田之議悉蒙　朝廷裁允遂活數萬生靈近者八寨斷藤之役實以一方塗炭既極不得已而爲救焚之舉乃不意遂獲平靖此非有諸公相與協贊力主於內何由而致是乎書去各致此感謝之私相見時更望一申其懇懇巡撫官久未見推僕非厭外而希內者實欲早還鄉里耳恐病勢日深歸之不及一生未了心事石龍其能爲我恝然乎身在而後道可弘皮之不存毛將焉附諸公不敢輒以此意奉告至於西樵當亦能諒於是矣曷亦相與曲成之地方處置數事附進自度已不能了此倘遂允行亦所謂盡心焉耳已舟次伏枕草草不盡所懷

答見山冢宰　丁亥

向齎本人去曾奉短札計已達左右矣朽才病廢寧堪重托懇辭之疏必須朝廷憐准與其他日蒙顛覆之戮孰若今日以是獲罪乎東南小夷何足以動煩 朝廷若此致有今日皆由憤激所成以 主上聖明德威所被指日自將平定但廟堂之上至今未有同寅協恭之風此則殊為可憂者耳不知諸公竟何以感化而斡旋之大抵讒邪不遠則賢士君子斷不能安其位以有為於時自昔當事諸公亦豈盡不知進賢而去不肖之為美顧其平日本無忠君愛國之誠不免阿時附俗以苟目前之譽卒之悅諛信讒終於蔽賢病國而已矣來官守僅力遣數四始肯還病筆草草未盡傾企

與霍兀崖宮端 丁亥

往歲曾辱大禮議見示時方在哀疚心善其說而不敢奉復既而元山亦有示使者必求復書草草作答意以所論良是而典禮已成當事者未必能改言之徒益紛爭不若姑相與講明於下俟信從者衆然後圖之其後議論既與身居有言不信之地不敢公言於朝然士夫之問及者亦時時為之辯析期在委曲

調停漸求挽復卒亦不能有益也後來賴諸公明目張膽已申其義然如倒倉滌胃積淤宿痰雖亦快然一去而病勢亦甚危矣今日急務惟在扶養元氣諸公必有回陽奪化之妙矣僕衰病陋劣何足以與於斯耶數年來頻罹疾搆痰嗽潮熱日益尫羸僅存喘息無復人間意矣乃者忽承兩廣之推豈獨任非其才是蓋責以其力之所必不能支將以用之而實以斃之也懇辭疏下望相與扶持曲成使得就醫林下幸而痊復量力圖報尚有時也

答潘直卿　丁亥

遠承遺問情意藹切兼復奬與過分僕何以得此哉僕何以當此哉媿悚媿悚病廢日久習成懶放雖問水尋山漸亦倦與況茲軍旅之役豈其精力所復能堪已具疏懇辭必須得請始可免於後悔不然將不免爲知己之憂矣奈何奈何寧藩之役湖浙及留都之有功者皆已陞賞獨江西功次今已六七年矣尚爾查勘未息今復欲使之荷戈從役僕將何辭以出號令亦何面目見之賞罰國之大典今乃用之以快恩仇若此僕一人不足惜其如國事何連年久分廢

棄此等事不復掛之齒牙今疼痛切身不覺呻吟之發不知畢竟何如而可耳
知子文道長尚未至且不作書見時望致意

寄翟石門閣老　戊子

思田之議忝蒙裁允遂活一方數萬之生靈近者八寨斷藤之役實以生民塗炭既極不得已而爲之救焚之舉乃不意遂獲平靖此非有魏公力主於朝則金城之議無因而定非有裴公贊決於內則淮蔡之績何由而成今日之事敢忘其所由來乎齎奏人去輒申感謝之誠并附起居之敬但惟六月徂征衝冒瘴疫將士危險頗異他時稍得沾濡亦少慰其勤苦耳處置地方數事附進得蒙贊允尤爲萬幸舟中伏枕莫既下懷伏祈鑒亮

寄何燕泉　戊子

某久臥山中習成懶僻平生故舊音問皆疏遙聞執事養高歸郴越東楚西何因一話煙水之涯徒切瞻望而已去歲復以兵革之役扶病強出殊乖始願正如野麋入市投足搖首皆成駭觸忽枉箋教兼辱佳章捧誦洒然蓋安石東山

之高靖節柴桑之與執事兼而有之矣仰嘆可知地方事苟幸平靖伏枕已踰
月旬日後亦且具疏乞還果遂所圖雖不獲握手林泉然郴嶺之下稽山之麓
聊復同此悠悠之懷也使來值湖兵正還兼有計處地方之奏冗冗乃爾久稽
又未能細請臨紙惘然伏冀照亮不具

王文成公全書卷之二十一

外集四　序

羅履素詩集序　壬戌

履素先生詩一帙爲篇二百有奇浙大參羅公某以授陽明子某而告之曰是吾祖之作也今詩文之傳皆其崇高顯赫者也吾祖隱於草野其所存要無愧於古人然世未有知之者而所爲詩文又皆淪落止是某將梓而傳焉懼人之以我爲僭也吾子以爲奚若某曰無傷也孝子仁孫之於其父祖雖其服玩嗜好之微猶將謹守而弗忍廢況乎詩文其精神心術之所寓有足以發聞於後者哉夫先祖有美而弗傳是弗仁也夫孰得而議之蓋昔者夫子之取於詩也非必其皆有聞於天下彰彰然明著者而後取之滄浪之歌採之孺子萍實之謠得諸兒童夫固若是其寬博也然至於今其傳者不過數語而止則亦豈必其多之貴哉今詩文之傳則誠富矣使有刪述者而去取之其合於道也能幾履素之作吾誠不足以知之顧亦豈無一言之合於道乎夫有一言之合於道

是其於世也亦有一言之訓矣又況其不止於是也而又奚爲其不可以傳哉吾觀大參公之治吾浙寬而不縱仁而有勇溫文蘊藉居然稠衆之中固疑其先必有以開之者乃今觀履素之作而後知其所從來者之遠也世之君子苟未知大參公之所自吾請觀於履素之作苟未知履素之賢吾請觀於大參公之賢無疑矣然則是集也固羅氏之文獻係焉其又可以無傳乎哉大參公起拜曰某固將以爲羅氏之書也請遂以吾子之言序之大參公名鑒字某由進士累今官有厚德長才向用未艾大參之父某亦起家進士而以文學政事顯羅氏之文獻於此益爲有證云

兩浙觀風詩序　壬戌

兩浙觀風詩者浙之士夫爲僉憲陳公而作也古者天子巡狩而至諸侯之國則命太師陳詩以觀民風其後巡狩廢而陳詩亡春秋之時列國之君大夫相與盟會問遺猶各賦詩以言己志而相祝頌今觀風之作蓋亦祝頌意也王者之巡狩不獨陳詩觀風而已其始至方岳之下則望秩於山川朝見茲土之諸

侯同律曆禮樂制度衣服納價以觀民之好惡就見百年者而問得失賞有功罰有罪蓋所以布王政而興治功其事亦大矣哉漢之直指循行唐宋之觀察廉訪採訪之屬及今之按察雖皆謂之觀風而其實代天子以行巡狩之事故觀風王者事也陳公起家名進士自秋官郎擢僉浙臬執操縱予奪生死榮辱之柄而代天子觀風於一方其亦榮且重哉吁亦難矣公之始至吾浙適歲之旱民不聊生飢者仰而待哺懸者呼而望解病者呻鬱者怨不得其平者鳴弱者強者蹶者嚚者梗而孽者狡而竊者乘間投隙沓至而環起當是之時而公無以處之吾見其危且殆也賴公之才明知神武不震不激撫柔摩剔以克有濟期月之間而飢者飽懸者解呻者歌怨者樂不平者申蹶者起嚚者馴孽者順竊者靖滌蕩剖刷而率以無事於是乎修廢舉墜問民之疾苦而休息之勞農勸學以興教化然後上會稽登天姥入鴈蕩陟金娥覽觀江山之形勝喟然太息弔子胥之忠誼禮嚴光之高節希遐躅於隆龐挹流風於彷彿固亦大丈夫得志行道之一樂哉然公之始其憂民之憂也亦既無所不至矣公唯憂民

之憂是以民亦樂公之樂而相與懽欣鼓舞以頌公德然則今日觀風之作豈獨見吾人之厚公抑以見公之厚於吾人也雖然公之憂民之憂其惠澤則既無日而可忘矣民之樂公之樂其愛慕亦既與日而俱深矣以公之才器　天子其能久容於外乎則公固有時而去也然則其可樂者能幾而可憂者終誰任之則夫今日觀風之作又不徒以頌公之厚於吾人將遂因公而致望於繼公者亦如公焉則公雖去而所以憂其民者尚亦永有所託而因以不墜也

山東鄉試錄序　甲子

山東古齊魯宋衛之地而吾夫子之鄉也嘗讀夫子家語其門人高第大抵皆出於齊魯宋衛之葉固願一至其地以觀其山川之靈秀奇特將必有如古人者生其間而吾無從得之也今年為弘治甲子天下當復大比山東巡按監察御史陸偁輩以禮與幣來請守仁為考試官故事司考校者惟務得人初不限以職任其後三四十年來始皆一用學職遂致應名取具事歸外簾而糊名易書之意微自頃言者頗以為不便大臣上其議　天子曰然其如故事於是聘

禮考校盡如　國初之舊而守仁得以部屬來典試事於茲士雖非其人寧不自慶其遭際又況夫子之鄉固其平日所願一至焉者而乃得以盡觀其所謂賢士者之文而考校之豈非平生之大幸歟雖然亦竊有大懼焉夫委重於考校將以求才也求才而心有不盡是不忠也心之盡矣而真才之弗得是弗明也不忠之責吾知盡吾心爾矣不明之罪吾終且柰何哉蓋昔者夫子之時及門之士嘗三千矣身通六藝者七十餘人其尤卓然而顯者德行言語則有顏閔予賜之徒政事文學則有由求游夏之屬今所取士其始拔自提學副使陳某者蓋三千有奇而得千有四百既而試之得七十有五人焉嗚呼是三千有奇者其皆夫子鄉人之後進而獲游於門牆者乎是七十有五人者其皆身通六藝者乎夫今之山東猶古之山東也雖今之不逮於古顧亦寧無一二人如昔賢者而今之所取苟不與焉豈非司考校者不明之罪歟雖然某於諸士亦願有言者夫有其人而弗取是誠司考校者不明之罪矣司考校者以是求之以是取之而諸士之中苟無其人焉以應其求以不負其所取是亦諸士者之

恥也雖然予豈敢謂果無其人哉夫子嘗曰魯無君子者斯焉取斯顏淵曰舜何人也予何人也有爲者亦若是夫爲夫子之鄉人苟未能如昔人焉而不恥不若又不知所以自勉是自暴自棄也其名曰不肖夫不肖之與不明其相去何遠乎然則司考校者之與諸士亦均有責焉耳矣嗟夫司考校者之責自今不能以無懼而不可以有爲矣若夫諸士之責其不能者猶可以自勉而又懼其或以自畫也諸士無亦曰吾其勗哉無使司考校者終不免於不明也斯無媿於是舉無媿於夫子之鄉人也矣是舉也某某同事於考校而御史偁實司監臨某某司提調某某司監試某某某又相與翊贊防範於外皆與有勞焉不可以不書自餘百執事則已具列于錄矣

氣候圖序 戊辰

天地一元之運爲十二萬九千六百年分而爲十二會會分而爲三十運運分而爲十二世世分而爲三十年年分而爲十二月月分而爲二氣氣分而爲三候候分爲五日日分爲十二時積四千三百二十時三百六十日而爲七十二

候會者元之候也世者運之候也月者歲之候也候者月之候也天地之運曰月之明寒暑之代謝氣化人物之生息終始盡於此矣月證於月者也氣證於氣者也候證於物者也若孟春之月其氣爲立春爲雨水其候爲東風解凍爲蟄蟲始振爲魚負冰獺祭魚之類月令諸書可考也氣候之運行雖出於天時而實有關於人事是以古之君臣必謹修其政令以奉若夫天道致察乎氣運以警惕夫人爲故至治之世天無疾風盲雨之愆而地無昆蟲草木之孼孔子之作春秋也大雨震電大雨雪則書大水則書無冰則書無麥苗則書多麋則書蜮蜚雨螽蝝生則書六鷁退飛則書隕霜不殺草李梅實則書春無水則書鸜鵒來巢則書凡以見氣候之愆變失常而世道之與衰治亂人事之汙隆得失皆於是乎有證焉所以示世之君臣者恐懼修省之道也大總兵懷柔伯施公命繪工爲七十二候圖遺使以幣走龍場屬守仁敘一言於其間守仁謂使者曰此公臨政之本也善端之發也戒心之萌也使者曰何以知之守仁曰人之情必有所不敢忽也而後著於其念必有所不敢忘也而後存於其心著於

其念存於其心而後見之於顏色言論志之於弓矢几杖盤盂劍席繪之於圖畫而日省之於其心是故思馳騁者愛觀夫射獵遊田之物甘逸樂者喜親夫博局燕飲之具公之見於圖繪者不於彼而於此吾是以知其爲善端之發也吾是以知其爲戒心之萌也其殆警惕夫人爲而謹修其政令也歟其殆致察乎氣運而奉若夫天道也歟夫警惕者萬善之本而衆美之基也公克念於是其可以爲賢乎由是因人事以達於天道因一月之候以觀夫世運會元以探萬物之幽賾而窮天地之始終皆於是乎始吾是以喜聞而樂道之爲之敘而不辭也

送毛憲副致仕歸桐江書院序　戊辰

正德己巳夏四月貴州按察司副使毛公承上之命得致其仕而歸先是公嘗卜桐江書院於子陵釣臺之側者幾年矣至是將歸老焉謂其志之始獲遂也甚喜而同僚之良惜公之去乃相與咨嗟不忍集而餞之南門之外酒既行有起而言於公者曰君子之道出與處而已其出也有所爲其處也有所樂公始

以名進士從政南部理繁治劇頎然已有公輔之望及爲方而於雲貴之間者十餘年內釐其軍民外撫諸戎蠻夷政務舉而德威著雖或以是召嫉取謗而名稱亦用是益顯建立暴於天下斯不謂之有所爲乎今茲之歸脫屣聲利垂竿讀書樂泉石之淸幽就烟霞而屏迹寵辱無所與而世累無所加斯不謂之有所樂乎公於出處之際其亦無憾焉耳已公起拜謝復有言者曰雖然公之出而仕也太夫人老矣先大夫忠襄公又遺未盡之志欲仕則違其母欲養則違其父不得已權二者之輕重出而自奮於功業人徒見公之憂勞爲國而忘其家不知凡以成忠襄之志而未嘗一日不在於太夫人之養也今而歸告成於忠襄之廟拜太夫人於膝下旦夕承懽伸色養之孝公之願遂矣而其勞國勤民拳拳不舍之念又何能釋然而忘之則公雖欲一日遂歸休之樂蓋亦有所未能也公復起拜謝又有言者曰雖然君子之道用之則行舍之則藏用之而不行者往而不返者也舍之而不藏者溺而不止者也公之用也旣有以行之其舍之也有弗能藏者乎吾未見夫有其用而無其體者也公又起拜遂行

陽明山人聞其言而論之曰始之言道其事也而未及於其心次之言者得公之心矣而未盡於道終之言者盡於道矣不可以有加矣斯公之所允蹈者乎諸大夫皆曰然予盍書之以贈從者

恩壽雙慶詩後序　戊辰

正德丙寅丹徒沙隱王公壽七十配孺人嚴六十有九其年　天子以厥子侍御君貴封公監察御史配爲孺人在朝之彥咸爲歌詩侈　上之德以祝公壽美侍御君之賢又明年侍御君奉　命巡按貴陽以王事之靡盬將厥父母之弗遑也載是冊以俱每陟屺岵望飛雲徘徊瞻戀喟然而興歎黯然而長思輒取是冊而披之而徵諷之而長歌詠歎之以舒其懷見其志雖身在萬里固若稱觴膝下聞詩禮而趨於庭也大夫士之有事於貴陽者自都憲王公而下復相與歌而和之聯爲巨帙屬守仁敘於其後夫孝子之於親固有不必捧觴戲彩以爲壽不必柔滑旨甘以爲養不必候起居奔走扶攜以爲勞者非子之心謂不必如是也子之心願如是而親以爲不必如是必如彼而後吾之心始樂

也子必爲是不爲彼以拂其情而曰吾以爲孝其得爲養志乎孝莫大乎養志親之願於其子者曰弘乃德遠乃猶嘻嘻旦夕孰與名垂簡冊以顯我於無盡飲食口體孰與澤被生民以張我之能施服勞奔走孰與比迹夔皐以明我之能教非必親之願於其子者咸若是也親以是願其子而子弗能焉弗可得而願也子能之而親弗以願其子焉弗可得而能也以是願其子者賢父母也以是承於其父母者賢子也二者恆百不一遇焉其庸可冀乎侍御君之在 朝則忠愛達於上其巡按於茲也則德威敷於下凡其宣布恩惠摩赤子起其疾而乳哺之者孰非公與孺人之慈凡其懾大奸使不得肆祛大弊使不復作爬梳調服撫諸夷而納之夏以免 天子一方之顧慮者孰非侍御君之孝而凡若此者亦孰非侍御君之所以壽於公與孺人之壽哉公孺人之賢靳太史之序詳矣其所以修其身教其家誠可謂有是父有是子是詩之作不爲虛與諛故爲序之云爾

重刊文章軌範序 戊辰

宋謝枋得氏取古文之有資於場屋者自漢迄宋凡六十有九篇標揭其篇章句字之法名之曰文章軌範蓋古文之奧不止於是是獨爲舉業者設耳世之學者傳習已久而貴陽之士獨未之多見侍御王君汝楫於按曆之暇手錄其所記憶求善本而校是之謀諸方伯郭公輩相與捐俸廩之資鋟之梓將以嘉惠貴陽之士曰枋得爲宋忠臣固以舉業進者是吾微有訓焉屬守仁敘一言於簡首夫自百家之言興而後有六經自舉業之習起而後有所謂古文古文之去六經遠矣由古文而舉業又加遠焉士君子有志聖賢之學而專求之於舉業何啻千里然中世以是取士士雖有聖賢之學堯舜其君之志不以是進終不大行於天下蓋士之始相見也必以贄故舉業者士君子求見於君之羔雉耳羔雉之弗飾是謂無禮無禮無所庸於交際矣故夫求工於舉業而不事於古作弗可工也弗工於舉業而求於倖進是僞飾羔雉以罔其君也雖然羔雉飾矣而無恭敬之實焉其如羔雉何哉是故飾羔雉者非以求媚於主致吾誠焉耳工舉業者非以要利於君致吾誠焉耳世徒見夫由科第而進者類多

徇私媒利無事君之實而遂歸咎於舉業不知方其業舉之時惟欲釣聲利弋身家之腴以苟一旦之得而初未嘗有其誠也鄒孟氏曰恭敬者幣之未將者也伊川曰自灑掃應對可以至聖人夫知恭敬之實在於飾羔雉之前則知堯舜其君之心不在於習舉業之後矣知灑掃應對之可以進於聖人則知舉業之可以達於伊傅周召矣吾懼貴陽之士謂二公之爲是舉徒以資其希寵祿之筌蹏也則二公之志荒矣於是乎言

五經臆說序 戊辰

得魚而忘筌醪盡而糟粕棄之魚醪之未得而曰是筌與糟粕也魚與醪終不可得矣五經聖人之學具焉然自其已聞者而言之其於道也亦筌與糟粕耳竊嘗怪夫世之儒者求魚於筌而謂糟粕之爲醪也夫謂糟粕之爲醪猶近也糟粕之中而醪存求魚於筌則筌與魚遠矣龍場居南夷萬山中書卷不可攜日坐石穴默記舊所讀書而錄之意有所得輒爲之訓釋期有七月而五經之旨略遍名之曰臆說蓋不必盡合於先賢聊寫其胸臆之見而因以娛情養性

焉耳則吾之爲是固又忘魚而釣寄興於麯蘖而非誠旨於味者矣嗚呼觀吾之說而不得其心以爲是亦筌與糟粕也從而求魚與醪焉則失之矣夫說凡四十六卷經各十而禮之說尚多缺僅六卷云

潘氏四封錄序　辛未

歙潘氏之仕於　朝者戶部主事君選大理寺副君珍戶部員外君旦南大理評事君鑑凡四人正德五年冬珍旦以上三載最選鑑以　兩宮徽號旬月之間皆得推恩封其親如其官焉於是敘八制爲錄侈上之賜以光其族裔而來謂某曰德下寵浮若之何其可請一言以永我潘氏某曰一族而四顯來者相望也其盛哉夫一月之間而均被榮渥則又何難也蓋吾聞之大山之木千仞而四榦垂而四峯之巔飛鳥之鳴聲不相及也春氣至而四榦之杪花葉若一則其所出之根同有不期致焉潘氏之在婺閥望自宋元而來其培本則厚四子者固亦潘氏之四榦矣是惟否塞閉晦苟際明期而諧景會其軒埭條達孰禦則夫　寵命之沾暨不約而同也其又足異哉雖然木之生風霆之鼓舞炎

暑之酷烈陰寒冰雪之嚴冱剝落俾堅其質而完其氣非獨雨露之沾濡生成之也夫恩寵爵祿雨露也號令宣播風霆也法度政事之苛密煩困炎暑也時之險阨患難顛沛陰寒冰雪之嚴冱剝落也何莫而非生成四子蓋亦略嘗歷之其材中楹柱而任梁棟矣吾願潘氏之益培其根也四子拜而起曰吾其益培之以忠孝乎溉之以誠敬乎植之以義而防之以禮乎某曰然則潘氏之軒竦條達其益無窮爾已矣某不爲應酬詩文餘四年矣寺副君之爲暨陽也予嘗許之文未及爲而有南北之別今茲復見於京師而以是責償焉故不得而辭也

送章達德歸東雁序　辛未

章達德將歸東雁石龍山人爲之請於是甘泉子託以考槃陽明子爲之賦衡門客有在坐者啞然曰異哉二夫子之言吾不能知之夫闕爾形無瑩爾精也其可矣今茲將惟職業之弗遑而顧雁蕩之懷乎彼章子者雁蕩之產矣則又可以居而弗居依依於京師者數年而未返是二者交相慕乎其外也夫苟游

心恬淡而棲神於流俗塵囂之外環堵之間其無屏霞天杜乎雁蕩又奚必造而後至不然託蹤泉石而利祿羾其中雖廬常雲之頂其得而居諸於是陽明子仰而喟俯而默卒無以應之也志其言以遺章子曰客見吾杜權焉行矣子毋忘客之言亦無以客之言而忘甘泉子之託

壽湯雲谷序　甲戌

弘治壬戌春某西尋句曲與丹陽湯雲谷偕當是時雲谷方爲行人留意神仙之學爲予談呼吸屈伸之術凝神化氣之道蓋無所不至及與之登三茅之巔下探葉陽休玉宸感陶隱君之遺迹慨歎穢濁飄然有脫屣人間之志予時皆未之許也雲谷意不然之曰子豈有見於吾乎予曰然子之眉間慘然猶有恒世之色是道也遲之十年庶幾矣雲谷曰子見吾之貌而吾信吾之心旣別雲谷尋入爲給事中又遷爲右給事殫心職務驅逐瘁勞竟以直道抵權奸斥外而予亦以言事得罪奔走謫鄉不相見者十餘年至是正德癸酉某月予自吏部徙官南太僕再過丹陽而雲谷已家居三年矣訪之迎謂予曰尙憶眉間之

說乎吾信吾之心而不若子之見吾貌何也今果十年而始出於泥塗是則信矣然謂古之庶幾也則貌益衰年益逝去道益遠獨是若未之盡然耳子曰乃今則幾矣今吾又聞子之言見子之貌矣又見子之廬矣又見子之鄉人矣雲谷曰異哉言貌旣遠矣廬與鄉人亦可以見我乎曰古之有道之士外槁而中澤處隘而心廣累釋而無所撓其精機忘而無所忤於俗是故其色愉愉其居于于其所遭若淸風之披物而莫知其所從往也今子之步徐髮改而貌若益𢡟然而其精藏矣言下意懇而氣若益衰然而其神守矣室廬無所增益於舊而志意擴然其累釋矣鄉之人相忘於賢愚貴賤且以爲慈母且以爲嬰兒其機忘矣夫精藏則太和流神守則天光發累釋則怡愉而靜機忘則心純而一四者道之證也夫道無在而神無方安常處順其至矣而又何人閒之脫屣乎雲谷曰有是哉吾信吾之心乃不若子之見吾廬與吾鄉人也於是雲谷年七十矣是月值其懸弧鄉人方謀所以祝壽者聞子至皆來請言子曰嘻子之鄉先生旣幾於道而尙以壽爲賀乎夫壽不足以爲子之鄉先生賀子之鄉而有

有道之士若子之鄉先生者使爾鄉人之子弟皆有所矜式視儌出而事君則師其道以用世入而家居則師其道以善身若射之有的各中乃所向則是先生之壽乃於爾鄉之人復有足賀也已明年三月予再官鴻臚而鄉之人復以書來請遂追書之

文山別集序　甲戌

文山別集者宋丞相文山先生自述其勤王之所經歷後人因而採集之以成者也其間所值險阻艱難顛沛萬狀非先生之述固無從而盡知者先生忠節蓋宇宙皆於是而有據後之人因詞考迹感先生之大義油然與起其忠君愛國之心固有泫然泣下裂眥扼腕思喪元首之無地者是集之有益於臣道豈小小哉古之君子之忠於其君求盡吾心焉以自慊而已亦豈屑屑言之以蘄知於世然而仁人之心忠於其君亦欲夫人之忠於其君也忠於其君則盡心焉已欲夫人忠於其君而思以吾之忠於其君者啓其良心固有人弗及知之者非自言之何由以及人乎斯先生之所爲自述將以教世之忠也當其時仗

節死義之士無不備載亦因是以有傳是又與人爲善者也是集也在先生之自盡若嫌於蘄世之知以先生之教人則吾惟恐其知之不盡也在先生之自盡若可以無傳以先生之與人爲善則吾惟恐其傳之不遠也先生之裔孫今太僕少卿公宗嚴復刻是集而屬某爲之序某之爲廬陵也公之族弟某嘗以序謀茲故不可得而辭嗚呼當顛沛之心而不忘乎與人爲善者節之裕也致自盡之心而欲人同歸於善者忠之推也不以蘄知爲嫌而行其教人之誠者仁之篤也象賢崇德以章其先世之美之謂孝明訓述事以廣其及人之教之謂義吾於是集之序無愧辭耳矣

金壇縣志序　乙亥

麻城劉君天和之尹金壇也三月而政成考邑之故而創志焉曰於乎艱哉吾欲觀風氣之所宜民俗之所向而無所證也以諏於鄉老有遺聽焉吾欲觀往昔之得失民俗之急緩弛張先後之無所稽也以詢於閭野有遁情焉吾欲觀山川之條理疆域之所際道路井邑之往來聚散制其經適其變而無所裁也

則以之闢荒穢入林麓有遺歷焉亦惟文獻之未足也而爾已矣嗚呼古君子之忠也舊政以告於新尹吾何以盡吾心哉夫政有時而或息焉告有時而或窮焉書之冊而世守之斯其爲告也不亦遠乎志成使來請序吾觀之秩然其有倫也錯然其有章也天也物之祖也地也物之妣也故先之以天文而次之以地理地必有所產故次之以食貨物產而事與故次之以官政政行而齊之以禮則教立故次之以學校學以興賢故次之以選舉賢與而後才可論也故次之以人物人物必有所居故次之以宮室居必有所事事窮則變變則通故次之以雜志終焉嗚呼此豈獨以志其邑之故君子可以觀政矣夫經之天文所以立其本也紀之地理所以順其利也參之食貨所以遂其養也綜之官政所以均其施也節之典禮所以成其俗也達之學校所以新其德也作之選舉所以用其才也考之人物所以辨其等也修之宮室所以安其居也通之雜志所以盡其變也故本立而天道可睹矣利順而地道可因矣養遂而民生可厚矣施均而民政可平矣俗成而民志可立矣德新而民性可復矣才用等辨而

民治可久矣居安盡變而民義不匱矣修此十者以治達之邦國天下可也而況於邑乎故曰君子可以觀政矣

送南元善入覲序　乙酉

渭南南侯之守越也越之敝數十年矣巨奸元憝窟據根盤良牧相尋未之能去政積事隳俗因隳靡至是乃斬然翦剔而一新之兇惡貪殘禁不得行而狡僞淫侈游惰苟安之徒亦皆拂戾失常有所不便相與斐斐緝緝構讒騰誹城狐社鼠之奸又從而黨比翕張之謗遂大行士夫之爲元善危者沮之曰謗甚矣盍已諸元善如不聞也而持之彌堅行之彌決且曰民亦非無是非之心而蔽昧若是固學之不講而教之不明也吾寧無責而獨以咎歸於民則日至學宮進諸生而作之以聖賢之志啓之以身心之學士亦蔽於習染閧然疑怪以駭曰是迂闊之談將廢吾事則又相與斐斐緝緝訾毀而詆議之士夫之爲元善危者沮之曰民之謗若火之始炎士又從而膏之孰能以無燼乎盍遂已諸元善如不聞也而持之彌堅行之彌決則又緝稽山書院萃其秀穎而日與之

諄諄焉亹亹焉越月踰時誠感而意孚三學洎各邑之士亦漸以動日有所覺而月有所悟矣終是爭相奮曰吾乃今知聖賢之必可爲矣非侯之至吾其已夫侯真吾師也於是民之謗者亦漸消沮其始猶曰侯之於我利害半我之於侯恩愛半至是惠洽澤流而政益便相與悔曰吾始不知侯之愛我也而反以爲殃我也吾始不知侯之拯我也而反以爲勞我也我其無人之心乎侯真吾之嚴父也慈母也於是侯且入覲百姓皇皇請留不得相與謀之多士曰吾去慈母吾將安哺乎吾去嚴父吾將安恃乎士曰吁嗟維父與母則生爾身維侯我師實生我心吾寧可以一日而無吾師之臨乎則相與假重於陽明子而乞留焉陽明子曰三年之覲大典也侯焉可留乎雖然此在爾士爾民之心夫承志而無違子之善養也離師友而不背弟子之善學也不然雖居膝下而侍几仗猶爲不善養而操戈入室者也奚必以留侯爲哉衆皆默然良久曰公之言是也相顧逡巡而退明日復師生相率而來請曰無以輸吾之情願以公言致之於侯庶侯之遄其來旋而有以速諸生之化慰吾民之延頸也

送聞人邦允序

聞人言邦允者陽明子之表弟也將之官閩之碞峽而請言陽明子謂之曰重矣勿以進非科第而自輕榮矣勿以官卑而自慢夫進非科第則人之待之也易以輕從而自輕者有矣官卑則人之待之也易以慢從而自慢者有矣夫科第以致身而恃以爲暴是厲階也高位以行道而遽以媒利是盜資也於吾何有哉吾所謂重吾有良貴焉耳非矜與敖之謂也吾所謂榮吾職易舉焉耳非顯與耀之謂也夫以良貴爲重舉職爲榮則夫人之輕與慢之也亦於吾何有哉行矣吾何言

送別省吾林都憲序 戊子

嘉靖丁亥冬守仁奉　命視師思田省吾林君以廣西右轄實與有司既思田來格謀所以緝綏之道咸以爲非得寬厚仁恕德威素爲諸夷所信服者父臨而母鞠之殆未可以強力詭計刦制於一時而能久於無變者也則莫有踰於省吾者遂以省吾之名上　請乞加憲職委之重權以留撫於茲土蓋一年二

年而化洽心革　朝廷永可以無一方顧也乎則又以爲　聖天子方側席勵
精求卓越之才須更化善治則如省吾之成德夙望大臣且交章論薦或者請
未及　上而先已有隆委峻擢恐未肯爲區區兩府之遺黎淹歲月而借之以
重也疏去未踰月而巡撫鄖陽之命果下矣當是時八寨之傜積禍千里且數
十年方議進兵討罪省吾將率思田報效之民以先之報聞衆咸爲省吾賀且
謂得免兵革驅馳之勞也省吾曰不然當事而中輟之仁者忍之乎遇難而苟
避之義者爲之乎吾既身任其責幸有改命而亟去之以爲吾心吾能如是哉
遂弗停驅而往冒暑雨犯瘴毒乘危破險竟成八寨之伐而出嗟乎今世士夫
計逐功名甚於市井刀錐之較稍有患害可相連及輒設機阱立黨援以巧脫
幸免一不遂其私瞋目攘臂以相抵捍鉤摘公然爲之曾不以爲恥而人亦莫
有非之者蓋士風之衰薄至於此而亦極矣而省吾所存獨與時俗相反若是
古所謂託孤寄命臨大節而不可奪者省吾有焉正德初某以武選郎抵逆瑾
逮錦衣獄而省吾亦以大理評觸時諱在繫相與講易於桎梏之間者彌月蓋

晝夜不怠忘其身之爲拘囚也至是別已餘二十年而始復會於此省吾貌益充氣益粹議論益平實而其孜孜講學之心則固如昔加懇切焉公事之餘相與訂舊聞而考新得予自近年偶有見於良知之學遂具以告於省吾而省吾聞之沛然若決江河可謂平生之一快無負於二十年之別也矣今夫天下之不治由於士風之衰薄而士風之衰薄由於學術之不明學術之不明由於無豪傑之士者爲之倡焉耳省吾忠信仁厚之質得之于天者旣與人殊而其好學之心又能老而不倦若此其德之日以新而業之日以廣也何疑乎自此而明學術變士風以成天下治將不自省吾爲之倡也乎於省吾之別庸書此以致切劘之意若夫期望於聲位之間而繫情於去留之際是奚足爲省吾道之哉

王文成公全書卷二十二

外集五　記

興國守胡孟登生像記

弘治十年胡公孟登以地官副郎謫貳興國越三年擢知州事公既久於其治乃奸鋤利植而民以大和又明年壬戌擢浙江按察司僉事以去民既留公不可則相率祀公之像以報公德而學宮之左有疊山祠以祀宋臣謝枋得者舊矣其士曰合祀公像於是嗚呼吾州遭胡元之亂以入於　皇朝雖文風稍振而陋習未除士之登名科甲以顯於四方者相望如晨天之星數不能以一二蓋至于今遂茫然絕響者凡幾科矣自公之來斬山斥地以恢學宮洗垢摩鈍以新士習然後人知敦禮與樂而文采蔚然於湖湘之間薦於鄉者一歲而三人蓋夫子之道大明於興國實自公始公之德惠固無庸言而化民成俗於是為大祀公於此其宜哉民曰不可其為公別立一廟公之未來也吾民外苦於盜賊內殘於苛政濱湖之民死於魚課者數千餘家自公之至而盜不敢履輿

國之界民違猛虎魚鼈之患而始釋戈而安寢歌呼相慰以嬉於里巷公之惠澤吾獨不能出諸口耳嗚呼公有大造於吾民乃不能別立一廟而使並食於謝公於吾心有未足也士曰不然公與謝公皆以遷謫而至吾州謝公以文章節義爲宋忠臣而公之氣概風聲實相輝映祀公於此所以見公之庇吾民者不獨以其政事而吾民之所以懷公於不忘者又有在於長養恩恤之外也其於尊嚴崇重不滋爲大乎於是其民相顧喜曰果如是我亦無所憾矣然其誰紀諸石以傳之士曰公之經歷四方也久矣四方之人其聞公之賢亦既有年矣然而屢遭讒嫉而未暢厥猷意亦知公之深者難也公嘗令於餘姚以吾人之知公則其人宜於公爲悉乃走幣數千里而來請於某且告之故某曰是姚人之願不獨與國也公之去吾姚已二十餘年民之思公如其始去每有自公而來者必相與環聚問公之起居飲食及其履歷之險夷丰采狀貌鬚髮之蒼白與否退則相傳告以爲欣戚以吾姚之思公知與國之爲是舉亦其情之有不得已也然公之始去吾姚既嘗有去思之碑以紀公德今不可以重複其說

而與國之績吾雖聞之甚詳然於其民爲遠雖極意揄揚之恐亦未足以當其心也姑述其請記之辭而詩以系之公諱瀛河南之羅山人有文武長才而方嚮於用詩曰於維胡公允毅孔直惟直不撓以來與國惟此與國實荒有年自公之來闢爲良田寇乘于垣死課于澤公曰吁嗟茲惟予譴勤爾桑禾謹爾室家歲豐時和民謠以歌乃築泮宮教以禮讓弦誦詩書溢于里巷庶民諄諄庶士彬彬公亦欣欣曰惟家人維公我父惟公我母自公之去奪我恃怙維公之政不專於寬兩暘維若時其燠寒維公文武亦周于藝射御工力展也不器我拜公像從我父兄率我子弟集于泮宮父兄相謂毋爾敢望天子用公訓于四方

新建預備倉記 癸亥

倉廩以儲國用而民之不給亦於是乎取故三代之時上之人不必其盡輸之官府下之人不必其盡藏於私室後世若常平義倉蓋猶有所以爲民者而先王之意亦既衰矣及其大弊而倉廩之蓄遂邈然與民無復相關其遇凶荒水

旱民餓莩相枕藉苟上無賑貸之令雖頁有司亦坐守鍵閉不敢發升合以拯其下民之視其官廩如仇人之壘無以事其刃爲也嗚呼倉廩之設豈固如是也哉紹興之倉目如坻大有之屬凡三四區中所積亦不下數十萬然而民之饑餒稍不稔卽無免焉歲癸亥春融風日作星火宵隕太守侈公曰是旱徵也不可以無備既命民間積穀謹藏則復鳩工度地得舊太積庫地於郡治之東而建以爲預備倉於是四月不雨至於八月農工大壞比室罄懸民陸走數百里轉嘉湖之粟以自療市火間作貿遷無所居公帥僚吏遍禱於山川社稷迺八月己酉大雨洽旬禾槁復穎民始有十一之望漸用蘇息公曰嗚呼予所建今茲之旱雖誠無補於後患其將有裨迺益遂厥營九月丁卯工畢凡爲廩三面廿有六楹約受穀十萬幾千斛前爲廳事以司出納而以其無事時則凡賓客部使之往來而無所寓者又皆可以館之於是極南阻民居限以高垣東折爲門出之大衢並門爲屋廿有八楹自南亙北以居商旅之貿遷者而月取其值以實廩粟又於其間區畫而綜理之蓋積三歲而可以有一年之備矣二守

錢君謂其僚曰公之是舉其惠於民豈有窮乎夫後之民食公之德而弗知其所自是吾儕無以贊公於今日而又以泯其績於後也於是相率來屬某以記某曰唯唯夫憫災而恤患庇民之仁也未患而預防先事之知也已患而不怠臨事之勇也創今以圖後敷德之誠也行一事而四善備焉是而可以無紀也乎某雖不文也願與執筆而從事

平山書院記 癸亥

平山在鄞陵之北三里今杭郡守楊君温甫蚤歲嘗讀書其下鄞人之舉進士者自温甫之父僉憲公始而温甫承之温甫既貴建以爲書院曰使吾鄉之秀與吾楊氏之子弟誦讀其間翹翹焉相繼而興以無亡吾先君之澤於是其鄉多文士而温甫之子晉復學成有器識將紹温甫而起蓋書院爲有力焉温甫始爲秋官郎予時實爲僚佐相懷甚得也温甫時時爲予言平山之勝聳秀奇特比於峨嵋望之巖厲壁削若無所容而其上乃寬衍平博有老氏宮焉殿閣魁傑偉麗聞於天下俯覽大江煙雲杳靄暇輒從朋儕往遊其間嗚湍絶壑拂

雲千仞之木陰翳虧蔽書院當其麓其高可以眺其邃可以隱其芳可以采其
清可以濯其幽可以棲吾因而望之以含遠之樓蟄之以寒香之隝揭之以秋
芳之亭澄之以洗月之池息之以棲雲之窩四時交變風雪晦暝之朝花月澄
芬之夕光景超忽千態萬狀而吾誦讀於其間蓋冥然與世相忘若將終身焉
而不知其他也今吾汩沒於簿書案牘思平山之勝而庶幾夢寐焉何可得耶
既而某以病告歸陽明温甫尋亦出守杭郡錢塘波濤之洶怪西湖山水之秀
麗天下之言名勝者無過焉噫温甫之居是地當無憾於平山耳矣今年與温
甫相見於杭而亹亹於平山者猶昔也吁亦異矣豈其沈溺於茲山果有不能
忘情也哉温甫好學不倦其爲文章追古人而並之方其讀書於平山也優游
自得固將發爲事業以顯於世及其施諸政事沛然有餘矣則又益思致力於
問學而其間又自有不暇者則其眷戀於茲山也有以哉温甫既已成己則不
能忘於成物而建爲書院以倡其鄉人處行義之時則不能忘其隱居之地而
拳拳於求其志者無窮已也古人有言成己仁也成物知也温甫其仁且知者

歟又曰隱居以求其志行義以達其道吾聞其語矣未見其人也溫甫殆其人也非歟溫甫屬予記予未嘗一至平山而平山巖巖之氣象斬然壁立而不可犯者固可想而知其不異於溫甫之爲人也以溫甫之語予者記之

何陋軒記 戊辰

昔孔子欲居九夷人以爲陋孔子曰君子居之何陋之有守仁以罪謫龍場龍場古夷蔡之外於今爲要綏而習類尙因其故人皆以予自上國往將陋其地弗能居也而予處之旬月安而樂之求其所謂甚陋者而莫得獨其結題鳥言山棲羝服無軒裳宮室之觀文儀揖讓之縟然此猶淳龐質素之遺焉蓋古之時法制未備則有然矣不得以爲陋也夫愛憎面背亂白黝丹浚奸窮黠外良而中螫諸夏蓋不免焉若是而彬郁其容宋甫魯掖折旋矩矱將無爲陋乎夷之人迺不能此其好言惡詈直情率遂則有矣世徒以其言辭物采之眇而陋之吾不謂然也始予至無室以止居於叢棘之閒則鬱也遷於東峯就石穴而居之又陰以濕龍場之民老稚日來視予喜不予陋益予比予嘗圃於叢棘之

右民謂予之樂之也相與伐木閣之材就其地爲軒以居予予因而翳之以檜竹蒔之以卉藥列堂階辯室奧琴編圖史講誦遊適之道略具學士之來遊者亦稍稍而集於是人之及吾軒者若觀於通都焉而予亦忘予之居夷也因名之曰何陋以信孔子之言嗟夫諸夏之盛其典章禮樂歷聖修而傳之夷不能有也則謂之陋固宜於後蔑道德而專法令搜抉鉤縶之術窮而狡匿譎詐無所不至渾朴盡矣夷之民方若未琢之璞未繩之木雖粗礪頑梗而椎斧尚有施也安可以陋之斯孔子所爲欲居也歟雖然典章文物則亦胡可以無講今夷之俗崇巫而事鬼瀆禮而任情不中不節卒未免於陋之名則亦不講於是耳然此無損於其質也誠有君子而居焉其化之也蓋易而予非其人也記之以俟來者

君子亭記　戊辰

陽明子既爲何陋軒復因軒之前榮駕楹爲亭環植以竹而名之曰君子曰竹有君子之道四焉中虛而靜通而有間有君子之德外節而直貫四時而柯葉

無所改有君子之操應蟄而出遇伏而隱雨雪晦明無所不宜有君子之時清風時至玉聲珊然中采齊而協肆夏揖遜俯仰若洙泗羣賢之交集風止籟靜挺然特立不撓不屈若虞廷羣后端冕正笏而列於堂陛之側有君子之容竹有是四者而以君子名不愧於其名吾亭有竹焉而因以竹名名不愧於吾亭門人曰夫子蓋自道也吾見夫子之居是亭也持敬以直內靜虛而若愚非君子之德乎遇屯而不懾處困而能亨非君子之操乎昔也行於朝今也行於夷順應物而能當雖守方而弗拘非君子之時乎其交翼翼其處雍雍意適而匪懈氣和而能恭非君子之容乎夫子蓋謙於自名也而假之竹雖然亦有所不容隱也夫子之名其軒曰何陋則固以自居矣陽明子曰嘻小子之言過矣而又弗及夫是四者何有於我哉抑學而未能則可云爾耳昔者夫子不云乎汝爲君子儒無爲小人儒吾之名亭也則以竹也人而嫌以君子自名也將爲小人之歸矣而可乎小子識之

遠俗亭記　戊辰

憲副毛公應奎名其退食之所曰遠俗陽明子爲之記曰俗習與古道爲消長塵囂溷濁之既遠則必高明清曠之是宅矣此遠俗之所由名也然公以提學爲職又兼理夫獄訟軍賦則彼舉業辭章俗儒之學也簿書期會俗吏之務也二者公皆不免焉舍所事而曰吾以遠俗俗未遠而曠官之責近矣君子之行也不遠於微近纖曲而盛德存焉廣業著焉是故誦其詩讀其書求古聖賢之心以蓄其德而達諸用則不遠於舉業辭章而可以得古人之學是遠俗也已公以處之明以決之寬以居之恕以行之則不遠於簿書期會而可以得古人之政是遠俗也已苟其心之凡鄙猥瑣而徒閒散疏放之是託以爲遠俗其如遠俗何哉昔人有言事之無害於義者從俗可也君子豈輕於絶俗哉然必曰無害於義則其從之也爲不苟矣是故苟同於俗以爲通者固非君子之行必遠於俗以求異者尤非君子之心

象祠記 戊辰

靈博之山有象祠焉其下諸苗夷之居者咸神而事之宣慰安君因諸苗夷之

請新其祠屋而請記於予予曰毁之乎其新之也曰新之新之也何居乎曰斯祠之肇也蓋莫知其原然吾諸蠻夷之居是者自吾父吾祖遡曾高而上皆尊奉而禋祀焉舉之而不敢廢也予曰胡然乎有鼻之祠唐之人蓋嘗毁之象之道以爲子則不孝以爲弟則傲斥於唐而猶存於今毁於有鼻而猶盛於茲土也胡然乎我知之矣君子之愛若人也推及於其屋之烏而況於聖人之弟乎哉然則祀者爲舜非爲象也意象之死其在干羽既格之後乎不然古之驁桀者豈少哉而象之祠獨延於世吾于是益有以見舜德之至入人之深而流澤之遠且久也象之不仁蓋其始焉爾又烏知其終之不見化於舜也書不云乎克諧以孝烝烝乂不格姦瞽瞍亦允若則已化而爲慈父象猶不弟不可以爲諧進治於善則不至於惡不抵於姦則必入於善信乎象蓋已化於舜矣孟子曰天子使吏治其國象不得以有爲也斯蓋舜愛象之深而慮之詳所以扶持輔導之者之周也不然周公之聖而管蔡不免焉斯可以見象之既化於舜故能任賢使能而安於其位澤加於其民既死而人懷之也諸侯之卿命於天子

蓋周官之制其殆倣於舜之封象歟吾於是益有以信人性之善天下無不可化之人也然則唐人之毀之也據象之始也今之諸夷之奉之也承象之終也斯義也吾將以表於世使知人之不善雖若象焉猶可以改而君子之修德及其至也雖若象之不仁而猶可以化之也

臥馬塚記 戊辰

臥馬塚在宣府城西北十餘里有山隆然來自蒼茫若涌若濤若奔若伏布爲層裀擁爲覆釜漫衍陂迤環抱涵迴中凝外完內缺門若合流泓洄高岸屏塞限以重河敷爲廣野桑乾燕尾遠泛近挹今都憲懷來王公實葬厥考大卿於是方公之卜兆也禱於大卿然後出從事屢如未迪末迺來茲顧瞻徘徊心契神得將歸而加諸卜爰視公馬眷然踸臥嘷嗅盤旋繾綣嘶秣若故以啓公之意者公曰嗚呼其弗歸卜先公則既命於此矣就其地窆焉厥土五色厥石四周融潤煦淑面勢環拱既葬弗震弗崩安靖妥謐植樹蓊蔚庶草芬茂禽鳥哺集風氣凝毓產祥萃休祉福駢降鄉人謂公孝感所致相與名其封曰臥馬以

志厥祥從而歌之士大夫之聞者又從而和之正德戊辰守仁謫貴陽見公於巡撫臺下出聞是於公之鄉人客有在坐者曰公其休服於無疆哉昔在士行牛眠協兆峻陟三公公茲實類於是守仁曰此非公意也公其慎厥終惟安親是圖以庶幾無憾焉耳已豈以儌福於躬利其嗣人也哉雖然仁人孝子則天無弗比無弗祐匪自外得也親安而誠信竭心斯安矣心安則氣和和氣致祥其多受祉福以流衍於無盡固理也哉他日見於公以鄉人之言問焉公曰信以守仁之言正焉公曰嗚呼是吾之心也子知之其遂志之以訓於我子孫毋替我先公之德

賓陽堂記 戊辰

傳之堂東向曰賓陽取堯典寅賓出日之義志向也賓日義之職而傳冒焉傳職賓賓義以賓賓之寅而賓日傳以賓日之寅而賓賓也不曰日乃陽之屬爲曰爲元爲善爲吉爲亨治其於人也爲君子其義廣矣備矣內君子而外小人爲泰曰賓自外而內之傳將以賓君子而內之也傳以賓君子而容有小人焉

則如之何曰吾知以君子而賓之耳吾以君子而賓之也賓其甘爲小人乎哉爲賓日之歌日出而歌之賓至而歌之歌曰日出東方再拜稽首人曰予狂匪日之寅吾其怠荒東方日出稽首再拜人曰予憊匪日之愛吾其荒怠其翳其曀其日惟霾其昫其霧其日惟雨勿忭其昫倏焉以霧勿謂終翳或時其曀曀其光矣其光熙熙與爾偕作與爾偕宜倏其霧矣或時以熙或時以熙孰知我悲

重修月潭寺建公館記　戊辰

隆興之南有巖曰月潭壁立千仞簷垂數百尺其上頫洞玲瓏浮者若雲霞亘者若虹霓豁若樓殿門闕懸若鼓鐘編磬幨幢纓絡若摶風之鵬飜集翔鵠螭虬之糾蟠猱猊之駭攫譎奇變幻不可具狀而其下澄潭邃谷不測之洞環祕回伏喬林秀木垂蔭蔽虧鳴瀑清谿停洄引映天下之山萃於雲貴連亘萬里際天無極行旅之往來日攀緣下上於窮崖絕壑之間雖雅有泉石之癖者一入雲貴之途莫不困踣煩厭非復夙好而惟至於茲巖之下則又皆灑然開豁

心洗目醒雖庸傳俗侶素不知有山水之遊者亦皆徘徊顧盼相與延戀而不忍去則茲巖之勝蓋不言可知矣巖界與隆偏橋之間各數十里行者至是皆憊頓飢悴宜有休息之所而巖麓故有寺附巖之戍卒官吏與凡苗夷犵狄之種連屬而居者歲時令節皆於是焉釐祝寺漸蕪廢行禮無所憲副滇南朱君文瑞按部至是樂茲巖之勝憫行旅之艱而從士民之請也乃捐資庀材新其寺於巖之右以為釐祝之所曰吾聞為民者順其心而趨之善今苗夷之人知有尊君親上之禮而憾於弗伸也吾從而利道之不亦可乎則又因寺之故材與址架樓三楹以為部使者休食之館曰吾聞為政者因勢之所便而成之故事適而民逸今旅無所舍而使者之出師行百里飢不得食勞不得息吾圖其可久而兩利之不亦可乎使遊僧正觀任其勞指揮逖遠度其工千戶某某相其役遠近之施捨勸助者欣然而集不兩月而工告畢自是飢者有所炊勞者有所休遊觀者有所舍釐祝者有所瞻依以為竭虔效誠之地而茲巖之奇若增而益勝也正觀將記其事於石適予過而請焉予惟君子之政不必專於法

要在宜於人君子之教不必泥於古要在入於善是舉也蓋得之矣況當法綱嚴密之時衆方喘息憂危動虞牽觸而乃能從容於山水泉石之好行其心之所不愧者而無求免於俗焉斯其非見外之輕而中有定者能若是乎是誠不可以不志也矣寺始於戍卒周齋公成於遊僧德彬增治於指揮劉瑄常智李勝及其屬王威韓儉之徒至是凡三緝而公館之建則自今日始

玩易窩記 戊辰

陽明子之居夷也穴山麓之窩而讀易其間始其未得也仰而思焉俯而疑焉函六合入無微茫乎其無所指孑乎其若株其或得之也沛兮其若決聯兮其若徹菹淤出焉精華入焉若有相者而莫知其所以然其得而玩之也優然其休焉充然其喜焉油然其春生焉精粗一外內翕視險若夷而不知其夷之爲阨也於是陽明子撫几而歎曰嗟乎此古之君子所以甘囚奴忘拘幽而不知其老之將至也夫吾知所以終吾身矣名其窩曰玩易而爲之說曰夫易三才之道備焉古之君子居則觀其象而玩其辭動則觀其變而玩其占觀象玩辭

三才之體立矣觀變玩占三才之用行矣體立故存而神用行故動而化神故知周萬物而無方化故範圍天地而無迹無方則象辭基焉無迹則變占生焉是故君子洗心而退藏於密齋戒以神明其德也蓋昔者夫子嘗韋編三絶焉嗚呼假我數十年以學易其亦可以無大過已夫

東林書院記　癸酉

東林書院者宋龜山楊先生講學之所也龜山没其地化為僧區而其學亦遂淪入于佛老訓詁詞章者且四百年成化間今少司徒泉齋邵先生始以舉子復聚徒講誦於其間先生既仕而址復荒屬于邑之華氏華氏先生之門人也以先生之故仍讓其地為書院以昭先生之迹而復龜山之舊先生既已紀其廢興則以記屬之某當是時遼陽高君文豸方來令茲邑聞其事謂表明賢人君子之迹以風勵士習此吾有司之責而顧以勤諸生則何事爰畢其所未備而亦遣人來請嗚呼物之廢興亦决有成數矣而亦存乎其人夫龜山没使有若先生者相繼講明其間龜山之學邑之人將必有傳豈遂淪入于老佛詞章

而莫之知求當時從龜山遊不無人矣使有如華氏者相繼修葺之縱其學未即明其間必有因迹以求道者則亦何至淪沒於四百年之久又使其時有司有若高君者以風勵士習爲己任書院將無因而圮又何至化爲浮屠之居而蕩爲草莽之野是三者皆宜書之以訓後若夫龜山之學得之程氏以上接孔孟下啓羅李晦菴其統緒相承斷無可疑而世猶議其晚流於佛此其趨向毫釐之不容於無辨先生必嘗講之精矣先生樂易謙虛德器溶然不見其喜怒人之悅而從之若百川之趨海論者以爲有龜山之風非有得於其學宜弗能之然而世之宗先生者或以其文翰之工或以其學術之邃或以其政事之艮先生之心其殆未以是足也從先生游者其以予言而深求先生之心以先生之心而上求龜山之學庶乎書院之復不爲虛矣書院在錫百瀆之上東望梅村二十里而遙周太伯之所從逃也方華氏之讓地爲院鄉之人與其同門之士爭相趨事若恥於後太伯之遺風尚有存焉特世無若先生者以倡之耳是亦不可以無書

應天府重修儒學記 甲戌

應天京兆也其學爲東南教本國初以爲太學洪武辛酉始改創焉再修於正德之己酉自是而後浸以敝圮正德壬申府尹張公宗厚始議新之未成而遷中丞以去白公輔之相繼爲尹乃克易朽與頽大完其所未備而又自以俸餘增置石欄若干楹於櫺星門之外於是府丞趙公時憲亦協心贊畫故數十年之廢一旦修舉煥然改觀師模士氣亦皆鼓動與起廟學一新教授張雲龍等與合學之士二百有若干人撰序二公之績徵予文爲記予既不獲辭則謂之曰多師多士若知二公修學之爲功矣亦知自修其學以成二公之功者乎夫立之師儒區其齋廟昭其儀物具其廩庖是有國者之立學也而非士之立學也緝其弊壞新其圬墁給其匱乏警其怠弛是有司者之修學也而非士之修學也士之學也以學爲聖賢聖賢之學心學也道德以爲之地忠信以爲之基仁以爲宅義以爲路禮以爲門廉恥以爲垣牆六經以爲戶牖四子以爲階梯求之於心而無假於雕飾也其功不亦簡乎措之於行而無所不該也其用不

亦大乎三代之學皆此矣我　國家雖以科目取士而立學之意亦豈能與三
代異學之弗立有國者之缺也弗修焉有司者之責也立矣修矣而居其地者
弗立弗修是師之咎士之恥也二公之修學既盡有司之責矣多師多士無亦
相與自修其學以遠於咎恥者乎無亦擴乃地厚乃基安乃宅闢乃門戶固乃
垣牆學成而用大之則以庇天下次之則以庇一省一郡小之則以庇其鄉閭
家族庶亦無負於國家立學之意有司修學之心哉若乃曠安宅舍正路圮基
壞垣倚聖賢之門戶以爲姦是學校之爲萃淵藪也則是　朝廷立之而爲士
者傾之有司修之而爲士者毀之亦獨何心哉應天爲首善之地豪傑俊偉先
後相望其文采之炳蔚科甲之盛多乃其所素餘有不屑於言者故吾因新學
之舉嘉多師多士忻然有維新之志而將進之以聖賢之學也於是乎言

重修六合縣儒學記　乙亥

六合之學敝久矣師生因仍以苟歲月有司者若無覩也故廢日甚正德甲戌
縣尹安福萬廷珵氏既和輯其民始議拓而新之維時教諭長與徐丙氏來就

圮舍日夜砥新厥士尹因謂曰子爲我造士而講肄無所斯吾責何敢不力顧兵荒之餘民不可重困吾姑日積月累而徐圖焉其可乎民聞相謂曰學諭方急訓吾子弟無寧居尹不忍困吾民而躬苦節省吾儕獨坐視非人也於是耆民李景榮首出百金以倡從而應者相繼不終日聚金五百以告尹尹喜曰吾民尚義若此吾事不難辦矣然吾職務繁劇孰可使以鳩吾事者乎學諭曰尹爲吾師生甚勞苦父老奮義捐金既費其財又盡其力而與一二僚請無妨教事以敦民聞相謂曰尹不忍困吾民學諭方急訓吾子弟又不忍吾勞而身董之吾儕獨坐視非人也於是耆民王彰陳模首請任其役從而應者十夫以告尹尹喜曰吾民尚義如此吾事不難辦矣提學御史張君適至聞其事而嘉之衆益趨以勸十月辛卯尹乃興事學諭經度規制以襄訓導某典史某察其勤惰稽其出納修大成殿修兩廡神廚庫前爲戟門又前爲櫺星門又前爲泮宮坊皆以石殿後爲明倫堂爲東西齋又後爲尊經閣明倫堂之左爲三廨以宅三師前區三圃圃前爲名宦祠又前爲鄉賢祠又前爲崇文倉明倫堂之右爲

致齋所又右爲饌房又右爲射圃而亭其圃之北曰觀德致齋之外爲宰牲所又前爲六號凡爲屋百九十有七楹十二月丁巳工告畢役未逾時也閭閈之民尚或未知其與作聞而來聚觀者皆相顧噐愕以爲是何神速爾是何井井爾煥煥爾庠生某撰考其事來請予記予曰甚哉誠之易以感民也甚哉民之易以誠感也有司者賦民奉國鞭笞累縶不能得則反仇視今縣尹學諭一言而民應之若響使天下之爲有司學職者咸若是天下其有不治乎此可以爲天下之爲有司學職者倡矣民之愛其財與力至爭刀錐靳舉手投足寧殆其身而不悔今六合之民感其上之一言捐數十百金効力爭先恐後使天下之爲民者咸若是天下其有不治乎此可以爲天下之民倡矣民之蔽於欲而厚於利苟有以感之然且不憚費己之財勞己之力以赴上之所欲爲士秀於民而志於道修其明德親民之學以應邦家之求固不費財勞力而可能也苟有以感之有不翕然而興者乎吾聞徐諭之教六合不數月而士習已爲之一變使由此日遷於高明廣大以洗俗學之陋則夫興起聖賢之學以爲天下士之

倡者將又不在於六合之士邪將又不在於六合之士邪

時雨堂記　丁丑

正德丁丑奉　命平漳寇駐軍上杭旱甚禱於行臺雨日夜民以爲未足迺四月戊午班師雨明日又雨又明日大雨乃出田登城南之樓以觀民大悅有司請名行臺之堂爲時雨且曰民苦於盜久又重以旱將謂靡遺今始去兵革之役而大雨適降所謂王師若時雨今皆有焉請以志其實嗚呼民惟稼穡德惟雨惟天陰隲惟皇克憲惟將士用命去其螟蜮惟乃有司實耨獲之庶克有秋乃予何德之有而敢叨其功然而樂民之樂亦不容於無紀也巡撫都御史王守仁書是日參政陳策僉事胡璉至自班師

重修浙江貢院記　乙酉

古之選士者其才德行誼皆論定於平日而以時升之故其時有司之待士一惟忠信禮義而無有乎防嫌逆詐之心也士之應有司一惟廉恥退讓而無有乎奔競僥倖之圖也迨世下衰科舉之法興而忠信廉恥之風薄上之人不能

無疑於其下而防範日密下之人不能無疑於其上而鄙詐日生於是乎至有搜檢巡綽之事而待之不能以禮矣有糊名易書之制而信之不能以誠矣有志之士未嘗不歎惜於古道而千數百年卒無以改殆亦風氣習染之所成學術教化之所積勢有不可得而誤焉者也雖然古人之法不可得而復矣所以斟酌古人之意而默行之者不猶有可盡乎後世之法不可得而改矣所以匡持後世之弊而善用之者不猶有可爲乎有司之奉行其識下者昧古之道而益淩之以刻薄猥瑣之意其見高者鄙時之弊而遂行之以忽慢苟且之心是以陋者益陋而疏者愈疏則亦未可專委咎於法也若浙之諸君子之重修貢院斯其有足以起予者矣浙之貢院舊在城西嘗以隘遷於藩治之東北而苟簡尚仍其舊乃嘉靖乙酉復當大比監察御史潘君倣實來監臨乃與諸司之長佐慎慮其事而預圖之慨規制之弗備弗飾相顧而言曰凡政之施孰有大於舉賢才者而可忽易之若是夫與居廨所而責以殫心厥事人情有所不能矣無亦休其啓處優其餼養使人樂事勸忠以各供其職庶亦盡心求士之誠

乎慢令弛禁使陷罔於非僻而後摧辱之其爲狎侮士類亦甚矣無亦張其紀度明其視聽使人不戒而肅以全其廉恥庶亦待士以禮之意乎於是新選秀堂而軒於其前爲三楹新至公堂而軒於其前爲五楹庖湢器用無不備具又拓明遠樓以爲三楹而上崇三層下疏三道創石臺於四隅而各亭其上以爲眺望之所其諸防閑之道靡不恪修夫然後入而觀焉則森嚴洞達供事者莫敢有輕忽慢易之心而就試者自消其回邪非僻之念蓋不費財力而事修於旬月之間不大聲色而政令行肅觀向一新若諸君者誠可謂能求古人之意而默行之者矣能匡後世之弊而善用之者矣諸君之盡心其可見者如此至其妙運於心術之微而務竭於得爲之地不可以盡見者固將無所不用其極可知也是舉也其必有才德行誼之士如三代之英者出以應諸君之求已乎工訖使來請記辭不克而遂爲書之嗚呼天下之事所以弊於今而不可復於古者寧獨科舉爲然乎誠使求古人之意而默行善用之皆如諸君今日之舉焉其於成天下之治也何有哉

濬河記　乙酉

越人以舟楫爲輿馬濱河而廛者皆巨室也日規月築水道淤隘畜洩既亡旱潦頻仍商旅日爭於途至有鬬而死者矣南子乃決沮障復舊防去豪商之壅削勢家之侵失利之徒胥怨交謗從而謠之曰南守瞿瞿實破我廬瞿瞿南守使我奔走人曰吾守其厲民歟何其謗者之多也陽明子曰遲之吾未聞以佚道使民而或有怨之者也既而舟楫通利行旅歡呼絡繹是秋大旱江河龜坼越之人收穫輸載如常明年大水民居免於墊溺遠近稱忭又從而歌之曰相彼舟人矣昔揭以曳矣今歌以楫矣旱之熇也微南侯兮吾其燋矣霪其彌月矣微南侯兮吾其魚鼈矣我輸我穫矣我遊我息矣長渠之活矣維南侯之流澤矣人曰信哉陽明子之言未聞以佚道使民而或有怨之者也紀其事于石以詔來者

王文成公全書卷之二十四

外集六　說　雜著

白說字貞夫說　乙亥

白生說常太保康敏公之孫都憲敬齋公之長子也敬齋賓予而冠之阼既醮而請曰是兒也嘗辱子之門又辱臨其冠敢請字而教諸曰字而教諸說也吾何以字而教諸吾聞之天下之道說而已天下之說貞而已乾道變化於穆流行無非說也天何心焉坤德闔闢順成化生無非說也坤何心焉仁理惻怛感應和平無非說也人亦何心焉故說也者貞也貞也者理也全乎理而無所容其心焉之謂貞本於心而無所拂於理焉之謂說故天得貞而說道以亨地得貞而說道以成人得貞而說道以生貞乎貞乎三極之體是謂無已說乎說乎三極之用是謂無動無動故順而化無已故誠而神誠神剛之極也順化柔之則也故曰剛中而柔外說以利貞是以順乎天而應乎人說之時義大矣哉非天下之至貞其孰能與於斯乎請字說曰貞夫敬齋曰廣矣子之言固非吾兒

所及也請問其次曰道一而已孰精粗焉而以次爲君子之德不出乎性情而其至塞乎天地故說也者情也貞也者性也說以正情之性也貞以說性之命也性情之謂和性命之謂中致其性情之德而三極之道備矣而又何二乎吾姑語其略而詳可推也本其事而功可施也目而色也耳而聲也口而味也四肢而安逸也說也有貞焉君子不敢以或過也貞而已矣仁而父子也義而君臣也禮而夫婦也信而朋友也說也有貞焉君子不敢以不致也貞而已矣故貞者說之幹也說者貞之枝也故貞以養心則心說貞以齊家則家說貞以治國平天下則國天下說說必貞未有貞而不說者也貞必說未有說而不貞者也說而不貞小人之道君子不謂之說也不僞則欲不佞則邪奚其貞也哉夫夫君子之稱也貞君子之道也字說曰貞夫勉以君子而已矣敬齋起拜曰子以君子之道訓吾兒敢不拜嘉顧謂說曰再拜稽首書諸紳以蚤夜祇承夫子之命

劉氏三子字說　乙亥

劉毅齋之子三人當毅齋之始入學也其孟生名之曰甫學始舉於鄉也其仲生名之曰甫登始從政也其季生名之曰甫政毅齋將冠其三子而問其字於予予曰君子之學也以成其性學而不至於成性不可以爲學字甫學曰子成要其終也學成而登庸登者必以漸故登高必自卑字甫登曰子漸戒其驟也登庸則漸以從政矣政者正也未有己不正而能正人者字甫政曰子正反其本也毅齋起拜曰乾也既承教豈獨以訓吾子

南岡說 丙戌

浙大參朱君應周居莆之壺公山下應周之名曰鳴陽蓋取詩所謂鳳皇鳴矣于彼朝陽之義也莆人之言曰應周則誠吾莆之鳳矣其居青瑣進讜言而天下仰望其風采則誠若鳳之鳴於朝陽者矣夫鳳之棲必有高岡則壺公者固其所從而棲鳴也於是號壺公曰南岡蓋亦取詩所謂鳳皇鳴矣于彼高岡之義也應周聞之曰嘻因予名而擬之以鳳焉其名也人固非鳳也因壺公而號之以南岡焉其實也固亦岡也吾方愧其名之虛而思以求其號之實也因以

南岡而自號大夫鄉士爲之詩歌序記以咏嘆揄揚其美者既已連篇累牘而應周猶若未足勤勤焉以蘄於予必欲更爲之一言是其心殆不以贊譽稱頌之爲喜而以樂聞規切砥礪之爲益也吾何以答應周之意乎姑請就南岡而與之論學夫天地之道誠焉而已耳聖人之學誠焉而已耳誠故不息故久故徵故悠遠故博厚是故天惟誠也故常清地惟誠也故常寧日月惟誠也故常明今夫南岡亦拳石之積耳而其廣大悠久至與天地而無疆焉非誠而能若是乎故觀夫南岡之厓石則誠厓石爾矣觀夫南岡之溪谷則誠溪谷爾矣觀夫南岡之峯巒巖壑則誠峯巒巖壑爾矣是皆實理之誠然而非有所虛假文飾以僞爲於其間是故草木生焉禽獸居焉寶藏興焉四時之推敓寒暑晦明煙嵐霜雪之變態而南岡若無所與焉鳳皇鳴矣而南岡不自以爲瑞也虎豹藏焉而南岡不自以爲威也養生送死者資焉而南岡不自以爲德雲霧興焉而見光怪而南岡不自以爲靈是何也誠之無所爲也誠之不容已也誠之不可揜也君子之學亦何以異於是是故以事其親則誠孝爾矣以事其兄則誠

弟爾矣以事其君則誠忠爾矣以交其友則誠信爾矣是故蘊之爲德行矣措之爲事業矣發之爲文章矣是故言而民莫不信矣行而民莫不悅矣動而民莫不化矣是何也一誠之所發而非可以聲音笑貌幸而致之也故曰誠者天之道也思誠者人之道也應周之有取於南岡而將以求其實者殆亦無出於斯道也矣果若是則知應周豈非思誠之功歟夫思誠之功精矣微矣應周蓋嘗從事於斯乎異時來過稽山之麓倘能爲我一言其詳

悔齋說　癸酉

悔者善之端也誠之復也君子悔以遷於善小人悔以不敢肆其惡惟聖人而後能無悔無不善也無不誠也然君子之過悔而弗改焉又從而文焉過將日入於惡小人之惡悔而益深巧焉益憤譎焉則惡極而不可解矣故悔者善惡之分也誠僞之關也吉凶之機也君子不可以頻悔小人則幸其悔而或不甚焉耳吾友崔伯欒氏以悔名其齋非曰吾將悔而已矣將以求無悔者也故吾爲之說如是

題湯大行　殿試策問下　壬戌

士之登名禮部而進于　天子之廷者　天子臨軒而問之則錫之以制皆得受而歸藏之於廟以輝榮其遭際之盛蓋今世士人皆爾也丹陽湯君某登弘治進士方爲行人以其嘗所受之制屬某跋數語於其下嗟夫明試以言自虞廷而然乃言底可績則三代之下吾見亦罕矣君之始進也　天子之所以咨之者何如耶而君之所以對之者何如耶夫矯言以求進君之所不爲也已進而遂忘其言焉又君之所不忍也君於是乎朝夕焉顧諟　聖天子之明命其將曰是　天子之所以咨詢我者也始吾旣如是其對揚之矣而今之所以持其身以事吾君者其亦果如是耶抑其亦未踐耶夫伊尹之所以告成湯者數言而終身踐之太公之所以告武王者數言而終身踐之推其心也君其志於伊呂之事乎夫輝榮其一時之遭際以誇世君所不屑矣不然則是制也者君之所以鑑也昔人有惡形而惡鑑者遇之則掩袂卻走君將掩袂卻走之不暇而又烏揭之焉日以示人其志於伊呂之事奚疑哉君其勉矣上帝臨汝毋貳

爾心某亦常繆承明問雖其所以對揚與其所以爲志者不可以望君然亦何敢忘自勗

示徐曰仁應試　丁卯

君子窮達一聽於天但既業舉子便須入場亦人事宜爾若期在必得以自窘辱則大惑矣入場之日切勿以得失橫在胸中令人氣餒志分非徒無益而又害之場中作文先須大開心目見得題意大概了了即放膽下筆縱昧出處詞氣亦條暢今人入場有志氣局促不舒展者是得失之念爲之病也夫心無二用一念在得一念在失一念在文字是三用矣所事寧有成耶只此便是執事不敬便是人事有未盡處雖或幸成君子有所不貴也將進場十日前便須練習調養蓋尋常不曾起早得慣忽然當之其日必精神恍惚作文豈有佳思須每日鷄初鳴即起盥櫛整衣端坐抖擻精神勿使昏惰日日習之臨期不自覺辛苦矣今之調養者多是厚食濃味劇酣謔浪或竟日偃臥如此是撓氣昏神長傲而召疾也豈攝養精神之謂哉務須絕飲食薄滋味則氣自清寡思慮屏

嗜欲則精自明定心氣少眠睡則神自澄君子未有不如此而能致力於學問者茲特以科場一事而言之耳每日或倦甚思休少偃即起勿使昏睡既晚即睡勿使久坐進場前兩日即不得翻閱書史雜亂心目每日止可看文字一篇以自娛若心勞氣耗莫如勿看務在怡神適趣忽充然滾滾若有所得勿便氣輕意滿益加含蓄醞釀若江河之浸泓衍泛濫驟然決之一瀉千里矣每日閒坐時衆方囂然我獨淵默中心融融自有真樂蓋出乎塵垢之外而與造物者游非吾子概嘗聞之宜未足以與此也

龍場生問答 戊辰

龍場生問於陽明子曰夫子之言於朝侶也愛不忘乎君也今者譴於是而汲汲於求去殆有所渝乎陽明子曰吾今則有間矣今吾又病是以欲去也龍場生曰夫子之以病也則吾既聞命矣敢問其所以有間何謂也昔爲其貴而今爲其賤昔處於內而今處於外歟夫乘田委吏孔子嘗爲之矣陽明子曰非是之謂也君子之仕也以行道不以道而仕者竊也今吾不得爲行道矣雖古之

有祿仕未嘗奸其職也曰牛羊茁壯會計當也今吾不無愧焉夫祿仕爲貧也而吾有先世之田力耕足以供朝夕子且以吾爲道乎以吾爲貧乎龍場生曰夫子之來也謫也非仕也子於父母惟命之從臣之於君同也不曰事之如一而可以拂之無乃爲不恭乎陽明子曰吾之來也謫也非仕也吾之謫也乃仕也非役也役者以力仕者以道力可屈也道不可屈也吾萬里而至以承謫也然猶有職守焉不得其職而去非以謫也君猶父母事之如一固也不曰就養有方乎惟命之從而不以道是妾婦之順非所以爲恭也龍場生曰聖人不敢忘天下賢者而皆去君誰與爲國矣曰賢者則忘天下乎夫出溺於波濤者沒人之能也陸者冒焉而胥溺矣吾懼於胥溺也龍場生曰吾聞賢者之有益於人也惟所用無擇於小大焉若是亦有所不利歟曰賢者之用於世也行其義而已義無不宜無不利也不得其宜雖有廣業君子不謂之利也且吾聞之人各有能有不能惟聖人而後無不能也吾猶未得爲賢也而子責我以聖人之事固非其擬矣曰夫子不屑於用也夫子而苟屑於用蘭蕙榮於堂階而芬馨

被於几席萑葦之刈可以覆垣草木之微則亦有然者而況賢者乎陽明子曰蘭蕙榮於堂階也而後芬馨被於几席萑葦也而後刈可以覆垣今子將刈蘭蕙而責之以覆垣之用子爲愛之耶抑爲害之耶

論元年春王正月 戊辰

聖人之言明白簡實而學者每求之於艱深隱奧是以爲論愈詳而其意益晦春秋書元年春王正月蓋仲尼作經始筆也以予觀之亦何有於可疑而世儒之爲說者或以爲周雖建子而不改月或以爲周改月而不改時其最爲有據而爲世所宗者則以夫子嘗欲行夏之時此以夏時冠周月蓋見諸行事之實也紛紛之論至不可勝舉遂使聖人明易簡實之訓反爲千古不決之疑嗟夫聖人亦人耳豈獨其言之有遠於人情乎哉而儒者以爲是聖人之言而必求之於不可窺測之地則已過矣夫聖人之示人無隱若日月之垂象於天非有變怪恍惚有目者之所覩而及其至也巧曆有所不能計精於理者有弗能盡知也如是而已矣若世儒之論是後世任情用智拂理亂常者之爲而謂聖人

爲之耶夫子嘗曰吾從周又曰非天子不議禮不制度生乎今之世反古之道災及其身者也仲尼有聖德無其位而改周之正朔是議禮制度自己出矣其得爲從周乎聖人一言世爲天下法而身自違之其何以訓天下夫子患天下之夷狄橫諸侯強背不復知有天王也於是乎作春秋以誅僭亂尊周室正一王之大法而已乃首改周之正朔其何以服亂臣賊子之心春秋之法變舊章者必誅若宣公之稅畝紊王制者必誅若鄭莊之歸祊無王命者必誅若莒人之入向是三者之有罪固猶未至於變易天王正朔之甚也使魯宣鄭莊之徒舉是以詰夫子則將何辭以對是攘鄰之雞而惡其爲盜責人之不弟而自毆其兄也豈春秋忠恕先自治而後治人之意乎今必泥於行夏之時之一言而曲爲之說以爲是固見諸行事之驗又引孟子春秋天子之事罪我者其惟春秋之言而證之夫謂春秋爲天子之事者謂其時天王之法不行於天下而夫子作是以明之耳其賞人之功罰人之罪誅人之惡與人之善蓋亦據事直書而褒貶自見若士師之斷獄辭具而獄成然夫子猶自嫌於侵史之職明天子

之權而謂天下後世且將以是而罪我固未嘗取無罪之人而論斷之曰吾以明法於天下取時王之制而更易之曰吾以垂訓於後人法未及明訓未及垂而已自陷於殺人比於亂逆之黨矣此在中世之士稍知忌憚者所不爲而謂聖人而爲此亦見其陰黨於亂逆誣聖言而助之攻也已或曰子言之則然耳爲是說者以伊訓之書元祀十有二月而證周之不改月以史記之稱元年冬十月而證周之不改時是亦未爲無據也子之謂周之改月與時也獨何據乎曰吾據春秋之文也夫商而改月則伊訓必不書曰元祀十有二月秦而改時則史記必不書曰元年冬十月周不改月與時也則春秋亦必不書曰春王正月春秋而書曰春王正月則其改月與時已何疑焉況禮記稱正月七月日至而前漢律曆至武王伐紂之歲周正月辛卯朔合辰在斗前一度戊午師度孟津明日己未冬至考之太誓十有三年春武成一月壬辰之說皆足以相爲發明證周之改月與時而予意直據夫子春秋之筆有不必更援是以爲之證者今舍夫子明白無疑之直筆而必欲傍引曲據證之於穿鑿可疑之地而後已

是惑之甚也曰如子之言則冬可以爲春乎曰何爲而不可陽生於子而極於巳午陰生於午而極於亥子陽生而春始盡於寅而猶夏之春也陰生而秋始盡於申而猶夏之秋也自一陽之復以極於六陽之乾而爲春夏自一陰之姤以極於六陰之坤而爲秋冬此文王之所演而周公之所係武王周公其論之審矣若夫仲尼夏時之論則以其關於人事者比之建子爲尤切而非謂其爲不可也啓之征有扈曰怠棄三正則三正之用在夏而已然非始於周而後有矣曰夏時冠周月此安定之論而程子亦嘗云爾曾謂程子之賢而不及是也何哉曰非謂其知之不及也程子蓋泥於論語行夏之時之言求其說而不得從而爲之辭蓋推求聖言之過耳夫論語者夫子議道之書而春秋者魯國紀事之史議道自夫子則不可以不盡紀事在魯國則不可以不實道並行而不相悖者也且周雖建子而不改時與月則固夏時矣而夫子又何以行夏之時云乎程子之云蓋亦推求聖言之過耳庸何傷夫子嘗曰君子不以人廢言使程子而猶在也其殆不廢予言矣

書東齋風雨卷後　癸酉

悲喜憂快之形於前初亦何嘗之有哉向之以爲愁苦淒鬱之鄉而今以爲樂事者有矣向之歌舞歡愉之地今過之而歎息咨嗟泫然而泣下者有矣二者之相尋於無窮亦何以異於不能崇朝之風雨而顧執而留之於胸中無乃非達者之心歟吾觀東齋風雨之作固亦寫其一時之所感遇風止雨息而感遇之懷亦不知其所如矣而猶諷咏嗟嘆於十年之後得非類於夢爲僕役覺而涕泣者歟夫其隱几於蓬窗之下聽芹波之春響而咏夜簷之寒聲自今言之但覺其有幽閑自得之趣殊不見其有所苦也借使東齋主人得時居顯要一旦失勢退處寂寞其感念疇昔之懷當與今日何如哉然則錄而追味之無亦將有灑然而樂廓然而忘言者矣而和者以爲真有所苦而類爲垂楚不任之辭是又不可與言夢者而於東齋主人之意失之遠矣

竹江劉氏族譜跋　甲戌

劉氏之盛散於天下其在安成者出長沙定王發今昔所傳有自來矣竹江之

譜斷自竹溪翁而下不及於定王見素子曰大夫不敢祖諸侯禮也夫大夫之不祖諸侯也蓋言祭也若其支系之所自則魯三桓之屬是實不可得而翦孔子曰吾猶及史之闕文也蓋孔子之時史之闕疑者既鮮矣竹江之不及定王闕疑也可以爲譜法也已王道不明人僞滋而風俗壞上下相罔以詐人無實行家無信譜天下無信史三代以降吾觀其史若江河之波濤焉聊以知其起伏之槩而已爾士夫不務誠身立德而徒誇詡其先世以爲重冒昧攀緣適以絕其類亂其宗不知桀紂幽厲之出於禹湯文武而顏閔曾孟之先未始有顯者也若竹江之譜其可以爲世法也哉孔子曰斯民也三代之所以直道而行充是心雖以復三代之淳可也且竹溪翁之後其聞於世者歷歷爾至其十一祖敬齋公而遂以清節大顯於當代錄名臣者以首廉吏敬齋之孫南峯公又以清節文學顯德業聲光方爲天下所屬望竹江之後祖敬齋而宗南峯焉亦不一足矣況其世賢之多也而又奚必長沙之爲重也夫

書察院行臺壁　丁丑

正德丁丑三月奉　命征漳寇駐軍上杭旱甚禱於行臺雨日夜民以爲未足四月戊午寇平旋師是日大雨明日又雨又明日復雨登城南之樓以觀農事遂謁晦翁祠於水南覽七星之勝槃夕歸志其事於察院行臺

諭俗四條　丁丑

爲善之人非獨其宗族親戚愛之朋友鄉黨敬之雖鬼神亦陰相之爲惡之人非獨其宗族親戚惡之朋友鄉黨怨之雖鬼神亦陰殛之故積善之家必有餘慶積不善之家必有餘殃

見人之爲善我必愛之我能爲善人豈有不愛我者乎見人之爲不善我必惡之我苟爲不善人豈有不惡我者乎故凶人之爲不善至於隕身亡家而不悟者由其不能自反也

今人不忍一言之忿或爭銖兩之利遂相搆訟夫我欲求勝於彼則彼亦欲求勝於我讐讐相報遂至破家蕩產禍貽子孫豈若含忍退讓使鄉里稱爲善人長者子孫亦蒙其庇乎

今人爲子孫計或至謀人之業奪人之產日夜營營無所不至昔人謂爲子孫作馬牛然身沒未寒而業已屬之他人讐家羣起而報復子孫反受其殃是殆爲子孫作蛇蝎也吁可戒哉

題遙祝圖　戊寅

薛母太孺人曾方就其長子俊養于玉山仲子侃既舉進士告歸來省孺人曰吾安而兄養子出而仕侃曰吾斯之未能信曰然則盍往學於是攜其弟僑姪宗鎧來就予于虔其室在揭陽別且數年未遑歸視踰年五月望日爲孺人初誕之晨以命不敢往遙拜而祝其友正之廷仁崇一輩相與語曰薛母之教其子可謂賢矣薛子之養其親可謂孝矣吾儕與薛子同學因各勵其所以事親之孝可謂益矣而不獲登其堂申其敬乃命工繪遙祝之圖寓諸玉山以致稱觴之意請於予予爲題其事

書諸陽伯卷　戊寅

諸陽伯偁從予而問學將別請言予曰相與數月而未嘗有所論別而後言也

不既晚乎曰數月而未敢有所問知夫子之無隱於我而冀或有所得也別而後請言已自知其無所得而慮夫子之或隱於我也子曰吾何所隱哉道若日星然子惟不用目力焉耳無弗覩者也子又何求乎道在邇而求諸遠事在易而求諸難天下之通患也子歸而立子之志竭子之目力若是而有所弗覩則吾爲隱於子矣

書陳世傑卷　庚辰

堯允恭克讓舜溫恭允塞禹不自滿假文王徽柔懿恭小心翼翼望道而未之見孔子溫良恭儉讓蓋自古聖賢未有不篤於謙恭者向見世傑以足恭爲可恥故遂入於傲抗自是傲抗自是則傲矣傲凶德也不可長足恭也者有所爲而爲之者也無所爲而爲之者謂之謙謙德之柄溫溫恭人惟德之基堂堂乎張也難與並爲仁矣仲尼贊易之謙曰謙尊而光卑而不可踰君子之終也故地不謙不足以載萬物天不謙不足以覆萬物人不謙不足以受天下之益昔者顏子以能問於不能有而若無蓋得夫謙道也慎獨致知之說既嘗反覆於

世傑則百凡私意之萌自當退聽矣復嘵嘵於是蓋就世傑氣質之所急者言之躬自厚而薄責於人則遠怨見賢思齊見不賢而內自省則德修毋謂己爲已知而輒以誨人毋謂人爲不知而輒以忽人終日但見己過默而識之學而不厭則於道也其庶矣乎

論泰和楊茂（其人聾瘂自候門求見先生以字問茂以字答）

你口不能言是非你耳不能聽是非你心還能知是非否（答曰知是非）如此你口雖不如人你耳雖不如人你心還與人一般（茂時首肯拱謝）大凡人只是此心此心若能存天理是箇聖賢的心口雖不能言耳雖不能聽也是箇不能言不能聽的聖賢心若不存天理是箇禽獸的心口雖能言耳雖能聽也只是箇能言能聽的禽獸（茂時扣胷指天）你如今於父母但盡你心的孝於兄長但盡你心的敬於鄉黨鄰里宗族親戚但盡你心的謙和恭順見人怠慢不要嗔怪見人財利不要貪圖但在裏面行你那是的心莫行你那非的心縱使外面人說你是也不須聽說你不是也不須聽（茂時首肯拜謝）你口不能言是非省了多少閑是非你耳不能聽是

非省了多少閑是非凡說是非便生是非生煩惱聽是非便添是非添煩惱你口不能說你耳不能聽省了多少閑是非省了多少閑煩惱你比別人到快活自在了許多（茂時扣胷指天蹦地）我如今教你但終日行你的心不消口裏說但終日聽你的心不消耳裏聽（茂時頓首再拜而已）

書欒惠卷　庚辰

欒子仁訪予於虔舟遇於新淦嗟乎子仁久別之懷茲亦不足爲慰乎顧茲簿領紛沓之地雖固道無不在然非所以從容下上其議時也子仁歸矣乞骸之疏已數上行且得報子仁其候我於桐江之滸將與子盤桓於雲門若耶間有日也聞子仁之居鄉嘗以鄉約善其族黨固亦仁者及物之心然非子仁所汲汲孔子云言忠信行篤敬雖蠻貊之邦行矣然惟立則見其參於前在輿則見其倚於衡也而後行子仁其務立參前倚衡之誠乎至誠而不動者未之有也不誠未有能動者也聊以是爲子仁別去之贈

書佛郎機遺事　庚戌

見素林公聞寧濠之變卽夜使人範錫爲佛郎機銃幷抄火藥方手書勉予竭忠討賊時六月毒暑人多道暍死公遣兩僕裹糧從間道冒暑晝夜行三千餘里以遺予至則濠已就擒七日予發書爲之感激涕下蓋濠之擒以七月二十六距其始事六月十四僅月有十九日耳世之君子當其任能不畏難巧避者鮮矣況已致其事而能急國患踰其家如公者乎蓋公之忠誠根於天性故老而彌篤身退而憂愈深節愈勵嗚呼是豈可以聲音笑貌爲哉嘗欲列其事于朝顧非公之心也爲作佛郎機私詠君子之同聲者將不能已於言耳矣

佛郎機誰所爲截取比干腸裹以鴟夷皮萇弘之血釁不足睢陽之怒恨有遺老臣忠憤寄所洩震驚百里賊膽披徒請尙方劍空聞魯陽揮段公笏板不在茲佛郎機誰所爲

正德戊寅之冬福建按察僉事周期雍以公事抵贛時逆濠奸謀日稔遠近洶洶予思預爲之備而濠黨伺覘左右搖手動足朝聞暮達以期雍官異省當非濠所計及因屛左右語之故遂與定議期雍歸卽陰募驍勇具械束裝

部勒以俟予檄晨到而期雍夕發故當濠之變外援之兵惟期雍先至適當見素公書至之日距濠始事亦僅月有十九日耳初予嘗使門人冀元亨者因講學說濠以君臣大義或格其奸濠不懌已而滋怒遣人陰購害之冀辭予曰濠必反先生宜早計遂遁歸至是聞變知予必起兵即日潛行赴難亦適以是日至見素公在莆陽周官上杭冀在常德去南昌各三千餘里乃皆同日而至若有不偶然者輒附錄於此聊以識予之耿耿云

題壽外母蟠桃圖 庚辰

某之妻之母諸太夫人張今年壽八十十二月二十有二日其設帨辰也某縻於官守不能歸捧一觴於堂下幕下之士有郭詡者因爲作王母蟠桃之圖以獻夫王母蟠桃之說雖出於僊經異典未必其事之有無然今世之人多以之祝願其所親愛固亦古人岡陵松柏之意也吾從衆可乎遂用之以寄遙祝之私而詩以歌之云維彼蟠桃千歲一華夫人之壽茲維始葩維彼蟠桃千歲一實夫人之壽益堅孔碩維華維實厥根彌植維夫人孫子亦昌衍靡極

書徐汝佩卷 癸未

壬午之冬汝佩別予北上赴南宮試已而門下士有自京來者告予以汝佩因南宮策問若陰詆夫子之學者不對而出遂浩然東歸行且至矣予聞之黯然不樂者久之士曰汝佩斯舉有志之士莫不欽仰歆服以爲自尹彥明之後至今而始再見者也夫人離去其骨肉之愛齎糧束裝走數千里以赴三日之試將竭精弊力惟有司之好是投以蘄一日之得希終身之榮斯人人之同情也而汝佩於此獨能不爲其所不爲不欲其所不欲斯非其有見得思義見危授命之勇其孰能聲音笑貌而爲此乎是心也固富貴不能淫貧賤不能移威武不能屈者矣將夫子聞之躍然而喜顯然而嘉與之也而顧黯然而不樂也何居乎予曰非是之謂也士曰然則汝佩之爲是舉也尚亦有未至歟豈以汝佩骨肉之養且旦暮所不給無亦隨時順應以少蘇其貧困也乎若是則汝佩之志荒矣予曰非是之謂也士曰然則何居乎予默然不應士不得問而退他日汝佩既歸士往問於汝佩曰向吾以子之事問於夫子矣夫子黯然而不樂予

云云而夫子云云也子以為奚居汝佩曰始吾見發策者之陰詆吾夫子之學也蓋怫然而怒憤然而不平以為吾夫子之學則若是其簡易廣大也吾夫子之言則若是其真切著明也吾夫子之心則若是其仁恕公普也夫子憫人心之陷溺若己之墮於淵壑也冒天下之非笑詆詈而日諄諄焉亦豈何求於世乎而世之人曾不覺其為心而相嫉媢詆毀之若是若是而吾尚可與之並立乎已矣吾將從夫子而長往於深山窮谷耳不與之相聞而目不與之相見斯已矣故遂浩然而歸歸途無所事事始復專心致志沈潛於吾夫子致知之訓心平氣和而良知自發然後黯然而不樂曰嘻吁乎吾過矣士曰然則子之為是也果尚有所不可歟汝佩曰非是之謂也吾之為是也亦未不可而所以為是者則有所不可也吾語子始吾未見夫子也則聞夫子之學而亦嘗非笑之矣詆毀之矣及見夫子親聞良知之誨恍然而大寤醒油然而生意融始自痛悔切責吾不及夫子之門則幾死矣今雖知之甚深而未能實諸己也信之甚篤而未能孚諸人也則猶未免於身謗者也而遽爾責人若是之峻且彼蓋未

嘗親承吾夫子之訓也使得親承焉又焉知今之非笑詆毀者異日不如我之痛悔切責乎不如我之深知而篤信乎何忘己之困而責人之速也夫子冒天下之非笑詆毀而日諄諄然惟恐人之不入於善而我則反之其間不能以寸矣夫子之黯然而不樂也蓋所以愛珊之至而憂珊之深也雖然夫子之心則又廣矣大矣微矣幾矣不覩不聞之中吾豈能盡以語子也汝佩見備以其所以告於士者爲問予頷之而弗答默然者久之汝佩悚然若有省也明日以此卷入請曰昨承夫子不言之教珊傾耳而聽若震驚百里粗心浮氣一時俱喪矣請遂書之

題夢槎奇遊詩卷　乙酉

君子之學求盡吾心焉爾故其事親也求盡吾心之孝而非以爲孝也事君也求盡吾心之忠而非以爲忠也是故夙興夜寐非以爲勤也剸繁理劇非以爲能也嫉邪祛蠹非以爲剛也規切諫諍非以爲直也臨難死義非以爲節也吾心有不盡焉是謂自欺其心心盡而後吾之心始自以爲快也惟夫求以自快

吾心故凡富貴貧賤憂戚患難之來莫非吾所以致知求快之地苟富貴貧賤
憂戚患難而莫非吾致知求快之地則亦寧有所謂富貴貧賤憂戚患難者足
以動其中哉世之人徒知君子之於富貴貧賤憂戚患難無入而不自得也而
皆以爲獨能人之所不可及不知君子之求以自快其心而已矣林君汝桓之
名吾聞之蓋久然皆以爲聰明特達者也文章氣節者也今年夏聞君以直言
被謫果信其爲文章氣節者矣又踰月君取道錢塘則以書來道其相愛念之
厚病不能一往爲恨且惓惓以聞道爲急問學爲事嗚呼君蓋知學者也志於
道德者也寧可專以文章氣節稱之已而郡守南君元善示予以蓼槎奇遊卷
蓋京師士友贈之南行者予讀之終篇嘆曰君知學者也志於道德者也則將
以求自快其心者也則其奔走於郡縣之末也猶其從容於部署之間也則將
地官郎之議國事未嘗以爲抗而徐聞丞之親民務未嘗以爲瑣也則蓼槎未
嘗以爲異而南遊未嘗以爲奇也君子樂道人之善則張大而從諛之是固贈
行者之心乎予亦以病不及與君一面感君好學之篤因論君子之所以爲學

者以爲君贈

爲善最樂文　丁亥

君子樂得其道小人樂得其欲然小人之得其欲也吾亦但見其苦而已耳五色令人目盲五聲令人耳聾五味令人口爽馳騁田獵令人心發狂營營戚戚憂患終身心勞而日拙欲縱惡積以亡其生烏在其爲樂也乎若夫君子之爲善則仰不愧俯不怍明無人非幽無鬼責優優蕩蕩心逸日休宗族稱其孝鄉黨稱其弟言而人莫不信行而人莫不悅所謂無入而不自得也亦何樂如之妻弟諸用明積德勵善有可用之才而不求仕人曰子獨不樂仕乎用明曰爲善最樂也因以四字扁其退居之軒率二子偕陽日與鄉之俊彥讀書講學於其中已而二子學日有成登賢薦秀鄉人嘖嘖皆曰此亦爲善最樂之效矣用明笑曰爲善之樂大行不加窮居不損豈顧於得失榮辱之閒而論之聞者心服僕夫治圃得一鏡以獻於用明刮土而視之背亦適有爲善最樂四字坐客嘆異皆曰此用明爲善之符誠若亦不偶然者也相與詠其事而來請於予以

書之用以訓其子孫以勗夫鄉之後進

客坐私祝　丁亥

但願温恭直諒之友來此講學論道示以孝友謙和之行德業相勸過失相規以教訓我子弟使毋陷於非僻不願狂懆惰慢之徒來此博弈飲酒長傲飾非導以驕奢淫蕩之事誘以貪財黷貨之謀冥頑無恥扇惑鼓動以益我子弟之不肖嗚呼由前之說是謂良士由後之說是謂凶人我子弟苟遠良士而近凶人是謂逆子戒之戒之嘉靖丁亥八月將有兩廣之行書此以戒我子弟幷以告夫士友之辱臨於斯者請一覽教之

外集七 墓誌銘 墓表 墓碑 傳 碑贊 箴 祭文

易直先生墓誌 壬戌

易直先生卒鄉之人相與哀思不已從而纂述其行以誄之曰嗚呼先生之道諒易平直內篤於孝友外孚於忠實不戚戚於窮不欣欣於得翦徹厓幅於物無牴于于施施率意任真而亦不干於禮藝學積行將施于邦六舉於鄉竟弗一獲以死嗚呼傷哉自先生之沒鄉之子弟無所式爲善者無所倚談經究道者莫與考論含章祕迹林棲而澤遁者莫與遨遊以處天胡奪吾先生之速耶先生姓王名袞字德章古者賢士死則有以易其號今先生沒且三年而猶襲其常稱其謂鄉人何盍相與私諡之曰易直於是先生之姪守仁聞而泣曰叔父有善吾子姪弗能紀述而以辱吾之鄉老亦奚爲於子姪請得誌諸墓嗚呼吾宗江左以來世不乏賢自吾祖竹軒府君以上凡積德累仁者數世而始發於吾父龍山先生叔父生而勤修砥礪能協成吾父之志人謂相繼而興以昌

王氏者必在叔父而又竟止於此天意果安在哉叔母葉孺人先叔父十有三年卒生二子守禮守信繼孺人方氏生一子守恭叔父之生以正統己巳十月戊午得壽四十有九而以弘治戊午之八月廿三卒卒之歲太夫人岑氏方就養於京泣曰須吾歸視其柩於是壬戌正月太夫人自京歸始克以十月甲子葬叔父於邑東穴湖山之陽南去竹軒府君之墓十武而近去葉孺人之墓十武而遙未合葬蓋有所俟也

陳處士墓誌銘 癸亥

處士諱泰字思易父剛祖仲彰曾祖勝一世居山陰之錢清剛戍遼左娶馬氏生處士正統甲子處士生十二年矣始從其父自遼來歸當是時陳雖巨族然已三世外戍基業凋廢殆盡處士歸與其弟耕於清江之上數年遂復其故處士狷介純篤處其鄉族親黨無內外少長戚踈朴直無委曲又好面折人過不以毛髮假借不爲斬險刻削故其生也人爭信憚其死也莫不哀思之處士於書史僅涉獵不專於文敦典崇禮務在躬行郡中名流以百數皆雕繪藻飾爚

熠以買聲譽然稱隱逸之良必於處士皆以爲有先太丘之風焉弘治癸亥正
月庚寅以疾卒年七十二九月己丑其子琢卜葬于郡西之迴龍山初處士與
同郡羅周管士弘朱張弟涎友以善交稱成化閒涎以歲貢至京某時爲童子
聞涎道處士心竊慕之至是歸求其廬則既死矣涎姪孫節與予遊以世交之
誼爲處士請銘且曰先生於處士心與之久矣卽爲之銘亦延陵掛劍之意耶
予曰諾明日與琢以狀來請惟陳氏世有顯聞剛之代父戍遼也甫年十四主
帥壯其爲人召與語大說遂留參幙下累立戰功出奇計當封賞輒爲當事者
沮抑竟死牖下處士亦狀貌魁岸幼習邊機論議根核的然可施於用性孝友
屬其家多難收養其弟姪之孤掇拾扶持不忍舍去遂終其身琢亦能詩有行
次子玠三孫倈衝役皆向於學夫屢抑其進其後將必有昌者銘曰嗟惟處士
敦朴厚堅猶玉在璞其輝熠然秉義揭仁鄉之司直邈矣太丘其孫孔式胡溘
而逝其人則亡德音孔邇鄉人相告毋或而弛無寧處士愧其孫子迴龍之岡
其鬱有蒼毋爾芻伐處士所藏

平樂同知尹公墓誌銘 癸亥

尹自春秋爲著姓降及漢唐代不乏賢至宋而太常博士源中書舍人洙及其孫焞皆以道學爲世名儒其後有爲點檢者自洛徙越之山陰迨公七世矣公父達祖性中曾祖齊賢皆有聞於鄉公生十八年選爲郡庠弟子以詩學知名遠近從之遊者數十往往取高第躋顯級而公乃七試有司不偶天順年 詔求遺才可經濟大用者於是有司以公應 詔而公亦適當貢遂卒業大學成化某甲子授廣西南寧通判時郡中久苦猺患方議發兵人情洶洶公至請守得緩旬日稍圖之乃單騎入猺峒呼酋長與語諸酋倉卒不暇集謀相與就公問所由來公曰斯行爲爾曹乞生無他疑也因爲具陳禍福言辯爽慨諸酋感動顧謂其黨曰何如皆曰願從使君言遂相率羅拜定約而出尋督諸軍討木頭等峒皆捷大臣交章薦公可大用庚子擢同知平樂府事平樂地皆蔪山亙壑猺憑險出沒深翳非時剽掠居民如處穽中動慮機觸不敢輕往來農末俱廢聞公至喜曰南寧尹使君來吾無恐耳已居月餘公從士著間行巖谷盡得

其形勢縱火悉焚林薄徭失藉潰散公因盡築城堡要害據守徭來無所匿從高巔遠覘嘆息踟躕而去蓋自是平樂遂爲安土居三年屢以老請輒爲民所留弘治改元以慶賀赴京師力求致仕以歸家居十四年乃卒得壽若干公性孝友淳篤自其貧賤時卽委產三弟拾取其遺少壯衰老雖盛暑急遽未嘗見其不以衹服與物熙然無牴至其蒞官當事奮毅敢直析法繩理勢悍無所撓避庶幾古長者而今亡矣先後娶陳氏朱氏殷氏子騏孫公貴公榮卒之又明年癸亥將葬騏以幣狀來姚請銘某幼去其鄉聞公之爲人恨未嘗從之遊銘固不辭也公諱浦字文淵葬在郡東保山合殷氏之兆銘曰赫赫尹氏望於宗周源洙比頹焞暢厥休自洛徂越公啓其閫君子之澤十世未斬篤敬忠信蠻貊以行一言之烈雄於九軍豈惟威儀式其黨里豈惟友睦篤其昆弟彼保之陽維石巖巖尹公之墓今人所瞻

徐昌國墓誌 辛未

正德辛未三月丙寅太學博士徐昌國卒年三十三士夫聞而哭之者皆曰嗚

呼是何促也或曰孔門七十子顏子最好學而其年獨不永亦三十二而亡說者謂顏子好學精力瘁焉夫顏雖既竭吾才然終日如愚不改其樂也此與世之謀聲利苦心焦勞患得患失逐逐終其身耗勞其神氣奚啻百倍而皆老死黃馘此何以辯哉天於美質何生之甚寡而壞之特速也夫鼪鼯以夜出涼風至而玄鳥逝豈非凡物之盛衰以時乎夫嘉苗難植而易槁芝榮不踰旬蔓草蕹而益繁鴟梟虺蝮遍天下而麟鳳之出閱世一覩焉商周以降清淑日澆而濁穢薰積天地之氣則有然矣於昌國何疑焉始昌國與李夢陽何景明數子友相與砥礪於辭章既殫力精思傑然有立矣一旦諷道書若有所得歎曰弊精於無益而忘其軀之斃也可謂知乎巧辭以希俗而捐其親之遺也可謂仁乎於是習養生有道士自西南來昌國與語悅之遂究心玄虛益與世泊自謂長生可必至正德庚午冬陽明王守仁至京師守仁故善數子而亦嘗沒溺於僊釋昌國喜馳往省與論攝形化氣之術當是時增城湛元明在坐與昌國言不協意沮去異日復來論如初守仁笑而不應因留宿曰吾授異人五金八石

之祕服之沖舉可得也子且謂何守仁復笑而不應迺曰吾黷黜吾昔而游心高玄塞兌斂華而靈株是固斯亦去之競競於世遠矣而子猶余拒然何也守仁復笑而不應於是默然者久之曰子以予爲非耶抑又有所祕耶夫居有者不足以超無踐器者非所以融道吾將去知故而宅於埃壒之表子其語我乎守仁曰謂吾爲有祕道固無形也謂吾謂子非子未吾是也雖然試言之夫去有以超無無將奚超矣外器以融道道器爲偶矣而固未嘗超乎而固未嘗融乎夫盈虛消息皆命也纖巨內外皆性也隱微寂感皆心也存心盡性順夫命而已矣而奚所趨舍於其間乎昌國首肯良久曰沖舉有諸守仁曰盡鳶之性者可以沖於天矣盡魚之性者可以泳於川矣曰然則有之曰盡人之性者可以知化育矣昌國俛而思蹶然而起曰命之矣吾且爲萌甲吾且爲流澌子其煦然屬我以陽春哉數日復來謝曰道果在是而奚以外求吾不遇子幾亡人矣然吾疾且作懼不足以致遠則何如守仁曰悖乎曰生寄也死歸也何悖津津然既有志於斯已而不見者踰月忽有人來訃昌國逝矣王湛二子馳往哭

盡哀因商其家事其長子伯虬言昌國垂歿整衽端坐託徐子容以後事子容泣昌國笑曰常事耳謂伯虬曰墓銘其請諸陽明氣益微以指畫伯虬掌作冥冥漠漠四字餘遂不可辯而神氣不亂嗚呼吾未竟吾說以時昌國之及而昌國乃止於是吾則有憾焉臨歿之託又可負之昌國名禎卿世姑蘇人始舉進士爲大理評事不能其職於是以親老求改便地爲養當事者目爲好異抑之已而降爲五經博士故雖爲京官數年卒不獲封其親以爲憾所著有談藝錄古今詩文若干首然皆非其至者昌國之學凡三變而卒乃有志於道墓在虎丘西麓銘曰惜也昌國吾見其進未見其至早攻聲詞中迺謝棄脫淖垢濁修形鍊氣守靜致虛恍若有際道幾朝聞遐夕先逝不足者命有餘者志璞之未琢豈方頑礪隱埋山澤有虹其氣後千百年曷考斯誌

淩孺人楊氏墓誌銘　乙亥

古之葬者不封不樹葬之有銘非古矣然必其賢者也然世之皆有銘也亦非古矣而婦人不特銘婦人之特銘也則又非古矣然必其賢者也賢而銘雖婦

人其可哉是故非其人而銘之君子不與也銘之而非其實君子不爲也吾於銘人之墓也未嘗敢以易至於婦人而加審焉必有其證矣淩孺人楊氏之銘也曷證哉證於其夫之狀證於其子之言證於其鄉人之所傳其賢者也孺人之夫爲封監察御史淩公石巖諱雲者也石巖之狀謂孺人爲通懷遠將軍之曾孫女茂年十八而來歸姑舅愛之族黨稱之鄉閭則之不悉數其行則賢可知矣子僉憲相與同年賢也地官員外郎楷又賢也孺人之慈訓存焉相嘗爲予言孺人之賢十餘年矣與今石巖之狀同也吾鄉之士遊業於通者以十數稱通之巨族以淩氏爲最淩氏之賢以石巖爲最則因及於孺人之內助其所稱舉與今之狀又同也夫夫或溺譽焉子或溢羨焉吾鄉人之言不要而實契斯又何疑矣孺人之生以正統丁卯十二月九日卒於正德癸酉十一月九日壽蓋六十七男四長即相次棋早卒次即楷次栻女二孫男八女三曾孫男一女一相將以乙亥正月內丙寅附葬孺人於祖塋之左而格於其次迺以石巖之狀來請銘且問葬合葬非古也周公以來未之有改也先孺人附於祖塋之

左昭也家君百歲後將合焉葬左則疑於陽虛右則疑於陰若之何則可予曰附也則祖爲之尊左陽右陰也陽兼陰而主變者也陰從陽而主常者也陽在左則居左而在右則居右陰在左則從左而在右則從右其虛右而從左乎於是孺人之葬虛右而從左銘曰孺人之賢予豈究知知予若夫鄉議是符如彼作室則觀其陽彼昏懵懵謂予盡誣狠山之西祖塋是依左藏右虛孺人之居

文橘菴墓誌　乙亥

高吾之丘兮胡然其歸歸兮鄉人所培兮高吾之木兮胡然其隤隤兮鄉人所植兮高吾之行兮胡然其砥砥兮鄉人所履兮陽明子曰嗚呼茲橘菴文子之墓耶冀元亨曰昔陽明子自貴移廬陵道出辰常間遇文子於武陵溪上與之語三夕而不輟旬有五日而未能去門人問曰夫子何意之深耶陽明子曰人也朴而理直而虛篤學審問比耄而不衰吾聞其蒞官矣執而恕惠而節其張叔之儔歟吾聞其居鄉矣勵行飭己不言而俗化其太丘之儔歟嗚呼於今時爲難得也矣別以其墓銘屬陽明子心許之而不諾門人曰文子之是請也殆

猶未達歟陽明子曰達也曰達何以不諾也曰古之葬者不封不樹銘非古也後世則有銘旣葬而後具豫不可也曰然則惡在其爲達矣曰死生之變大而若人晝夜視之不以諱非達歟蓋晉之末有陶潛者嘗自誌其墓文子旣歿其子棐棠東集栻葬之高吾之原陽明子乃掇其所狀而爲之銘文子名澍字汝霖號橘菴舉進士歷官刑部郎中出爲重慶守已而忤時貴改思州遂謝病去文子之先爲南昌人曾祖均玉始避地桃源門人有閔廷圭者爲之行狀甚悉

登仕郎馬文重墓誌銘　丙子

沛漢臺里有馬翁者長身而多知涉書史少喜談兵交四方之賢指畫山川道里弛張闔闢自謂功業可掉臂取嘗登芒碭山左右眺望嘻吁慷慨時人莫測也中年從縣司辟爲掾已得選忽不愜復遂棄去授登仕郎歸與家人力耕致饒富輒以散其族黨鄉鄰葬死恤孤賑水旱修橋梁惟恐有閒旣老乃益循飭邑人望而尊之以爲大賓焉年八十六正德丙子四月三日無疾而卒長子思仁時爲鴻臚司儀署丞勤而有禮予旣素愛之至是聞父喪慟毀幾絕以狀來

請予銘又哀而力遂不能辭按狀翁名珍字文重父某祖某曾祖某皆有隱德子男若干人女若干人以是年某月某日葬祖塋之側爲之銘曰豐沛之間自昔多魁若漢之蕭曹使不遇高祖乘風雲之會固將老終其身於刀筆之間世之懷奇不偶無以自見於時名湮沒而不著者何可勝數若翁者亦其人非耶然考其爲迹亦異矣嗚呼千里之足困於伏櫪連城之珍或混瓦礫不琢其章於璧何傷不駕以驥奚損於良嗚呼馬翁兹焉允臧

明封刑部主事浩齋陸君墓碑誌　丙子

封君之葬也子澄毀甚失明病不能事事以問於陽明子曰吾湖俗之葬也咸竭貲以盛賓主至於毀家不則以爲儉其親也不肖孤則何費之敢靳大懼疾之不任遂底於顛殞以重其不孝敢請己之如何陽明子曰不亦善乎棺椁衣衾之得爲也者君子不以儉其親徇湖俗之所尚是以其親遂非而導後也又況以殆其遺體乎吾子已之旣葬而以禮告人豈有非之者將湖俗之變必自吾子始矣一舉而三善吾子其已之旣而復以誌墓之文請陽明子辭之不得

則謂之曰誌墓非古也古之葬者不封不樹孔子之葬其親也自以爲東西南北之人不可以無識也而封之崇四尺其於季札之葬則爲之識曰有吳延陵季子之墓後之誌者若是焉可矣而內以誣其親外以誣於人是故君子恥之吾子志於賢聖之學苟卒爲賢聖之歸是使其親爲賢聖者之父也誌孰大焉吾子曷已之封君之存也嘗以其田二頃給吾黨之貧者以資學是於斯文爲有襄也而又重以吾子之好無已則如夫子之於札也乎因爲之題其識墓之石曰　皇明封刑部主事浩齋陸君之墓而書其事於石之陰君諱璩字文華湖之歸安人墓在樊澤子澄舉進士方爲刑部員外郎澄之兄曰津

諡襄惠兩峯洪公墓誌銘

特進光祿大夫柱國太子太保刑部尚書兼都察院左都御史致仕洪公以嘉靖二年四月十九日薨時年八十有一矣訃聞　天子遣官九諭祭錫諡襄惠賜葬錢塘東穆塢之原其嗣子澄將以明年乙酉月日舉葬事以幣以狀來請銘維洪氏世顯於鄱陽自宋太師忠宣公皓始賜第於錢塘西湖之葛嶺三

子景伯景嚴景盧皆以名德相承遂爲錢塘望族八世祖諱其二仕宋爲浙東安撫使元與避地上虞曾祖諱榮甫祖諱有恆迨　皇朝建國迺復還家錢塘有恆初名洪武昌忌者上書言其名犯年號　高皇帝親錄之曰此朕與之兆耳　御書有恆易之父諱薪徽州街口批驗所大使自曾祖以下皆以公貴贈太子太保刑部尚書妣皆贈一品夫人公諱鐘字宣之自幼岐嶷不凡成化戊子年二十六以易領鄉薦乙未舉進士授官刑部主事諳習憲典時相繼爲大司寇者皆耆德宿望咸器重禮信之委總諸司章奏疑讞大獄取裁於公聲聞驟起庚子陞員外郎仍領諸司事癸卯丁内艱丙午起復陞郎中尋慮囚山西乙巳江西福建流賊甫定公承　命往審處之歸言福建之武平上杭清流永定江西之安遠龍南廣東之程鄉皆流移混雜習於鬬爭以武力相尚是以易鬬而亂譬若羣豺虎而激怒之欲其無相攫噬難矣宜及其平時令有司多立社學以訓誨其子弟銷其兵器易之以詩書禮讓庶幾潛化其奸宄時以爲知本之論弘治己酉陞江西按察副使癸丑陞四川按察使所在發奸擿伏

無所撓避而聽決如流庭無宿訟由是横豪屏息自土官宣慰使皆懍懍奉約
東安氏世有馬湖特力驕僭爲地方患公從容畫策去之請吏于　朝遂以帖
定丙辰入　覲陞江西右布政使丁巳轉福建左布政使著績兩省戊午陞都
察院右副都御史巡撫順天等府兼整飭薊州諸邊備時朶顏虜勢日猖獗公
以邊備積弛乃建議增築邊墻自山海關界嶺口西北至密雲古北口黄花鎮
直抵居庸延亘千餘里繕復城堡三百七十悉城沿邊諸縣官無浪費而民不
知勞自是緩急有賴又奏減防秋官兵六千人歲省輓輸犒賞之費以數萬創
建浮橋於通州以利病涉毀永平陶窰以息軍民横役之苦奪民産及牧圉草
場之入於權貴者而悉還之遠近大悦名稱籍甚然權貴人之扼勢失利者數
短公於　上遂改雲南巡撫再改貴州頃之　召還督理漕運兼巡撫鳳陽諸
處正德丁卯陞右都御史仍董漕政戊辰　命掌南京都察院事尋陞南京刑
部尚書己巳改北京工部復改刑部兼都察院左都御史加太子少保　賜玉
帶庚午　特命出總川陝湖河四省軍務時沔陽洞庭水寇丘仁楊清等攻掠

城邑其鋒甚銳官軍屢失利公至以計擒滅之藍五起蜀與鄢老人等聚衆往來寇暴川陝閭遠近騷動公跋歷險阻深入賊巢運謀設奇躬冒矢石前後斬獲招降以十數萬擒其渠酋二十八人露布以聞土官楊友楊愛相仇激爲變衆至三萬餘流劫重慶保寧諸州縣公隨調兵勦平之復其故業　朝廷七降敕獎勵　賜白金麒麟服進太子太保公辭不獲則引年懇疏乞歸章七上始允之　聖諭優獎　賜馳驛還仍進光祿大夫錄其孫一人入胄監公既歸築兩峯書院於西湖之上自號兩峯居士日與朋舊倘佯詩酒以爲樂如是者十有一年嘉靖改元之壬午朝廷念公壽耇　詔進公階特進光祿大夫柱國賜玄纁羊酒遣有司勞問士夫之議者咸以公　先朝之老抱負經濟年雖耆邁而精力未衰優之廊廟足倚以爲重思復起公於家而公已不可作矣公元娶鄭氏累　贈一品夫人繼周氏徐氏又繼魏氏南京吏部尚書文靖公之女女卒贈一品夫人二子魏出長澄鄉進士才識英敏方向於用次濤廕授南京都察院都事先卒女二側出長適漕運參將張奎次適國子生李綦孫男四梗

楠橋檀女七墓合魏夫人之兆銘曰桓桓襄惠嶷然人傑自其始仕聲聞已揭于臬于藩蓋弘以騫略于西陲實屏實垣旣荒南服圻漕是督亟　命于南亟召于北司空司寇邦憲是肅　帝曰司寇爾總予師寇賊奸宄維爾予治旣狻旣遏豕鬣狐逸曁其成功卒以老乞　天子曰俞可長爾劬西湖之湄徉徉于于聖化維新聿懷舊臣公已不作維時之屯　天子曰咨謚錫有隮哀榮終始其疇則如穆塢之原有鬱其阡詩此貞石垂千萬年

贈翰林院編修湛公墓表　壬申

嗚呼聖學晦而中行之士鮮矣世方弇阿爲工方特爲厲紛縱倒置孰定是非之歸哉蓋公治長在縲絏之中仲尼明非其罪匡章通國稱不孝孟子辯之夫然後在所禮貌焉剛狷振礪之士獨行違俗爲世所媢嫉卒以傾廢踣墮又浼以非其罪者可勝道哉予讀怡菴誌而悲之怡菴湛公英者廣之增城人介直方嚴刻行砥俗鄉之善良咸服信取則倚以扶弱禦侮然不辭色少貸人面斥人過惡至無所容狡獪之徒動見嫉拂嫉視如讎聚謀必覆公於惡毋使抗吾

爲公直行其心不顧竟爲所搆誣憤發病以死公既死其徒惡益行鄉之人遂皆謂湛公行義顧報戾其施而惡者自若吾儕何以善爲後十餘年爲奸者貫盈翦滅浸盡而公子若水求濂洛之學爲世名儒舉進士官國史編修推原尋繹公德益用表著　朝廷贈官如子日顯赫蝀耀鄉人相與追嗟慕嘆爲善之報何如向特未定耳嗚呼古有狷介特行之士直志犯衆惡之死靡悔湛公殆其人非邪向使得志立朝當大節其肯俛首爲奸人僕役呴濡喘息以蘄緩須臾死其不能矣夫脂韋佞悅亦何能緩急有毫毛之賴爲國者當何取哉予悲斯人之不遇而因重有所感也昔者君子顯微闡幽以明世警瞶信暴者無庸揚矣彼衺然就抑蒙溷垢而弗雪其可以無表而出之

節菴方公墓表　乙酉

蘇之崑山有節菴方翁麟者始爲士業舉子已而棄去從其妻家朱氏居朱故業商其友曰子乃去士而從商乎翁笑曰子烏知士之不爲商而商之不爲士乎其妻家勸之從事遂爲郡從事其友曰子又去士而從從事乎翁笑曰子又

烏知士之不爲從事而從事之不爲士乎居久之嘆曰吾憤世之碌碌者刀錐利祿而屑爲此以矯俗振頽乃今果不能爲益也又復棄去會歲歉盡出其所有以賑饑乏　朝廷義其所爲榮之冠服後復遥授建寧州吏目翁視之蕭然若無與與其配朱竭力農耕植其家以士業授二子鵬鳳皆舉進士歷官方面翁既老日與其鄉士爲詩酒會鄉人多能道其平生皆磊落可異顧太史九和云吾嘗見翁與其二子書亹亹皆忠孝節義之言出於流俗類古之知道者陽明子曰古者四民異業而同道其盡心焉一也士以修治農以具養工以利器商以通貨各就其資之所近力之所及者而業焉以求盡其心其歸要在於有益於生人之道則一而已士農以其盡心於修治具養者而利器通貨猶其士與農也工商以其盡心於利器通貨者而修治具養猶其工與商也故曰四民異業而同道蓋昔舜敘九官首稷而次契垂工益虞先於夔龍商周之代伊尹耕於莘野傅說板築於巖膠鬲舉於魚鹽呂望釣於磻渭百里奚處於市孔子爲乘田委吏其諸儀封晨門荷蕢斲輪之徒皆古之仁聖英賢高潔不羣之士

書傳所稱可考而信也自王道熄而學術乖人失其心交騖於利以相驅軼於是始有歆士而卑農榮宦遊而恥工賈夷考其實射時罔利有甚焉特異其名耳極其所趨駕浮辭詭辯以誣世惑衆比之具養器貨之益罪浮而實反不逮吾觀方翁士商從事之喻隱然有當於古四民之義若有激而云者嗚呼斯義之亡也久矣翁殆有所聞歟抑其天質之美而默有契也吾於是而重有所感焉吾嘗獲交於翁二子皆頹然敦古道敏志於學其居官臨民務在濟世及物求盡其心吾以是得其源流故爲之論著之云耳翁既歿葬於邑西馬鞍山之麓配朱孺人有賢行合葬焉鄉人爲表其墓曰明贈禮部主事節菴方公之墓嗚呼若公者其亦可表也矣

湛賢母陳太孺人墓碑　甲戌

湛子之母卒於京師葬於增城陽明子迎而弔諸龍江之滸已湛子泣曰若水之辱於吾子蓋人莫不聞吾母歿而子無一言人將以病子陽明子曰名者爲之銘矣表者爲之表矣某何言雖然良亦無以紓吾情吾聞太孺人之生七十

有九其在孀居者餘四十年端靖嚴潔如一日既老雖其至親卑幼之請謁見之未嘗踰閾也不亦貞乎績麻舂粱教其子以顯嘗使從白沙之門曰寧學聖人而未至也不亦知乎恤其庶姑與其庶叔化厲爲順撫孤與女愛不違訓不亦慈乎已膺封錫祿養備至而縞衣疏食不改其初不亦儉乎貞知慈儉老而彌堅不亦賢乎請著其石曰湛賢母之墓湛子拜泣而受之既行人曰湛母之賢信矣若湛子之賢則吾猶有疑焉湛子始以其母之老不試者十有三年是也復出而取上第爲美官則何居母亦老矣又去其鄉而迎養既歸復往卒於旅則何居陽明子曰是烏足以疑湛子矣夫湛子純孝人也事親以老於畎畝其志也其出而仕母命之也其迎之也母欲之也既歸則復往母泣而強之也是能無從乎無大拂於義將東西南北之惟命彼湛子者亦豈以人之譽毀於外者以易其愛親之誠乎曰湛子而是則湛母非歟曰烏足以非湛母矣夫湛父之早世也屬其子曰必以顯吾世故命之出者行其夫之志也就之養者安其子之心也強之往者勉其子之忠以卒其夫之願也昔者孟母斷機以勵其

子蓋不歸者幾年君子不以孟子爲失養孟母爲非訓今湛母之心亦若此而湛子又未嘗違乎養也故湛母賢母也湛子孝子也然猶不免於世惑吾雖欲無言也可得乎

程守夫墓碑 甲申

吾友程守夫以弘治丁巳之春卒於京去今嘉靖甲申二十有八年矣嗚呼朋友之墓有宿草則勿哭而吾於君尚不能無潸然也君之父味道公與家君爲同年進士相知甚厚故吾與君有通家之誼弘治壬子又同舉與鄉已而又同卒業於北雍密邇居者四年有餘凡風雪之晨花月之夕山水郊園之遊無不與共蓋爲時甚久而爲迹甚密也而未嘗見君有憤詞忤色情日益篤禮日以恭其在家庭雍雍于于內外無間交海內之士無貴賤少長咸敬而愛之雖粗鄙暴悍遇君未有不薰然而心醉者當是時予方馳騖於舉業詞章以相矜高爲事雖知愛重君而尚未知其天資之難得也其後君既歿予亦入仕往往以粗浮之氣得罪於人稍知創艾始思君爲不可及尋謫貴陽獨居幽寂窮苦之

鄉困心衡慮乃從事於性情之學方自苦其勝心之難克而客氣之易動又見夫世之學者率多媢嫉險隘不能去其有我之私以共明天下之學成天下之務皆起於勝心客氣之爲患也於是愈益思君之美質蓋天然近道者惜乎當時莫有以聖賢之學啓之有啓之者其油然順道將如決水之赴壑矣嗚呼惜哉乃今稍見端緒有足以啓君者而君已不可作也已君之子國子生烓致君臨沒之言欲予與林君利瞻爲之表誌林君旣爲之表而君之葬已久誌已無所及則爲書其墓之碑聊以識吾之哀思夫君者不徒嬉遊征逐之好而已君諱文楷世居嚴之淳安其詳已具於墓表

太傅王文恪公傳　丁亥

公諱鏊字濟之王氏其先自汴扈宋南渡諱百八者始居吳之洞庭山曾祖伯英祖惟道考光化知縣朝用皆　贈光祿大夫柱國少傅兼太子太傅戶部尚書武英殿大學士妣三代皆一品夫人公自幼穎悟不凡十六隨父讀書太學太學諸生爭傳誦其文一時先達名流咸屈年行求爲友侍郎葉文莊提學御

史陳士賢咸有重望于時見而奇之曰天下士於是名聲動遠邇成化甲午應
天鄉試第一主司異其文曰蘇子瞻之流也錄其論策不易一字乙未會試復
第一入奉　廷對衆望翕然執政忌其文乃置一甲第三時論以爲屈授翰林
編修閉門力學避遠權勢若將浼焉九載陞侍講　憲廟實錄成陞右諭德尋
薦爲侍講學士兼日講官每進講至天理人欲之辯君子小人之用舍必反覆
規諭務盡啓沃方春　上遊後苑左右諫不聽公講文王不敢盤于遊田　上
爲罷遊講罷常召所幸廣戒之曰今日講官所指殆爲若等好爲之時　東宮
將出閣大臣請選正人以端國本首薦用公以本官兼諭德尋陞少詹事兼侍
講學士既而吏部闕侍郎又遂以爲吏部時北虜入寇公上籌邊八事雖忤權
倖而卒多施行公輔之望日隆於是災異內閣謝公引咎求退遂舉公以自代
　武宗在亮闇內侍八人荒遊亂政臺諫交章中外洶洶公協韓司徒率文武
大臣伏闕以請上大驚怒有旨召公等至左順門中官傳諭甚厲衆相視莫敢
發言公曰八人不去亂本不除天下何由而治議論侃侃韓亦危言繼之中官

語塞一時國論倚以爲重然自是八人者竟分布要路瑾入柄司禮而韓公遂逐內閣劉謝二公亦去矣　詔補內閣缺瑾意欲引冢宰焦衆議推公瑾雖中忌而外難公論遂與焦俱入閣瑾方威鉗士類按索微瑕輒枷械之幾死者累累公亟言於瑾曰士大夫可殺不可辱今既辱之又殺之吾尙何顏於此由是類從寬釋瑾啣韓不已必欲置之死無敢言者又欲以他事中內閣劉謝二公前後力救之乃皆得免大司馬華容劉公以瑾舊怨逮至京將坐以激變土官岑氏罪死公曰岑氏未叛何名爲激變乎劉得減死戍惡石淙楊公於瑾謂其築邊太費屢以爲言公曰楊有高才重望爲國修邊乃可以功爲罪乎瑾議焚廢后吳氏之喪以滅迹曰不可以成服公曰服可以不成葬不可以苟景泰汪妃薨疑其禮公曰妃廢不以罪宜復其故號葬以妃祭以后皆從之當是時瑾權傾中外雖意不在公然見公開誠與言初亦聞聽及焦專事媕阿議彌不協而瑾驕悖日甚毒流縉紳公遏之不能得居常戚然瑾曰王先生居高位何自苦乃爾耶公曰求去瑾意愈咈衆虞禍且不測公曰吾義當去不去乃禍耳瑾

使伺公無所得且聞交贊亦絶乃笑曰過矣於是懇疏三上許之賜璽書乘傳
歲夫月米以歸時方危公之求去咸以爲異數云公既歸吳屏謝紛囂翛然山
水之間究心理性尙友千古至其與人淸而不絶於俗和而不淆於時無貴賤
少長咸敬慕悅服有所與起平生嗜欲澹然吳中士夫所好尙珍賞觀遊之具
一無所入惟喜文辭翰墨之事至是亦皆脫落雕繪出之自然中年嘗作明理
克己二箴以進德砥行及充養既久晚益純明凡有著述必有所發其論性善
云欲知性之善乎盍反而內觀乎寂然不動之中而有至虛至靈者存焉湛兮
其非有也窅兮其非無也不墮於中邊不雜於聲臭當是時也善且未形而惡
有所謂惡者哉惡有所謂善惡混者哉惡有所謂三品者哉性其猶鑑乎鑑者
善應而不留物來則應物去則空鑑何有焉性惟虛也惟靈也惡安從生其生
於蔽乎氣質者性之所寓也亦性之所由蔽也氣質異而性隨之譬之珠焉硲
於澄淵則明硲於濁水則昏硲於污穢則穢澄淵上智也濁水凡庶也污穢下
愚也天地間腷塞充滿皆氣也氣之靈皆性也人得氣以生而靈隨之譬之月

在天物各隨其分而受之江湖淮海此月也池沼此月也溝渠此月也坑塹亦此月也豈必物物而授之心者月之魄也性者月之光也情者光之發於物者也其所論造後儒多未之及居閒十餘年海內士夫交章論薦不輟及　今上即位始遣官優禮歲時存問將復起公而公已沒時嘉靖三年三月十一日壽七十五矣贈太傅諡文恪祭葬有加禮四子延喆中書舍人延素南京中軍都督府都事延陵郡學生延昭尚幼皆彬彬世其家　史臣曰世所謂完人若震澤先生王公者非邪內裕倫常無俯仰之憾外際明良極祿位聲光之顯自爲童子至於耆耋自　廟朝下逮閭巷至於偏隅或師其文學或慕其節行或仰其德業隨所見異其稱莫或有瑕疵之者所謂壽福康寧攸好德而考終命公殆無媿爾矣無錫邵尚書國賢與公壻徐學士子容皆文名冠一時其稱公之文規模昌黎以及秦漢純而不流于弱奇而不涉于怪雄偉俊潔體裁截然振起一代之衰得法於孟子論辯多古人未發詩蕭散清逸有王岑風格書法清勁自成得晉唐筆意天下皆以爲知言陽明子曰王公所深造世或未之能盡

也然而言之亦難矣著其性善之說以微見其概使後世之求公者以是觀之

平茶寮碑　丁丑

正德丁丑傜寇大起江廣湖郴之家騷然且三四年矣於是三省奉　命會征乃十月辛亥予督江西之兵自南康入甲寅破橫水左溪諸巢賊敗奔庚申復連戰奔桶岡十一月癸酉攻桶岡大戰西山界甲戌又戰賊大潰丁亥盡殪之凡破巢八十有四擒斬三千餘俘三千六百有奇釋其脅從千有餘衆歸流亡使復業度地居民鑿山開道以夷險阻辛丑師旋於乎兵惟凶器不得已而後用刻茶寮之石匪以美成重舉事也提督軍務都御史王某書

平浰頭碑　丁丑

四省之寇惟浰尤黠擬官僭號潛圖孔亟正德丁丑冬輋傜既殄益機險阱毒以虞王師我乃休士歸農戊寅正月癸卯計擒其魁遂進兵擊其懈丁未破三浰乘勝歸北大小三十餘戰滅巢三十有八俘斬三千餘三月丁未回軍壺漿迎道耕夫遍野父老咸懽農器不陳於今五年復我常業還我室廬伊誰之力

赫赫　皇威匪威曷憑爰伐山石用紀厥成提督軍務都御史王某書

田州立碑　丙戌

嘉靖丙戌夏官兵伐田隨與思恩之人相比復煽集軍四省洶洶連年于時
皇帝憂憫元元容有無辜而死者乎迺　命新建伯王守仁曷往視師其以德
綏勿以兵虔班師撤旅信義大宣諸夷感慕旬日之間自縛來歸者七萬一千
悉放之還農兩省以安昔有苗徂征七旬來格今未朞月而蠻夷率服綏之斯
來速於郵傳舞干之化何以加焉爰告思田毋忘　帝德爰勒山石昭此赫赫
文武聖神率土之濱凡有血氣莫不尊親

田州石刻

田石平田州寧民謠如此　田水縈田山迎府治新向　千萬世鞏　皇明嘉靖歲戊子春新
建伯王守仁勒此石告後人

陳直夫南宮像贊

夫子稱史魚曰直哉邦有道如矢邦無道如矢謂祝鮀宋朝曰非斯人難免乎

今之世矣予嘗三復而悲之直道之難行而諂諛之易合也豈一日哉魚之直信乎後世其在當時不若朝與鮀之易容也悲夫吾越直夫陳先生嚴毅端潔其正言直氣放蕩佞諛之士嫉視若讎彼寧無知之卒於己非便也故先生舉進士不久輒致仕而歸屢薦復起又不久輒退以是也哉然天下之言直者必先生與焉始予拜先生於錢清江上歡然甚得先生奚取於予殆空谷之足音也世日趨於下先生而在雖執鞭之事吾亦爲之今既沒矣其子子欽以先生南宮圖像請識一言先生常塵視軒冕豈一第之爲榮聞之子欽蓋初第時有以相遺者受而存之先生沒子欽始裝潢將藏諸廟則又爲子者宜爾也詩曰有服襜襜有冠翼翼在彼周行其容孔式秉笏端弁中温且栗既醉以酒既飽以德彼何人斯邦之司直邦之司直宜公宜孤既來既徂爲冠爲模孰久其道衆聽且孚如江如河其趨彌汙邦之司直今也則亡

三箴

嗚呼小子曾不知警堯誆未聖猶日兢兢既墜于淵猶恬履薄既折爾股猶邁

奔蹶人之冥頑則譸與汝不見壅腫砭迺斯愈不見痿痹劑迺斯起人之毀詬皆汝砭劑汝曾不知反以爲怒匪怒伊色亦反其語汝之冥頑則譸之比嗚呼小子告爾不一既四十有五而曾是不憶

嗚呼小子慎爾出話憆言維多吉言維寡多言何益徒以取禍德默而成仁者言訒執默而譏執訒而病譽人之善過情猶恥言人之非罪曷有已嗚呼多言亦惟汝心汝心而存將日欽欽豈遑多言上帝汝臨

嗚呼小子辭章之習爾工何爲不以釣譽不以蠱愚佻彼優伶爾視孔醜覆蹈其術爾顏不厚日月踰邁爾胡不恤棄爾天命昵爾雠賊昔皇多士亦胥茲溺爾獨不鑒自抵伊亟

南鎮禱雨文 癸亥

惟神秉靈毓秀作鎮於南實與五嶽分服而治維是揚州之域咸賴神休以生以養凡其疾疫災眚之不時雨暘寒暑之弗若無有遠近莫不引頸企足惟神是望怨有歸功有底神固不得而辭也而況紹與一郡又神之宮牆輦轂之下

乎謂宜風雨節而寒暑當民無疾而五穀昌特先諸郡以霑神惠而乃入夏以
來亢陽爲虐連月弗雨泉源告竭黍苗莠槁歲且不登民將無食農夫相與咨
於野商賈相與憾於市行旅相與怨於途守土之官帥其吏民奔走呼號維是
祈禱告請亦無不至矣而猶雨澤未應旱烈益張是豈吏之不職而貪墨者衆
歟賦斂繁刻而獄訟寃滯歟祀典有弗修歟民怨有弗平歟夫是數者皆吏之
讁而民何咎之有夫怒吏之不臧而移其讁於民又知神之所不忍也不然豈
民之冥頑妄作者衆將奢淫暴殄以怒神威神將罰而懲之歟夫薄罰以示戒
神之威靈亦既彰矣百姓震懼憂惶請罪無所遂棄而絕之使無噍類神之慈
仁固應不爲若是之甚也夫民之所賴者神神之食于茲土亦非一日矣今民
不得已有求於神而神無以應之然則民將何恃而神亦何以信於民乎某生
長茲土猶鄉之人也鄉之人以某嘗讀書學道繆以爲是鄉人之傑者其有得
於山川之秀爲多藉之以爲吾愚民之不能自達者通誠於山川之神其宜有
感夫某非其人也而冒有其名人而冒以其名加我我既不得而辭矣又何敢

獨辭其責耶是以冒昧輒爲之請固知明神亦有所不得而辭也謹告

瘞旅文　戊辰

維正德四年秋月三日有吏目云自京來者不知其名氏攜一子一僕將之任過龍場投宿土苗家予從籬落間望見之陰雨昏黑欲就問訊北來事不果明早遣人覘之已行矣薄午有人自蜈蚣坡來云一老人死坡下傍兩人哭之哀予曰此必吏目死矣傷哉薄暮復有人來云坡下死者二人傍一人坐嘆詢其狀則其子又死矣明日復有人來云見坡下積尸三焉則其僕又死矣嗚呼傷哉念其暴骨無主將二童子持畚鍤往瘞之二童子有難色然予曰嘻吾與爾猶彼也二童憫然涕下請往就其傍山麓爲三坎埋之又以隻雞飯三盂嗟吁涕洟而告之曰嗚呼傷哉緊何人緊何人吾龍場驛丞餘姚王守仁也吾與爾皆中土之產吾不知爾郡邑爾烏爲乎來爲茲山之鬼乎古者重去其鄉遊宦不踰千里吾以竄逐而來此宜也爾亦何辜乎聞爾官吏目耳俸不能五斗爾率妻子躬耕可有也烏爲乎以五斗而易爾七尺之軀又不足而益以爾子與

僕乎嗚呼傷哉爾誠戀茲五斗而來則宜欣然就道烏爲乎吾昨望見爾容蹙然蓋不任其憂者夫衝冒霜露扳援崖壁行萬峯之頂饑渴勞頓筋骨疲憊而又瘴癘侵其外憂鬱攻其中其能以無死乎吾固知爾之必死然不謂若是其速又不謂爾子爾僕亦遽爾奄忽也皆爾自取謂之何哉吾念爾三骨之無依而來瘞爾乃使吾有無窮之愴也嗚呼痛哉縱不爾瘞幽崖之狐成羣陰壑之虺如車輪亦必能葬爾於腹不致久暴露爾爾既已無知然吾何能爲心乎自吾去父母鄉國而來此二年矣歷瘴毒而苟能自全以吾未嘗一日之戚戚也今悲傷若此是吾爲爾者重而自爲者輕也吾不宜復爲爾悲矣吾爲爾歌爾聽之歌曰連峯際天兮飛鳥不通遊子懷鄉兮莫知西東莫知西東兮維天則同異域殊方兮環海之中達觀隨寓兮奚必予宮魂兮魂兮無悲以恫又歌以慰之曰與爾皆鄉土之離兮蠻之人言語不相知兮性命不可期吾苟死於茲兮率爾子僕來從予兮吾與爾遨以嬉兮驂紫彪而乘文螭兮登望故鄉而噓唏兮吾苟獲生歸兮爾子爾僕尚爾隨兮無以無侶悲兮道傍之塚纍纍兮多

中土之流離兮相與呼嘯而徘徊兮飧風飲露無爾饑兮朝友麋鹿暮猿與栖兮爾安爾居兮無爲厲於茲墟兮

祭鄭朝朔文 甲戌

維正德九年歲次甲戌七月壬戌朔越十有六日丁丑南京鴻臚寺卿王守仁馳奠于監察御史亡友鄭朝朔之墓嗚呼道之將行其命也與道之將廢其命也與嗚呼朝朔命實爲之將何如哉將何如哉辛未之冬朝於京師君爲御史余留銓司君因世傑謬予是資予辭不獲抗顏以尸君嘗問予聖學可至余曰然哉克念則是隱辭奧義相與剖析探本窮原夜以繼日君喜謂予昔迷今悟昔陷多岐今由大路嗚呼絕學幾年于茲孰沿就繹君獨奮而古稱豪傑無文猶興有如君者無媿斯稱當是之時君疾已搆忍痛扶羸精微日究人或勸君盍亦休只君曰何哉夕死可矣君遂疾告我亦南行君與世傑訪予陽明君疾亦篤遂留杭城天不與道善類云傾嗚呼痛哉嗚呼痛哉時予祖母亦嬰危疾湯藥自須風江阻涉君喪遂行靡由一訣扶櫬而南事在世傑負恨負愧予

復何說嗟予顓弱實賴友朋砥礪切磋庶幾有成死者生者索居離羣靜言永懷中心若焚墓草再青甫茲馳奠遙望嶺雲有淚如霰嗚呼哀哉予復何言尚饗

祭浰頭山神文 戊寅

維正德十三年戊寅二月十五日甲申提督軍務都御史王某謹以剛鬣柔毛昭告于浰頭山川之神惟廣谷大川阜財興物以域民畜衆故古者諸侯祭封內山川亦惟其有功於民然地靈則人傑人之無良亦足以爲山川之羞茲土爲盜賊所盤據且數十年遠近之稱浰頭者皆曰賊巢恥莫大焉是豈山川之罪哉雖然清洌之井糞穢而不除久則同於廁溷矣丹鳳之穴鴟狐聚而不去久則化爲妖窟矣糞穢之所過者揜鼻妖孽之窟人將持刃燔燎環而攻之何者其積聚招致使然也誠使除其糞穢刮刷滌蕩將不終朝而復其清洌鴟狐逐而鸞鳳歸妖孽之窟還爲孕祥育瑞之所矣今茲土之山川亦何以異於是守仁奉 天子明命來鎮西陲憤浰賊之兇悖民苦荼毒無所控籲故邇者討

擒渠魁提兵搗其巢穴所向克捷動獲如志斯固人怨神怒天人順應之理將或兹土山川之神厭惡兇殘思欲洗其積辱陰有以相協假手於予今駐兵於此彌月餘旬雖巢穴悉已掃蕩擒斬十且八九然漏殄之徒尚有潛逃小民不能無怨于山川之神爲之逋逃主萃淵藪也今予提兵深入豈獨除民之害亦爲山川之神雪其耻夫安舊染棄新圖非中人之情而況於鬼神乎今此殘徒勢窮力屈亦方遣人投招將順而撫之則慮其無華心之誠復遺患於日後逆而弗受又恐其或出於誠心殺之有不忍也神其陰有以相協使此殘寇而果誠心邪卽陰佑其衷俾盡攜其黨類自縛來投若水之赴壑予將隄沿停畜之如其設詐懷奸卽陰奪其魄張我軍威風驅電掃一鼓而殲之兹惟下民之福亦惟神明之休壇而祀之神亦永永無怍惟神實鑒圖之尚饗

祭徐曰仁文 戊寅

嗚呼痛哉曰仁吾復何言爾言在吾耳爾貌在吾目爾志在吾心吾終可柰何哉記爾在湘中還嘗語予以壽不能長久予詰其故云嘗遊衡山夢一老瞿曇

撫曰仁背謂曰子與顏子同德俄而曰亦與顏子同壽覺而疑之予曰夢耳子疑之過也曰仁曰此亦可柰何但令得告疾早歸林下冀從事於先生之教朝有所聞夕死可矣嗚呼吾以爲是固夢耳孰謂乃今而竟如所夢邪向之所云其果夢邪今之所傳其果眞邪今之所傳亦果夢邪向之所夢亦果妄邪嗚呼痛哉曰仁嘗語予道之不明幾百年矣今幸有所見而又卒無所成不亦尤可痛乎願先生早歸陽明之麓與二三子講明斯道以誠身淑後予曰吾志也自轉官南贛卽欲過家堅臥不出曰仁曰未可紛紛之議方馳先生且一行爰與二三子姑爲饘粥計先生了事而歸嗚呼孰謂曰仁而乃先止於是乎吾今縱歸陽明之麓孰與予共此志矣二三子又且離羣而索居吾言之而孰聽之吾倡之而孰和之吾知之而孰問之吾疑之而孰思之嗚呼吾無與樂餘生矣吾已無所進曰仁之進未量也天而喪予也則喪予矣而又喪吾曰仁何哉天胡酷且烈也嗚呼痛哉朋友之中能復有知予之深信予之篤如曰仁者乎夫道之不明也由於不知不信使吾道而非邪則已矣吾道而是邪吾能無蘄於人

之不予知予信乎自得曰仁訃蓋哽咽而不能食者兩日人皆勸予食嗚呼吾有無窮之志恐一旦遂死不克就將以托之曰仁而曰仁今則已矣曰仁之志吾知之幸未即死又忍使其無成乎於是復強食嗚呼痛哉吾今無復有意於入世矣姑俟冬夏之交兵革之役稍定即拂袖而歸陽明二三子苟有予從者尚與之切磋砥礪務求如平日與曰仁之所云縱舉世不以予爲然者亦且樂而忘其死惟百世以俟聖人而不惑耳曰仁有知其尚能啟予之昏而警予之惰邪嗚呼痛哉予復何言

祭孫中丞文　己卯

嗚呼弁阿苟容生也何庸慷慨激烈死也何恫勤勞施於　國而惠澤被於民孰謂公之死而非生乎守臣節以無虧秉大義而不屈孰謂公之歸而非全乎方逆熖之已炎公蓋力撲其燎原之勢而不能屢疏乞免又不獲請則旁行曲成冀緩其怒而徐爲之圖蓋公處事之權而人或未之盡知也比其當危臨難伏節申忠之死靡回然後見公守道之常心迹如青天白日而天下之人始洞

然無疑矣嗚呼逆藩之謀積之十有餘年而敗之旬日豈守仁之智謀才力能及此乎是固　祖宗之德澤　朝廷之神武而公之精忠憤烈陰助默相於冥冥之中是亦未可知也公之子挾刃赴仇奔走千里至則逆賊已擒遂得改殯正殮扶公櫬而還父子之間忠孝兩無所愧矣亦何憾哉守仁於公既親且友同舉於鄉同官於部今又同遭是難豈偶然哉靈輀將發薄奠寫哀言有盡而意無窮嗚呼

祭外舅介菴先生文　辛巳

嗚呼自公之葬茲土逮今二十有六年乃始復一拜墓下中間盛衰之感死生之戚險夷之變聚散之情可悲可愕可扼腕而流涕者何可勝道嗚呼傷哉死者日以遠生者日以謝而少者日以老矣自今以往其可悲可愕可扼腕而流涕者其又可勝道耶二十六年而始獲一拜自今以往獲拜公之墓下者知復能幾嗚呼傷哉惟是公之子姓羣然集於墓下皆鸞停鶴峙振羽翩而翱乎雲霄未已也所以報純德而慰公于地下者庶亦在茲已乎某奉召北行便道歸

省甫申展謁輒已告辭言有盡而意無窮顧瞻丘壠豈勝淒斷尙饗

祭文相文

嗚呼文相邁往直前之氣足以振頹靡而起退懦通敏果決之才足以應煩劇而解紛拏激昂奮迅之談足以破支辭而折多口此文相之所以超然特出乎等夷而世之人亦方以是而稱文相者也然吾之所望於文相則又寧止於是而已乎與文相別數年矣去歲始復一會於江滸握手半日之談豁然遂破百年之惑一何快也吾方日望文相反其邁往直前之氣以內充其寬裕溫厚之仁斂其通敏果決之才以自昭其文理密察之智收其奮迅激昂之辯以自全其發強剛毅之德固將日趨於和平而大會於中正斯乃聖賢之德之歸矣豈徒文章氣節之士而已乎惜乎吾見其進而未見其止也一疾奄逝豈不痛哉聞訃實欲渡江一慟以舒永訣之哀暑病且冗欲往不能臨風長號有淚如雨嗚呼文相予復何言

又祭徐曰仁文　甲申

嗚呼曰仁別我而逝兮十年于今葬茲丘兮宿草幾青我思君兮一來尋林木拱兮山日深君不見兮窅嵯峨之雲岑四方之英賢兮日來臻君獨胡爲兮與鶴飛而猿吟憶麗澤兮欷歔奠椒醑兮松之陰良知之說兮聞不聞道無間於隱顯兮豈幽明而異心我歌白雲兮誰同此音

祭國子助教薛尙哲文 甲申

嗚呼良知之學不明於天下幾百年矣世之學者蔽於見聞習染莫知天理之在吾心而無假於外也皆舍近求遠舍易求難紛紜交騖以私智相高客氣相競日陷於禽獸夷狄而不知閒有獨覺其非而略知反求其本源者則又羣相詬笑斥爲異學嗚呼可哀也已蓋自十餘年來而海內同志之士稍知講求於此則亦如晨星之落落乍明乍滅未見其能光大也潮陽在南海之濱聞其閒亦有特然知向之士而未及與見閒有來相見者則又去來無常自君之弟尙謙始從予於留都朝夕相與者三年歸以所聞於予者語君君欣然樂聽不厭至忘寢食脫然棄其舊業如敝屣君素篤學高行爲鄉邦子弟所宗依尙謙自

幼受業焉至是聞尙謙之言遂不知己之爲兄尙謙之爲弟己之嘗爲尙謙師而尙謙之嘗師於己也盡使其羣子弟姪來學於予而君亦躬枉辱焉非天下之大勇能自勝其有我之私而果於徙義者孰能與於此哉自是其邑之士若楊氏兄弟與諸後進之來者源源以十數海內同志之盛莫有先於潮陽者則實君之昆弟之爲倡也其有功於斯道豈小小哉方將因藉毗賴以共明此學而君忽逝矣其爲同志之痛何可言哉雖然君於斯道亦既有聞則夕死無憾矣其又奚悲乎吾之所爲長號涕洟而不能自已者爲吾道之失助焉耳天也可如何哉相望千里靡由走哭因風寄哀言有盡而意無窮嗚呼哀哉

祭朱守忠文　甲申

嗚呼聖學之不明也久矣予不自量犯天下之詆笑而冒非其任恃以無恐者謂海內之同志若守忠者爲之胥附先後終將必有所濟也而自十餘年來若吾姚之徐曰仁潮陽之鄭朝朔楊仕德武陵之冀惟乾者乃皆相繼物故其餘諸同志之尙存足可倚賴者又皆離羣索居不能朝夕相與以資切磋砥礪之

益今守忠又復棄我而逝天其或者既無意於斯文已乎何其善類之難合而易暌善人之難成而易喪也嗚呼痛哉守忠之於斯道既已識其大者又能樂善不倦旁招博采引接同志而趨之同歸於善若飢渴之於飲食視天下之務不啻其家事每欲以身殉之今茲之沒也實以驅賊山東晝夜勞瘁至隕其身而不顧嗚呼痛哉始守忠之赴山東也過予而告別云節於先生之學誠有終身几席之願顧事功之心猶有未能脫然者先生將何以裁之予曰君子之事進德修業而已雖位天地育萬物皆己進德之事故德業之外無他事功矣乃若不由天德而求騁於功名事業之場則亦希高慕外後世高明之士雖知向學而未能不為才力所使者猶不免焉守忠既已心覺其非固當不為所累矣嗚呼豈知竟以是而忘其身乎守忠之死蓋禦災捍患而死勤事能為忠臣志士之所難能矣而吾猶以是為憾者痛吾道之失助為海內同志之不幸焉耳嗚呼痛哉靈輀云邁一奠永訣豈無良朋孰知我心之悲嗚呼痛哉

祭洪襄惠公文

嗚呼公以雄特之才豪邁之氣際明良之會致位公孤勳業振於當時聲光被於遠邇功成身退全節令終若公真可謂有濟時之具而爲一世之傑矣悲夫才之難成也干雲合抱豈歲月所能致任之棟梁已不爲不見用矣又輟而置之閒散者十餘年不亦大可惜也乎天豈以公有克肖之子將斂其所未盡者而大發諸其後人也乎　公優游林下以樂太平之盛其沒也　天子錫之祭葬褒以美謚生榮死哀亦復何憾矣而予獨不能無悲且感者方公之生人皆知　公之才美而忌者抑之使不得盡用時之人顧亦概然視之曾不知以爲意嗚呼豈知其沒也遂一仆而不可復起矣老成典刑爲世道計者能無悲傷乎哉先君子素與於　公守仁雖晚亦辱　公之知愛公子嘗以　公之墓銘見屬曾不能發揚盛美茲　公之葬又不能奔走執紼馳奠一觴聊以寓其不盡之衷焉爾嗚呼哀哉尚饗

祭楊士鳴文　丙戌

嗚呼士鳴吾見其進也而遽見其止耶往年士德之歿吾已謂天道之無知矣

今而士鳴又相繼以逝吾安所歸咎乎嗚呼痛哉忠信明睿之資一郡一邑之中不能一二見而顧萃於一家之兄弟又皆與聞斯道以承千載之絕學此豈出於偶然者固宜使之得志大行發聖學之光輝翼斯文於悠遠而乃栽培長養則若彼其艱而傾覆摧折又如此其易其果出於偶然倏聚倏散而天亦略無主宰於其間耶嗚呼痛哉潮郡在南海之涯一郡耳一郡之中有薛氏之兄弟子姪既足盛矣而又有士鳴之昆季其餘聰明特達毅然任道之器後先頡頏而起者以數十其山川靈秀之氣殆不能若是其淑且厚則亦宜有盈虛消息於其間矣乎士鳴兄弟雖皆中道而逝然今海內善類孰不知南海之濱有楊士德士鳴者爲成德之士如祥麟瑞鳳爭一睹之爲快因而向風興起者比比則士鳴昆季之生其潛啓默相以有績於斯道豈其微哉彼黃馘稿韱與草木同腐者又何可勝數求如士鳴昆季一日之生以死又安可得乎嗚呼道無生死無去來士鳴則既聞道矣其生也奚以喜其死也奚以悲獨吾黨之失助而未及見斯道之大行也則吾亦安能以無一慟乎嗚呼痛哉

祭元山席尚書文 丁亥

嗚呼元山真可謂豪傑之士社稷之臣矣世方沒溺於功利辭章不復知有身心之學而公獨超然遠覽知求絕學于千載之上世方黨同伐異徇俗苟容以鈎聲避毀而公獨卓然定見惟是之從蓋有舉世非之而不顧世方植私好利依違反覆以壟斷相與而公獨世道是憂義之所存冒孤危而必吐心之所宜經百折而不回蓋其所論雖或亦有動於氣激於忿而其心事磊磊則如青天白日洞然可以信其無他世方媢嫉讒險排勝己以嫉高明而公獨誠心樂善求以伸人之才而不自知其身之為屈求以進賢於 國而不自知怨謗之集於其身蓋所謂斷斷休休人之有技若己有之者此大臣之盛德自古以為難非獨近世之所未見也嗚呼世固有有君而無臣亦有有臣而無君者矣以公之賢而又遭逢 主上之神聖知公之深而信公之篤不啻金石之固膠漆之投非所謂明良相逢千載一時者歟是何天意之不可測其行之也方若巨艦之遇順風而其傾之也忽中流而折檣舵其植之也方爾枝葉之敷榮而摧之

也遂根株而蹶拔其果無意於斯世斯人也乎嗚呼痛哉嗚呼痛哉某之不肖屢屢辱公過情之薦自度終不能有濟於時而徒以爲公知人之累每切私懷慚愧又憶往年與公論學於貴州受公之知實深近年以來覺稍有所進思得與公一面少敘其愚以求質正斯亦千古之一快而公今復已矣嗚呼痛哉聞公之訃不能奔哭千里設位一慟割心自今以往進吾不能有益于君國退將益修吾學期終不負知己之報而已矣嗚呼痛哉言有盡而意無窮嗚呼痛哉

祭吳東湖文 丁亥

嗚呼吳公吾不可得而見之矣公之才如干將莫邪隨其所試皆迎刃而解公之志如長川逝河信其所趣雖百折不回公之節如堅松古柏必歲寒而後見公之學如深林邃谷必窮探而始知自其筮仕迄於退休歷中外幾於四十年而天下皆以爲未能盡公之才登陟崇顯至於大司空而天下皆以爲未能行公之志雖未嘗捐軀喪元而天下信其有成仁死義之勇雖未嘗講學論道而天下知其有闢邪衛正之心嗚呼若公者真可謂一世豪傑無所待而興者

矣某於公未獲傾蓋而向慕滋切未獲識公之面而久已知公之心公於某其教愛勤惓不特篇章之稠疊而過情推引亦復薦剡之頻煩長愧菲薄何以承公之教而懼其終不免爲知人之累也今玆承乏是土而來正可登堂請謝論心求益而公則避我長逝已一年矣嗚呼傷哉幸與公並生斯世而復終身不及一面茫茫天壤竟成千古之神交豈不痛哉薄奠一觴以哭我私公神有知尚來格斯

祭永順寶靖土兵文 戊子

維湖廣永順寶靖二司之土兵多有物故於南寧諸處者嘉靖七年六月十五日乙卯 欽差總制四省軍務尚書左都御史新建伯王委南寧府知府蔣山卿等告於 南寧府城隍之神使號召諸物故者之魂魄以牛二羊四豕四祭而告之曰嗚呼諸湖兵壯士傷哉爾等皆勤 國事而來死於玆土山谿阻絕不能一旦歸見其父母妻子旅魂飄飄於異域無所依倚嗚呼痛哉三年之間兩次調發使爾絡繹奔走於道途不獲顧其家室竟死客鄉此我等上官之罪

也復何言哉復何言哉古者不得已而後用兵先王不忍一夫不獲其所況忍羣驅無辜之赤子而塡之於溝壑且兵之爲患非獨鋒鏑死傷之酷而已也所過之地皆爲荊棘所住之處遂成塗炭民之毒苦傷心慘目可盡言乎邇者思田之役予所以必欲招撫之者非但以思田之人無可勦之罪於義在所當撫亦正不欲無故而驅爾等於兵刃之下也而爾等竟又以疾病物故於此則豈非命耶嗚呼傷哉人孰無死豈必窮鄉絶域能死人乎今人不出戶庭或飲食傷多或逸欲過節醫治不痊亦死矣今爾等之死乃因驅馳　國事捍患禦侮而死蓋得其死所矣古之人固有願以馬革裹尸不願死於婦人女子之手者若爾等之死眞無媿於馬革裹尸之言矣嗚呼壯士爾死何憾乎今爾等徒侶皆已班師去矣爾等游魂漂泊正可隨之西歸爾等尚知之乎爾等其收爾游魂斂爾精魄駕風逐霧隨爾徒侶去歸其鄉依爾祖宗之墳墓以棲爾魂享爾妻子之蒸嘗以庇爾後爾等徒侶或有征調之役則爾等尚鼓爾生前義勇之氣以陰助爾徒侶立功報國爲民除患豈不生爲壯烈之夫而沒爲忠義之士

也乎予因疾作不能親臨祭所一哭爾等以舒予傷感之懷臨文悽愴涕下沾
臆今委知府布告予衷爾等有靈尚知之乎嗚呼傷哉

祭軍牙六纛之神文 戊子

惟神秉揚神武三軍司命今制度聿新威靈丕振伏惟仰鎮國家緝定禍亂平
服蠻夷以永無窮之休尚饗

祭南海文 戊子

天下之水萃于南海利濟四方涵濡萬類自有天地厥功為大今 皇聖明露
降河清我實受命南荒以平陰陽表裏維海効靈乃陳牲帛厥用告成尚饗

祭六世祖廣東參議性常府君文 戊子

於維我祖效節於 高皇之世肇禋茲土歲久淪蕪無寧有司之不遑實我子
孫門祚衰微弗克靈承顯揚蓋冥迷昏隔者八九十年言念愴惻子孫之心亦
徒有之恭惟我祖晦迹長遁迫而出仕務盡其忠豈曰有身沒之祀父死於忠
子殫其孝各安其心白刃不見又知有一祀之榮乎顧表揚忠孝樹之風聲實

頁有司修舉　國典以宣流　王化之盛美我祖之烈因以復彰見人心之不
泯我子孫亦藉是獲申其愴鬱永有無窮之休焉及茲廟成而末孫某適獲來
蒸事若有不偶然者我祖之道其殆自茲而昌乎某承　上命來撫是方上無
補於　君國下無益於生民循例省績實懷多慚至於心之不敢以不自盡則
亦求無忝於我祖而已矣承事之餘敢告不忘以五世祖秘湖漁隱先生彥達
府君配尚饗

王文成公全書卷之二十五

王文成公全書卷之二十六

續編一

德洪葺　師文錄始刻于姑蘇再刻于越再刻于天真行諸四方久矣同志又以遺文見寄俾續刻之洪念昔葺師錄同門已病太繁玆錄若可緩者既而伏讀三四中多簡書墨跡皆尋常應酬瑣屑細務之言然而道理昭察仁愛惻怛有物各付物之意此師無行不與四時行而百物生言雖近而旨實遠也且師沒既久表儀日隔苟得一紙一墨如親面覿況當今師學大明四方學者徒喜領悟之易而未究其躬踐之實或有離倫彝日用樂懸虛妙頓以爲得者讀此能無省然激衷此吾師中行之證也而又奚以太繁爲病邪同門唐子堯臣僉憲吾浙嘗謀刻未遂今年九月虬峯謝君來按吾浙刻師全書檢所未錄盡刻之凡五卷題曰文錄續編師胤子王正億嘗錄陽明先生家乘凡三卷今更名世德紀幷刻於全書末卷云隆慶壬申一陽日德洪百拜識

大學問

吾師接初見之士必借學庸首章以指示聖學之全功使知從入之路師征思田將發先授大學問德洪受而錄之

大學者昔儒以爲大人之學矣敢問大人之學何以在於明明德乎陽明子曰大人者以天地萬物爲一體者也其視天下猶一家中國猶一人焉若夫間形骸而分爾我者小人矣大人之能以天地萬物爲一體也非意之也其心之仁本若是其與天地萬物而爲一也豈惟大人雖小人之心亦莫不然彼顧自小之耳是故見孺子之入井而必有怵惕惻隱之心焉是其仁之與孺子而爲一體也孺子猶同類者也見鳥獸之哀鳴觳觫而必有不忍之心焉是其仁之與鳥獸而爲一體也鳥獸猶有知覺者也見草木之摧折而必有憫恤之心焉是其仁之與草木而爲一體也草木猶有生意者也見瓦石之毀壞而必有顧惜之心焉是其仁之與瓦石而爲一體也是其一體之仁也雖小人之心亦必有之是乃根於天命之性而自然靈昭不昧者也是故謂之明德小人之心既已分隔隘陋矣而其一體之仁猶能不昧若此者是其未動於欲而未蔽於私之

時也及其動於欲蔽於私而利害相攻忿怒相激則將戕物圮類無所不爲其甚至有骨肉相殘者而一體之仁亡矣是故苟無私欲之蔽則雖小人之心而其一體之仁猶大人也一有私欲之蔽則雖大人之心而其分隔隘陋猶小人矣故夫爲大人之學者亦惟去其私欲之蔽以自明其明德復其天地萬物一體之本然而已耳非能於本體之外而有所增益之也曰然則何以在親民乎曰明明德者立其天地萬物一體之體也親民者達其天地萬物一體之用也故明明德必在於親民而親民乃所以明其明德也是故親吾之父以及人之父以及天下人之父而後吾之仁實與吾之父人之父與天下人之父而爲一體矣實與之爲一體而後孝之明德始明矣親吾之兄以及人之兄以及天下人之兄而後吾之仁實與吾之兄人之兄與天下人之兄而爲一體矣實與之爲一體而後弟之明德始明矣君臣也夫婦也朋友也以至於山川鬼神鳥獸草木也莫不實有以親之以達吾一體之仁然後吾之明德始無不明而真能以天地萬物爲一體矣夫是之謂明明德於天下是之謂家齊國治而天下平

是之謂盡性曰然則又烏在其爲止至善乎曰至善者明德親民之極則也天命之性粹然至善其靈昭不昧者此其至善之發見是乃明德之本體而卽所謂良知者也至善之發見是而是焉非而非焉輕重厚薄隨感隨應變動不居而亦莫不自有天然之中是乃民彝物則之極而不容少有議擬增損於其閒也少有擬議增損於其閒則是私意小智而非至善之謂矣自非愼獨之至惟精惟一者其孰能與於此乎後之人惟其不知至善之在吾心而用其私智以揣摸測度於其外以爲事事物物各有定理也是以昧其是非之則支離決裂人欲肆而天理亡明德親民之學遂大亂於天下蓋昔之人固有欲明其明德者矣然惟不知止於至善而騖其私心於過高是以失之虛罔空寂而無有乎家國天下之施則二氏之流是矣固有欲親其民者矣然惟不知止於至善而溺其私心於卑瑣是以失之權謀智術而無有乎仁愛惻怛之誠則五伯功利之徒是矣是皆不知止於至善之過也故止至善之於明德親民也猶之規矩之於方圓也尺度之於長短也權衡之於輕重也故方圓而不止於規矩爽其

則矣長短而不止於尺度乖其劑矣輕重而不止於權衡失其準矣明明德親民而不止於至善亡其本矣故止於至善以親民而明其明德是之謂大人之學

曰知止而后有定定而后能靜靜而后能安安而后能慮慮而后能得其說何也曰人惟不知至善之在吾心而求之於其外以爲事事物物皆有定理也而求至善於事事物物之中是以支離決裂錯雜紛紜而莫知有一定之向今焉旣知至善之在吾心而不假於外求則志有定向而無支離決裂錯雜紛紜之患矣無支離決裂錯雜紛紜之患則心不妄動而能靜矣心不妄動而能靜則其日用之閒從容閒暇而能安矣能安則凡一念之發一事之感其爲至善乎其非至善乎吾心之良知自有以詳審精察之而能慮矣能慮則擇之無不精處之無不當而至善於是乎可得矣

曰物有本末先儒以明德爲本新民爲末兩物而內外相對也事有終始先儒以知止爲始能得爲終一事而首尾相因也如子之說以新民爲親民則本末

之說亦有所未然歟曰終始之說大略是矣即以新民爲親民而曰明德爲本親民爲末其說亦未爲不可但不當分本末爲兩物耳夫木之幹謂之本木之梢謂之末惟其一物也是以謂之本末若曰兩物則既爲兩物矣又何可以言本末乎新民之意既與親民不同則明德之功自與新民爲二若知明明德以親其民而親民以明其明德則明德親民焉可析而爲兩乎先儒之說是蓋不知明德親民之本爲一事而認以爲兩事是以雖知本末之當爲一物而亦不得不分爲兩物也曰古之欲明明德於天下者以至於先修其身以吾子明德親民之說通之亦既可得而知矣敢問欲修其身以至於致知在格物其工夫次第又何如其用力歟曰此正詳言明德親民止至善之功也蓋身心意知物者是其工夫所用之條理雖亦各有其所而其實只是一物格致誠正修者是其條理所用之工夫雖亦皆有其名而其實只是一事何謂身心之形體運用之謂也何謂心身之靈明主宰之謂也何謂修身爲善而去惡之謂也吾身自能爲善而去惡乎必其靈明主宰者欲爲善而去惡然後其形體運用者始能

爲善而去惡也故欲修其身者必在於先正其心也然心之本體則性也性無不善則心之本體本無不正也何從而用其正之之功乎蓋心之本體本無不正自其意念發動而後有不正故欲正其心者必就其意念之所發而正之凡其發一念而善也好之真如好好色發一念而惡也惡之真如惡惡臭則意無不誠而心可正矣然意之所發有善有惡不有以明其善惡之分亦將真妄錯雜雖欲誠之不可得而誠矣故欲誠其意者必在於致知焉致者至也如云喪致乎哀之致易言知至至之知至者知也至之者致也致知云者非若後儒所謂充廣其知識之謂也致吾心之良知焉耳良知者孟子所謂是非之心人皆有之者也是非之心不待慮而知不待學而能是故謂之良知是乃天命之性吾心之本體自然靈昭明覺者也凡意念之發吾心之良知無有不自知者其善歟惟吾心之良知自知之其不善歟亦惟吾心之良知自知之是皆無所與於他人者也故雖小人之爲不善既已無所不至然其見君子則必厭然揜其不善而著其善者是亦可以見其良知之有不容於自昧者也今欲別善惡以

誠其意惟在致其良知之所知焉爾何則意念之發吾心之良知既知其爲善矣使其不能誠有以好之而復背而去之則是以善爲惡而自昧其知善之良知矣意念之所發吾之良知既知其爲不善矣使其不能誠有以惡之而復蹈而爲之則是以惡爲善而自昧其知惡之良知矣若是則雖曰知之猶不知也意其可得而誠乎今於良知所知之善惡者無不誠好而誠惡之則不自欺其良知而意可誠也已然欲致其良知亦豈影響恍惚而懸空無實之謂乎是必實有其事矣故致知必在於格物物者事也凡意之所發必有其事意所在之事謂之物格者正也正其不正以歸於正之謂也正其不正者去惡之謂也歸於正者爲善之謂也夫是之謂格書言格于上下格于文祖格其非心格物之格實兼其義也良知所知之善雖誠欲好之矣苟不卽其意之所在之物而實有以爲之則是物有未格而好之之意猶爲未誠也良知所知之惡雖誠欲惡之矣苟不卽其意之所在之物而實有以去之則是物有未格而惡之之意猶爲未誠也今焉於其良知所知之善者卽其意之所在之物而實爲之無有乎

不盡於其良知所知之惡者卽其意之所在之物而實去之無有乎不盡然後物無不格而吾良知之所知者無有虧缺障蔽而得以極其至矣夫然後吾心快然無復餘憾而自謙矣夫然後意之所發者始無自欺而可以謂之誠矣故曰物格而后知至知至而后意誠意誠而后心正心正而后身修蓋其功夫條理雖有先後次序之可言而其體之惟一實無先後次序之可分其條理功夫雖無先後次序之可分而其用之惟精固有纖毫不可得而缺焉者此格致誠正之說所以闡堯舜之正傳而爲孔氏之心印也

德洪曰大學問者師門之教典也學者初及門必先以此意授使人聞言之下卽得此心之知無出於民彝物則之中致知之功不外乎修齊治平之內學者果能實地用功一番聽受一番親切師常曰吾此意思有能直下承當只此修爲直造聖域參之經典無不脗合不必求之多聞多識之中也門人有請錄成書者曰此須諸君口口相傳若筆之於書使人作一文字看過無益矣嘉靖丁亥八月師起征思田將發門人復請師許之錄既就以書貽洪曰大學或問數條非不願共學之士盡聞斯義顧恐藉寇兵而齎盜糧是以未欲輕出蓋當時尚有持異說以混正學者師故云然師既沒音容日遠吾黨各以己見立說學者稍見本體卽好爲徑超頓悟之說無復有省身克己之功謂一見本體超聖可以跂足視師門誠意格物爲善去惡之旨皆相鄙以爲第二義簡略事爲言行無顧甚者蕩滅禮教猶自以爲得聖門之最上乘噫亦已過矣自便徑約而不知已淪入佛氏寂滅之教莫之覺也古人立

言不過爲學者示下學之功而上達之機待人自悟而有得言語知解非所及也大學之教自孟氏而後不得其傳者幾千年矣賴良知之明千載一日復大明於今日茲未及一傳而紛錯若此又何望於後世耶是篇鄒子謙之嘗附刻於大學古本茲收錄續編之首使學者開卷讀之思吾師之教平易切實而聖智神化之機固已躍然不必更爲別說匪徒惑人秖以自誤無益也

教條示龍場諸生

諸生相從於此甚盛恐無能爲助也以四事相規聊以答諸生之意一曰立志二曰勤學三曰改過四曰責善其愼聽毋忽

立志

志不立天下無可成之事雖百工技藝未有不本於志者今學者曠廢隳惰玩歲愒時而百無所成皆由於志之未立耳故立志而聖則聖矣立志而賢則賢矣志不立如無舵之舟無銜之馬漂蕩奔逸終亦何所底乎昔人有言使爲善而父母怒之兄弟怨之宗族鄉黨賤惡之如此而不爲善可也爲善則父母愛之兄弟悅之宗族鄉黨敬信之何苦而不爲善爲君子使爲惡而父母愛之兄弟悅之宗族鄉黨敬信之如此而爲惡可也爲惡則父母怒之兄弟怨之宗族

鄉黨賤惡之何苦而必爲惡爲小人諸生念此亦可以知所立志矣

勤學

已立志爲君子自當從事於學凡學之不勤必其志之尙未篤也從吾遊者不以聰慧警捷爲高而以勤確謙抑爲上諸生試觀儕輩之中苟有虛而爲盈無而爲有諱己之不能忌人之有善自矜自是大言欺人者使其人資稟雖甚超邁儕輩之中有弗疾惡之者乎有弗鄙賤之者乎彼固將以欺人人果遂爲所欺有弗竊笑之者乎苟有謙默自持無能自處篤志力行勤學好問稱人之善而咎己之失從人之長而明己之短忠信樂易表裏一致者使其人資稟雖甚魯鈍儕輩之中有弗稱慕之者乎彼固以無能自處而不求上人人果遂以彼爲無能有弗敬尙之者乎諸生觀此亦可以知所從事於學矣

改過

夫過者自大賢所不免然不害其卒爲大賢者爲其能改也故不貴於無過而貴於能改過諸生自思平日亦有缺於廉恥忠信之行者乎亦有薄於孝友之

道陷於狡詐偷刻之習者乎諸生殆不至於此不幸或有之皆其不知而誤蹈素無師友之講習規飭也諸生試內省萬一有近於是者固亦不可以不痛自悔咎然亦不當以此自歉遂餒於改過從善之心但能一旦脫然洗滌舊染雖昔爲寇盜今日不害爲君子矣若曰吾昔已如此今雖改過而從善將人不信我且無贖於前過反懷羞澀凝沮而甘心於污濁終焉則吾亦絕望爾矣

責善

責善朋友之道然須忠告而善道之悉其忠愛致其婉曲使彼聞之而可從繹之而可改有所感而無所怒乃爲善耳若先暴白其過惡痛毀極詆使無所容彼將發其愧恥憤恨之心雖欲降以相從而勢有所不能是激之而使爲惡矣故凡訐人之短攻發人之陰私以沽直者皆不可以言責善雖然我以是而施於人不可也人以是而加諸我凡攻我之失者皆我師也安可以不樂受而心感之乎某於道未有所得其學鹵莽耳謬爲諸生相從於此每終夜以思惡且未免況於過乎人謂事師無犯無隱而遂謂師無可諫非也諫師之道直不至

於犯而婉不至於隱耳使吾而是也因得以明其是吾而非也因得以去其非蓋教學相長也諸生責善當自吾始

五經億說十三條

師居龍場學得所悟證諸五經覺先儒訓釋未盡乃隨所記憶爲之疏解閱十有九月五經略徧命曰億說既後自覺學益精工夫益簡易故不復出以示人洪嘗乘閒以請師笑曰付秦火久矣洪請問師曰只致良知雖千經萬典異端曲學如執權衡天下輕重莫逃焉更不必支分句析以知解接人也後執師喪偶於廢稿中得此數條洪竊錄而讀之乃歎曰吾師之學於一處融徹終日言之不離是矣卽此以例全經可知也

元年春王正月○人君卽位之一年必書元年元者始也無始則無以爲終故書元年者正始也大哉乾元天之始也至哉坤元地之始也成位乎其中則有人元焉故天下之元在於王一國之元在於君君之元在於心元也者在天爲生物之仁而在人則爲心心生而有者也曷爲爲君而始乎曰心生而有者也未爲君而其用止於一身既爲君而其用關於一國故元年者人君爲國之始也當是時也羣臣百姓悉意明目以觀維新之始則人君者尤當洗心滌慮以爲維新之始故元年者人君正心之始也曰前此可無正乎曰正也有未盡焉

此又其一始也改元年者人君改過遷善修身立德之始也端本澄源三綱五常之始也立政治民休戚安危之始也嗚呼其可以不慎乎

元年者魯隱公之元年春者天之春王周王也王次春示王者之上承天道也正月者周王之正月周人以建子爲天統則夏正之十一月也夫子以天下之諸侯不復知有周也於是乎作春秋以尊王室故書王正月以大一統也書王正月以大一統不以王年而以魯年者春秋魯史而書王正月斯所以爲大一統也隱公未嘗卽位也何以有元年乎曰隱公卽位矣不卽位何以有元年夫子削之不書欲使後人之求其實也曰隱公卽位矣而不書何也曰隱公以桓之幼而攝焉其以攝告故不卽位也然而天下知隱公讓國之善而爭奪覬覦者知所愧矣曰以攝告則宜以攝書而不書何也曰隱公兄也桓公弟也庶均以長隱公君也奚攝焉然而天下知嫡庶長幼之分而亂常失序者知所定也曰隱公君也非攝也則宜卽位矣而不卽位焉何也曰諸侯之立國也承之先君而命之天子隱無所承命也然而天下知父子君臣之倫而無父無君者知

所懼矣一不書卽位而隱公讓國之善見焉嫡庶長幼之分明焉父子君臣之倫正焉善惡兼著而是非不相揜嗚呼此所以爲化工之妙也歟

鄭伯克段于鄢○書鄭伯原殺段者惟鄭伯也段以弟篡兄以臣伐君王法之所必誅國人之所共討也而專罪鄭伯蓋授之大邑而不爲之所縱使失道以至於敗者伯之心也段之惡既已暴著於天下春秋無所庸誅矣書克原伯之心素視段爲寇敵至是而始克之也段居于京而書于鄢見鄭伯之既伐諸京而復伐諸鄢必殺之而後已也鄭伯之於叔段始焉授之大邑而聽其收鄙若愛弟之過而過於厚也既其畔也王法所不赦鄭伯雖欲已焉若不容已矣天下之人皆以爲段之惡在所必誅而鄭伯討之宜也是其迹之近似亦何以異於周公之誅管蔡故春秋特誅其意而書曰鄭伯克段于鄢辨似是之非以正人心而險譎無所容其奸矣

天地感而萬物化生實理流行也聖人感人心而天下和平至誠發見也皆所謂貞也觀天地交感之理聖人感人心之道不過於一貞而萬物生天下和平

焉則天地萬物之情可見矣
恆所以亨而無咎而必利於貞者非恆之外復有所謂貞也久於其道而已貞即常久之道也天地之道亦惟常久而不已耳天地之道無不貞也利有攸往者常之道非滯而不通止而不動之謂也是乃始而終終而復始循環無端周流而不已者也使其滯而不通止而不動是乃泥常之名而不知常之實者也豈能常久而不已乎故利有攸往者示人以常道之用也以常道而行何所往而不利無所往而不利乃所以爲常久不已之道也天地之道一常久不已而已日月之所以能晝而夜夜而復晝而照臨不窮者一天道之常久而不已也四時之所以能春而冬冬而復春而生運不窮者一天道之常久不已也聖人之所以能成而化化而復成而妙用不窮者一天道之常久不已也夫天地日月四時聖人之所以能常久而不已者亦貞而已耳觀夫天地日月四時聖人之所以能常久而不已者不外乎一貞則天地萬物之情其亦不外乎一貞也亦可見矣恆之爲卦上震爲雷下巽爲風雷動風行皷揚奮厲翕張而交作若

天下之至變也而所以爲風爲雷者則有一定而不可易之理是乃天下之至恆也君子體夫雷風爲恆之象則雖酬酢萬變妙用無方而其所立必有卓然而不可易之體是乃體常盡變非天地之至恆其孰能與於此

遯陰漸長而陽退遯也彖言得此卦者能遯而退避則亨當此之時苟有所爲但利小貞而不可大貞也夫子釋之以爲遯之所以爲亨者以其時陰漸長陽漸消故能自全其道而退遯則身雖退而道亨是道以遯而亨也雖當陽消之時然四陽尚盛而九五居尊得位雖當陰長之時然二陰尚微而六二處下應五蓋君子猶在於位而其朋尚盛小人新進勢猶不敵尚知順應於君子而未敢肆其惡故幾微君子雖已知其可遯之時然勢尚可爲則又未忍決然舍去而必於遯且欲與時消息盡力匡扶以行其道則雖當遯之時而亦有可亨之道也雖有可亨之道然終從陰長之時小人之朋日漸以盛苟一裁之以正則小人將無所容○而大肆其惡是將以救敝而反速之亂矣故君子又當委曲周旋修敗補罅積小防微以陰扶正道使不至於速亂程子所謂致力於未極

之閒強此之衰艱彼之進圖其暫安者是乃小利貞之謂矣夫當遯之時道在於遯則遯其身以亨其道道猶可亨則亨其遯以行於時非時中之聖與時消息者不能與於此也故曰遯之時義大矣哉

明出地上晉君子以自昭明德日之體本無不明也故謂之大明有時而不明者入於地則不明矣心之德本無不明也故謂之明德有時而不明者蔽於私也去其私無不明矣日之出地日自出也天無與焉君子之明明德自明之也人無所與焉自昭也者自去其私欲之蔽而已

初陰居下當進之始上與四應有晉如之象然四意方自求進不暇與初為援故又有見摧之象當此之時苟能以正自守則可以獲吉蓋當進身之始德業未著忠誠未顯上之人豈能遽相孚信使其以上之未信而遂汲汲於求知則將有失身枉道之耻懷憤用智之非而悔咎之來必矣故當寬裕雍容安處於正則德久而自孚誠積而自感又何咎之有乎蓋初雖晉如而終不失其吉者以能獨行其正也雖不見信於上然以寬裕自處則可以無咎者以其始進在

下而未嘗受命當職任也使其已當職任不信於上而優裕廢弛將不免於曠官之責其能以無咎乎

時邁十五句武王初克商巡守諸侯朝會祭告之樂歌言我不敢自逸而以時巡行諸侯之邦我勤民如此天其以我爲子乎今以我巡行之事占之是天之實有以右序夫我有周矣何者我之巡行諸侯所以興廢舉墜剗有罪黜不職者亦聊以警動震發其委靡頹惰者耳而四方諸侯莫不警懼修省敦薄立懦而興起夫維新之政至於懷柔百神而河之深廣嶽之崇高莫不感格焉則信乎天之以我爲王而子以君臨夫天下矣于是我其宣明昭布我有周之典章于以式序在位之諸侯我其戢斂夫干戈弓矢以偃夫武功我其旁求懿德之士陳布於中國以敷夫文德則亦信乎可以爲王而能保有上天右序我有周之命矣

執競十四句言武王持其自強不息之心其功烈之盛天下既莫得而強之矣成康繼之其德亦若是其顯而復爲上帝之所皇焉夫繼武王之後蓋難乎其

爲德也然自成康之相繼爲君而其德愈益彰明則於武王無競之烈爲有光而成康誠可謂善繼矣今我以三王之功德作之於樂以祈感格而果能降福之多且大若此我其可不反身修德而思有以成之乎我能反身修德而威儀之反則可享神之福既醉既飽而三王之所福我者益將反覆而無窮矣此蓋祭武王成王康王之詩也

思文八句言思文后稷其德真可以配上天矣蓋凡使我烝民之得以粒食者莫非爾后稷之德之所建也斯固后稷之德矣然來牟之種非天不生則是來牟之貽我者實由上帝以此命之后稷而使之徧養夫天下是以天下之民皆有所養而得以復其常道則后稷之德固亦莫非上天之德也此蓋郊祀后稷以配天之詩故頌后稷之德而卒歸之於天云

臣工十五句戒農官之詩言嗟爾司農之臣工當各敬爾在公之事今王以治農之成法賜汝汝宜來咨來度而敬承毋怠也因幷呼農官之屬而總詔之曰嗟爾保介當茲暮春之月牟麥在田而百穀未播蓋農工之暇也汝亦何所爲

乎因問汝所治之新田其年麥亦如何哉夫年麥之茂盛皆上帝之明賜也年麥漸熟則行將受上帝之明賜矣上帝有是明賜爾苟惰農自安是不克靈承而泯上帝之賜矣爾尚永力爾田以昭明上帝之賜務底於豐年有成可也然則爾亦烏可謂茲農工之尚遠而遂一無所事乎汝當命爾衆農乘茲閑暇預修播種之事以具乃田器奄忽之閒又將艾麥而與東作矣暮春周正建寅之月夏之正月也

有瞽十三句言有瞽有瞽在周之廷而樂工就列矣設業設虡崇牙樹羽應田縣鼓鞉磬柷圉而樂器具陳矣樂器既以備陳於是衆樂乃奏而簫管之屬亦皆備舉矣由是樂聲之喤喤其整密麗肅者莫非至敬之所寓而雍容暢達者莫非至和之所宣其肅雝和鳴如此是以幽有以感乎神而先祖是聽明有以感乎人而我客來觀厥成者蓋武王功成作樂使非繼述之孝真無愧於文考固無以致先祖之格而非其盛德之至伐紂救民之舉真有以順乎天應乎人而於湯有光焉其亦何以能使亡國者之子孫永觀厥成而略無忌嫉之心乎

此蓋始作樂而合於祖廟之詩

與滁陽諸生幷問答語

諸生之在滁者吾心未嘗一日而忘之然而闊焉無一字之往非簡也不欲以世俗無益之談徒往復爲也有志者雖吾無一字固朝夕如面也其無志者蓋對面千里況千里之外盈尺之牘乎孟生歸聊寓此於有志者然不盡列名且爲無志者諱其因是而尚能與起也

或患思慮紛雜不能強禁絕陽明子曰紛雜思慮亦強禁絕不得只就思慮萌動處省察克治到天理精明後有箇物各付物的意思自然靜專無紛雜之念大學所謂知止而後有定也

德洪曰滁陽爲師講學首地四方弟子從遊日衆嘉靖癸丑秋太僕少卿呂子懷復聚徒於師祠洪往遊焉見同門高年有能道師遺事者當時師懲末俗卑汚引接學者多就高明一路以救時弊既後漸有流入空虛爲脫落新奇之論在金陵時已心切憂焉故居贛則教學者存天理去人欲致省察克治實功而征寧藩之後專發致良知宗旨則益明切簡易矣茲見滁中子弟尚多能道靜坐中光景洪與呂子相論致良知之學無間於動靜則相慶以爲新得是書孟源伯生得之金陵時聞滁士有身背斯學者故書中多憤激之辭後附問答語豈亦因靜坐頑空而不修省察克治之功者發耶

家書墨跡四首

四書墨跡先師胤子正億得之書櫃中裝製卷冊手澤燦然每篇乞洪跋其後

一與克彰太叔

克彰號石川師之族叔祖也聽講就弟子列退坐私室行家人禮

別久缺奉狀得詩見邇來進修之益雖中間詞意未盡純瑩而大致加於時人一等矣願且玩心高明涵泳義理務在反身而誠毋急於立論飾辭將有外馳之病所云善念纔生惡念又在者亦足以見實嘗用力但於此處須加猛省胡爲而若此也無乃習氣所纏耶自俗儒之說行學者惟事口耳講習不復知有反身克己之道今欲反身克己而猶狃於口耳講誦之事固宜其有所牽縛而弗能進矣夫惡念者習氣也善念者本性也本性爲習氣所汨者由於志之不立也故凡學者爲習所移氣所勝則惟務痛懲其志久則志亦漸立志立而習氣漸消學本於立志志立而學問之功已過半矣此守仁邇來所新得者願毋輕擲若初往年亦常有意左屈當時不暇與之論至今缺然若初誠美質得遂退休與若初了夙心當亦有日見時爲致此意務相砥礪以臻有成也人行遽不一一

惡念者習氣也善念者本性也本性爲習所勝氣所汨者志不立也痛懲其志使習氣消而本性復學問之功也噫此吾師明訓昭昭告太叔者告吾人也可深省也夫德洪爲億弟書

二與徐仲仁（仲仁郎曰仁師之妹壻也）

北行倉卒不及細話別後日聽捷音繼得鄉錄知秋戰未利吾子年方英妙此亦未足深憾惟宜修德積學以求大成尋常一第固非僕之所望也家君舍衆論而擇子所以擇子者實有在於衆論之外子宜勉之勿謂隱微可欺而有放心勿謂聰明可恃而有怠志養心莫善於義理爲學莫要於精專毋爲習俗所移毋爲物誘所引求古聖賢而師法之切莫以斯言爲迂闊也昔在張時敏先生時令叔在學聰明蓋一時然而竟無所成者蕩心害之也去高明而就污下念慮之閒顧豈不易哉斯誠往事之鑒雖吾子質美而淳萬無是事然亦不可以不慎也意欲吾子來此讀書恐未能遂離侍下且未敢言此俟後便再議所不避其切切爲吾子言者幸加熟念其親愛之情自有所不能已也

海日翁爲女擇配人謂曰仁聰明不逮於其叔海日翁舍其叔而妻曰仁既後其叔果以蕩心自敗曰仁卒成師門之大儒噫聰明不足恃而學問之功不可誣也哉德洪跋

三上海翁書

寓吉安男王守仁百拜書上父親大人膝下江省之變昨遣來隆歸報大略想已如此時寧王尙留省城未敢遠出蓋慮男之擣其虛躡其後也男處所調兵亦稍稍聚集忠義之風日以奮揚觀天道人事此賊不久斷成擒矣昨彼遣人賫檄至欲遂斬其使柰賫檄人乃參政季斆此人平日善士又其勢亦出於不得已姑免其死械繫之已發兵至豐城諸處分布相機而動所慮京師遙遠一時題奏無由卽達　命將出師緩不及事爲可憂爾男之欲歸已非一日急急圖此已兩年今竟陷身於難人臣之義至此豈復容苟逃幸脫惟俟命師之至然後敢申前懇俟事勢稍定然後敢決意馳歸爾伏望大人陪萬保愛諸弟必能勉盡孝養旦暮切勿以不孝男爲念天苟憫男一念血誠得全首領歸拜膝

下當必有日矣俟因閒巡檢便草此臨書慌憒不知所云七月初二日

右吾師逢寧濠之變上父海日翁第二書也自豐城聞變與幕士定興兵之策恐翁不知爲賊所襲卽日遣家人閒道趨越至是發兵於吉安復爲是報慰翁心也且自稱姓者別疑也嘗聞幕士龍光云時師聞變返風回舟濠追兵將及師欲易舟潛遯顧夫人諸公子正憲在舟夫人手提劍別師曰公速去毋爲妾母子憂脫有急吾恃此以自衛爾及退還吉安將發兵命積薪圍公署戒守者曰儻前報不利卽舉火爇公署時鄒謙之在中軍聞之亦取其夫人來吉城同誓　國難人勸海日翁移家避雠翁曰吾兒以孤旅急君上之難吾爲　國舊臣顧先去以爲民望耶遂與有司定守城之策而自密爲之防噫吾師於君臣父子夫婦之閒一家感遇若此至今人傳忠義凜凜是書正億得於故紙堆中讀之愴然如身值其時晨夕展卷如侍對親顏嘉靖壬子海夷寇黃巖全城煨燼時正億遊北雍內子黃哀惶奔亡不攜他物而獨抱木主圖像以行是卷亦幸無恙噫豈正億平時孝感所積抑吾師精誠

感通先時身離患難而一墨之遺神明有以護之耶後世子孫受而讀之其知所重也哉德洪拜手跋

四　嶺南寄正憲男

初到江西因聞姚公已在賓州進兵恐我到彼則三司及各領兵官未免出來迎接反致阻撓其事是以遲遲其行意欲俟彼成功然後往彼公同與之一處十一月初七始過梅嶺乃聞姚公在彼以兵少之故尙未敢發哨以是只得晝夜兼程而行今日已度三水去梧州已不遠再四五日可到矣途中皆平安只是咳嗽尙未全愈然亦不爲大患書到可卽告祖母汝諸叔知之皆不必掛念家中凡百皆只依我戒諭而行魏廷豹錢德洪王汝中當不負所託汝宜親近敬信如就芝蘭可也廿二叔忠信好學攜汝讀書必能切勵汝不審近日亦有少進益否聰兒邇來眠食如何凡百只宜謹聽魏廷豹指敎不可輕信奶婆之類至囑至囑至囑一應租稅帳目自宜上緊須不俟我丁寧我今　國事在身豈復能記念家事汝輩自宜體悉勉勵方是佳子弟爾十一月望

正億初名聰師之命名也嘉靖壬辰秋依其舅氏黃久菴寓留都值時相更名于　朝責洪爲文告師請更今名當時問眠食如何今正億壯且立男女森列矣噫吾何以不負師託乎方今四方講會日殷相與出求同志研究師旨以成師門未盡之志庶乎可以慰遺靈於地下爾是在二子嘉靖丁巳端陽日門人錢德洪百拜跋于天真精舍之傳經樓

贛州書示四姪正思等

近聞爾曹學業有進有司考校獲居前列吾聞之喜而不寐此是家門好消息繼吾書香者在爾輩矣勉之勉之吾非徒望爾輩但取青紫榮身肥家如世俗所尚以誇市井小兒爾輩須以仁禮存心以孝弟爲本以聖賢自期務在光前裕後斯可矣吾惟幼而失學無行無師友之助迨今中年未有所成爾輩當鑒吾既往及時勉力毋又自貽他日之悔如吾今日也習俗移人如油漬麪雖賢者不免況爾曹初學小子能無溺乎然惟痛懲深創乃爲善變昔人云脫去凡近以遊高明此言良足以警小子識之吾嘗有立志說與爾十叔爾輩可從鈔

錄一通置之几閒時一省覽亦足以發方雖傳於庸醫藥可療夫眞病爾曹勿謂爾伯父只尋常人爾其言未必足法又勿謂其言雖似有理亦只是一場迂闊之談非我輩急務苟如是吾末如之何矣讀書講學此最吾所宿好今雖干戈擾攘中四方有來學者吾亦未嘗拒之所恨牢落塵網未能脫身而歸今幸盜賊稍平以塞責求退歸臥林閒攜爾曹朝夕切磋砥礪吾何樂如之偶便先示爾等爾等勉焉毋虛吾望正德丁丑四月三十日

又與克彰太叔

日來德業想益進修但當茲末俗其於規切警勵恐亦未免有羣雌孤雄之歎如何印弟凡劣極知有勞心力聞其近來稍有轉移亦有足喜所貴乎師者涵育薰陶不言而喻蓋不誠未有能動者也於此亦可以驗己德因便布此言不盡意

正月廿六日得　旨令守仁與總兵各官解囚至留都行及蕪湖復得　旨回江西撫定軍民皆　聖意有在無他足慮也家中凡百安心不宜爲人搖惑但

當嚴緝家衆埽除門庭清靜儉樸以自守謙虛卑下以待人盡其在我而已此外無庸慮也正憲輩狂穉望以此意曉諭之近得書聞老父稍失調心極憂苦老年之人只宜以宴樂戲遊爲事一切家務皆當屏置亦望時時以此開勸家門之幸也至祝至祝事稍定卽當先報歸期家中凡百全仗訓飭照管不一

老父瘡疾不能歸侍日夜苦切眞所謂欲濟無梁欲飛無翼近來誠到知漸平復始得稍慰早晚更望　太叔寬解怡悅其心聞此時尚居喪次令人驚駭憂惶衰年之人妻孥子孫日夜侍奉承直尚恐居處或有未寧豈有復堪孤疾勞苦如此之理就使悉遵先王禮制則七十者亦惟衰麻在身飲酒食肉處於內宴飲從於遊可也況今七十五歲之人乃尚爾煢煢獨苦若此妻孥子孫何以自安乎若使　祖母在冥冥之中知得如此哀毀如此孤苦將何如爲心老年之人獨不爲子孫愛念乎況於禮制亦自過甚使人不可以繼在賢知者亦當俯就切望懇懇勸解必須入內安歇使下人亦好早晚服事時嘗遊嬉宴樂快適性情以調養天和此便自爲子孫造無窮之福此等言語爲子者不敢直致

惟望　太叔爲我委曲開譬要在必從而後已千萬千萬至懇至懇正憲讀書一切舉業功名等事皆非所望但惟教之以孝弟而已來誠還草草不盡

祖母岑太夫人百歲考終時海日翁壽七十有五矣尤煢煢苫塊哀毀踰制師十二失恃鞠於祖母在贛屢乞終養弗遂至是聞訃已不勝痛割又聞海日翁居喪之戚將何以爲情欲濟無梁欲飛無翼讀之令人失涕師之學發明同體萬物之旨使人自得其性故於人義天常無不懇至而居常處變神化妙應以成天下之務可由此出其道可以通諸萬世而無弊者得其道之中也錄此可以想見其槩德洪跋

寄正憲男手墨二卷 正憲字仲肅師繼子也嘉靖丁亥師起征思田正億方二齡託家政于魏子廷豹使飭家衆以字胤子託正憲于洪與汝中使切磨學問以飭內外延途所寄音問當軍旅倥偬之時猶字畫遒勁訓戒明切至今讀之宛然若示嚴範師沒後越庚申鄒子謙之陳子惟濬來自懷玉奠師墓于蘭亭正憲攜卷請題其後噫今二子與正憲俱爲泉下人矣而斯卷獨存正憲年十四襲師錦衣廕喜正億生遂辭職出就科試卽其平生鄒子所謂授簡不忘夫子於昭之靈實寵嘉之其無愧于斯言矣乎

卽日舟已過嚴灘足瘡尚未愈然亦漸輕減矣家中事凡百與魏廷豹相計議

而行讀書敦行是所至囑內外之防須嚴門禁一應賓客來往及諸童僕出入悉依所留告示不得少有更改四官尤要戒飲博專心理家事保一謹實可託不得聽人哄誘有所改動我至前途更有書報也

舟過臨江五鼓與叔謙遇於途次燈下草此報汝知之沿途皆平安咳嗽尚未已然亦不大作廣中事頗急只得連夜速進南贛亦不能久留矣汝在家中凡宜從戒諭而行讀書執禮日進高明乃吾之望魏廷豹此時想在家家衆悉宜遵廷豹教訓汝宜躬率身先之書至汝即可報祖母諸叔況我沿途平安凡百想能體悉我意鈐束下人謹守禮法皆不俟吾喋喋也廷豹德洪汝中及諸同志親友皆可致此意

近兩得汝書知家中大小平安且汝自言能守吾訓戒不敢違越果如所言吾無憂矣凡百家事及大小童僕皆須聽魏廷豹斷決而行近聞守度頗不遵信致牴牾廷豹未論其閒是非曲直只是牴牾廷豹便已大不是矣繼聞其遊蕩奢縱如故想亦終難化導試問他畢竟如何乃可宜自思之守悌叔書來云汝

欲出應試但汝本領未備恐成虛願汝近來學業所進吾不知汝自量度而行吾不阻汝亦不強汝也德洪汝中及諸直諒高明凡肯勉汝以德義規汝以過失者汝宜時時親就汝若能如魚之於水不能須臾而離則不及人不爲憂矣吾平生講學只是致良知三字仁人心也良知之誠愛惻怛處便是仁無誠愛惻怛之心亦無良知可致矣汝於此處宜加猛省家中凡事不暇一一細及汝果能敬守訓戒吾亦不必一一細及也餘姚諸叔父昆弟皆以吾言告之前月曾遣舍人任銳寄書曆此時當已發回若未發回可將江西巡撫時奏報批行稿簿一冊共計十四本封固付本舍帶來我今已至平南縣此去田州漸近田州之事我承姚公之後或者可以因人成事但他處事務似此者尚多恐一置身其閒一時未易解脫耳汝在家凡百務宜守我戒諭學做好人德洪汝中輩須時時親近請教求益聰兒已託魏廷豹時常一看廷豹忠信君子當能不負所託但家衆或有桀驁不肯遵奉其約束者汝須相與痛加懲治我歸來日斷不輕恕汝可早晚常以此意戒飭之廿二弟近來砥礪如何守度近來修省如

何保一近來管事如何保三近來改過如何王祥等早晚照管如何王禎不遠出否此等事我方有　國事在身安能分念及此瑣瑣家務汝等自宜體我之意謹守禮法不致累我懷抱乃可耳

東廓鄒守益曰先師陽明夫子家書二卷嗣子正憲仲肅甫什襲藏之益趨天真與蘭亭獲覩焉喜曰是能授簡不忘矣書中讀書敦行日進高明鈐束下人謹守禮法及切磋道義請益求教互相夾持接引來學真是一善一藥至吾平日講學只是致良知三字仁人心也良知之誠愛惻怛處便是仁無誠愛惻怛亦無良知可致是以繼志述事望吾仲肅也仲肅日孳孳焉進而書紳退而服膺則大慰吾黨愛助之懷而夫子於昭之靈實寵嘉之

又

去歲十二月廿六日始抵南寧因見各夷皆有向化之誠乃盡散甲兵示以生路至正月廿六日各夷果皆投戈釋甲自縛歸降凡七萬餘衆地方幸已平定是皆　朝廷好生之德感格上下神武不殺之威潛孚默運以能致此在我一

家則亦祖宗德澤陰庇得無殺戮之慘以免覆敗之患俟處置略定便當上疏乞歸相見之期漸可卜矣家中自老奶奶以下想皆平安今聞此信益可以免勞掛念我有地方重寄豈能復顧家事弟輩與正憲只照依我所留戒諭之言時時與德洪汝中輩切磋道義吾復何慮餘姚諸弟姪書到咸報知之

八月廿七日南寧起程九月初七日已抵廣城病勢今亦漸平復但咳嗽終未能脫體耳養病本北上已二月餘不久當得報即踰嶺東下則抵家漸可計日矣書至即可上白祖母知之近聞汝從汝諸叔諸兄皆在杭城就試科第之事吾豈敢必於汝得汝立志向上則亦有足喜也汝叔汝兄今年利鈍如何想旬月後此閒可以得報其時吾亦可以發舟矣因山陰林掌教歸便冗冗中寫此與汝知之

我至廣城已踰半月因咳嗽兼水瀉未免再將息旬月候養病疏命下即發舟歸矣家事亦不暇言只要戒飭家人大小俱要謙謹小心餘姚八弟等事近日不知如何耳在京有進本者議論甚傳播徒取快讒賊之口此何等時節而可

如此兄弟子姪中不肯略體息正所謂操戈入室助仇爲寇者也可恨可痛兼因謝姨夫回便草草報平安書至卽可奉白老奶奶及汝叔輩知之錢德洪王汝中及書院諸同志皆可上覆德洪汝中亦須上緊進京不宜太遲滯

近因地方事已平靖遂動思歸之懷念及家事乃有許多不滿人意處守度奢淫如舊非但不當重託兼亦自取敗壞戒之戒之尚期速改可也寶一勤勞亦有可取只是見小欲速想福分淺薄之故但能改創亦可寶三長惡不悛斷已難留須急急遣回餘姚別求生理有容留者卽是同惡相濟之人宜幷逐之來貴奸惰略無改悔終須逐出來隆來价不知近來幹辦何如須痛自改省但看同輩中有能真心替我管事者我亦何嘗不知添福添定王三等輩只是終日營營不知爲誰經理試自思之添保尚不改過歸來仍須痛治只有書童一人實心爲家不顧毀譽利害真可愛念使我家有十箇書童我事皆有託矣來瓚亦老實可託只是太執戇又聽婦言不長進王祥王禎務要替我盡心管事但有闕失皆汝二人之罪俱要拱聽魏先生教戒不聽者責之

明水陳九川曰此先師廣西家書付正憲仲肅者也中閒無非戒諭家人謹守素訓至致良知三字乃先師平素教人不倦者云誠愛惻怛之心卽是致良知此晚年所以告門人者僅見一二於全集中至爲緊要乃於家書中及之可見先師之所以丁寧告戒者無異於得力之門人矣仲肅宜世襲之

王文成公全書卷之二十六

續編二　書

與郭善甫

朱生至得手書備悉善甫相念之懇切苟心同志協工夫不懈雖隔千里不異几席又何必朝夕相與一堂之上而爲後快耶來書所問數節楊仁夫去適穉事方畢親友紛至未暇細答然致知格物之說善甫已得其端緒但於此涵泳深厚諸如數說將沛然融釋有不俟於他人之言者矣荒歲道路多阻且不必遠涉須稍收稔然後乘興一來不縷縷

寄楊仕德

臨別數語極奮勵區區聞之亦悚然有警歸途又往西樵一過所進當益不同矣此時已抵家大抵忘己逐物虛內事外是近來學者時行症候仕德既已看破此病早晚自不廢藥石康節云與其病後能服藥不若病前能自防此切喻愛身者自當無所不用其極也病疎至今未得報此閑相聚日衆最可喜但如

仕德謙之既遠去而惟乾復多病又以接濟乏人爲苦爾尙謙度未能遽出仕德明春之約果能不爽不獨區區之望尤諸同遊之切望也

與顧惟賢

聞有枉顧之意傾望甚切繼聞有夾剿之事蓋我獨賢勞自昔而然矣此閑上游南康諸賊幸已掃蕩渠魁悉已授首回軍且半月以湖廣之故留兵守隘而已奏捷須湖廣略有次第然後舉朱守忠聞在對哨有面會之圖此亦一奇遇近得甘泉書已與叔賢同往西樵令人想企不能一日處此矣承示既飽不必問其所食之物此語誠有病已不能記當時所指恐亦爲世之專務辨論講說而不求深造自得者說故其語意之閑不無抑揚太過雖然苟誠知求飽將必五穀是資鄙意所重蓋以責夫不能誠心求飽者故遂不覺其言之過激亦猶養之未至也凡言意所不能達多假於譬喻以意逆志是爲得之若必拘文泥象則雖聖人之言且亦不能無病況於吾儕學未有至詞意之閑本已不能無弊者何足異乎今時學者大患不能立懇切之志故鄙意專以責志立誠爲重

同志者亦觀其大意之所在斯可矣惟賢謂有所疑而未解正如饑者之求食若一日不食則一日不飽誠哉是言果能如饑者之求飽安能一日而不食又安能屏棄五穀而食畫餅者乎此亦可以不言而喻矣承示爲益已多友朋切磋之職不敢言謝何時遇甘泉更出此一正之

閩廣之役偶幸了事皆諸君之功區區蓋坐享其成者但閩寇雖平而虔南之寇乃數倍於閩善後之圖尙未知所出野人歸與空切不知知己者亦嘗爲念及此否也曰仁近方告病與二三友去畊霅上霅上之謀實始於陸澄氏陸與潮人薛侃皆來南都從學二子並佳士今皆舉進士未免又失卻地主矣向在南都相與者曰仁之外尙有太常博士馬明衡兵部主事黃宗明見素之子林達有御史陳傑舉人蔡宗兗饒文璧之屬蔡今亦舉進士其時凡二三十人日覺有相長之益今來索居不覺漸成放倒可畏可畏閒中有見不妨寫寄庶亦有所警發也甘泉此時已報滿叔賢聞且束裝曾相見否霍渭先亦美質可與言見時皆爲致意

承喻討有罪者執渠魁而散脅從此古之政也不亦善乎顧浰賊皆長惡怙終其閒脅從者無幾朝撤兵而暮聚黨若是者亦屢屢矣誅之則不可勝誅又恐以其患遺諸後人惟賢謂政教之不行風俗之不美以至於此豈不信然然此膏肓之疾吾其旬日之閒可柰何哉故今三省連累之賊非殺之爲難而處之爲難非處之爲難而處之者能久於其道之爲難也賤軀以多病之故日夜冀了此塞責而去不欲復以其罪累後來之人故猶不免於意必之私未忍一日舍置嗟乎我躬不閱遑恤我後盡其力之所能爲今其大勢亦幸底定如其禮樂以俟君子而已數日前已還軍贛州風毒大作壅腫坐臥恐自此遂成廢人行且告休人還草草復

承喻用兵之難非獨曲盡利害足以開近議之惑其所以致私愛於僕者尤非淺也愧感愧感但龍川羣盜爲南贛患歲無虛月剿捕之　命屢下所以未敢輕動正亦恐如惟賢所云耳雖今郴桂夾攻之舉亦甚非鄙意所欲況龍川乎夏閒嘗具一疏頗上其事以湖廣奉有　成命遂付空言今錄去一目鄙心可

知矣湖廣夾攻爲備已久郴桂之賊爲湖廣兵勢所迫四出攻掠南贛日夜爲備今始稍稍支持然廣東以府江之役尚未調集必待三省齊發復恐老師費財欲視其緩急以次漸舉蓋桂東上游之賊湖廣與江西夾攻廣東無與也昌樂乳源之賊廣東與湖廣夾持江西無與也龍川之賊江西與廣東夾攻湖廣無與也事雖一體而其閑賊情地勢自不相及若先舉桂東上游候廣東兵集然後舉乳源諸處末乃及於龍川似亦可以節力省費而易爲功不知諸公之見又何如耳所云龍川亦止浰頭一巢蓋環巢數邑被害已極人之痛憤勢所不容已也

來諭謂得書之後前疑渙然冰釋幸甚幸甚學不如此只是一場說話非所謂盈科而後進成章而後達也又自謂終夜思之如污泥在面而不能即去果如污泥在面有不能即去者乎幸甚幸甚自來南贛平生益友離羣索居切磋之閑不聞近日始有薛進士輩一二人自北來稍稍各有砥礪又以討賊事急今屯兵浰頭且半月矣浰頭賊首池大鬢等二十餘人悉已授首漏網者甲從一

二輩其餘固可略也狼兵利害相半若調猶未至且可已之此閒所用皆機快之屬雖不能如狼兵之犀利且易驅策就約束聞乳源諸賊已平蕩可喜湖兵四哨不下數萬所獲不滿二千始得子月朔日會剿依期而往彼反以先期見責所謂文移時出侵語誠有之此舉本渠所倡今所俘獲反不能多意有未愜而憤激至此不足爲怪浰頭巢穴雖已破蕩然須建一縣治以控制之庶可永絶嘯聚之患已檄贛惠二知府會議可否高見且以爲何如南贛大患惟桶岡橫水浰頭三大賊幸皆以次削平年來歸思極切所恨風波漂蕩茫無涯涘乃今幸有灣泊之機知己當亦爲吾喜也乳源各處克捷有兩廣之報區區不敢冒捷然亦且須題知事畢之日須備始末知之

近得甘泉叔賢書知二君議論既合自此吾黨之學廓然同途無復疑異矣喜幸不可言承喻日來進修警省不懈尤足以慰傾望此閒朋友亦集亦頗有奮起者但惟鄙人冗疾相仍精氣日耗兼之淹滯風塵中未遂脫屣林下相與專心講習正如俳優場中奏雅縱復音調盡協終不免於劇戲耳乞休疏已四上

鑾輿近聞且南幸以瘡疾蹔止每一奏事輒往復三四月此番倘得遂請亦須冬盡春初矣後山應援之說審度事勢亦不必然但奉有　詔旨不得不一行此亦公文體面如此聞彼中議論頗不齊惟賢何以備見示區區庶可善處也

近得省城及南都諸公書報云卽月初十日　聖駕北還且云頭船已發不勝喜躍賤恙亦遂頓減此　宗社之福天下之幸人臣之至願何喜何慰如之但區區之心猶懷隱憂或恐須及霜降以後冬至以前方有的實消息其時賤恙當亦平復卽可放舟東下與諸君一議地方事遂圖歸計耳聞永豐新淦白沙一帶皆被流劫該道守巡官皆宜急出督捕非但安靖地方亦可乘此機會整頓兵馬以預備他變今恐事勢昭彰驚動遠近且不行文書至卽可與各守巡備道區區之意卽時一出勿更遲遲輕忽坐視思抑歸與近卻如何若必不可已俟回鑾信的徐圖之未晚也

近得江西策問深用警惕然自反而縮固有舉世非之而不顧者矣其敢因是遂靡然自弛耶易曰知至至之知至者知也至之者致知也此知行之所以合

一也若後世致知之說止說得一知字不曾說得致字此知行所以二也病發茶苦之人已絕口人閒事念相知之篤輒復一及

北行不及一面甚闕久別之懷承寄慈湖文集客冗未能徧觀來喻欲摘其尤粹者再圖翻刻甚喜但古人言論自各有見語脈牽連互有發越今欲就其中以己意刪節之似亦甚有不易莫若盡存以俟具眼者自加分別所云超捷艮如高見今亦但當論其言之是與不是不當逆覩者之致疑反使吾心昭明洞達之見有所揜覆而不盡也尊意以爲何如

與當道書

江省之變大略具奏內此人逆謀已非一日久而未發蓋其心懷兩圖是以遲疑未決抑亦慮生之躡其後也近聞生將赴閩必經其地已視生爲几上肉矣賴　朝廷之威靈諸老先生之德庇竟獲脫身虎口所恨兵力寡弱不能有爲爾南贛舊嘗屯兵四千朝有警而夕可發近爲戶部必欲奏革商稅糧餉無所取給故遂放散未三月而有此變復欲召集非數月不能亦且空然無資矣世

事之相撓阻每每如此亦何望乎今亦一面號召忠義取調各縣機快且先遣疲弱之卒張布聲勢於豐城諸處牽躡其後天奪其魄彼果遲疑而未進若再留半月南都必已有備彼一離窠穴生將奮搗其虛使之進不得前退無所據勤王之師又四面漸集必成擒矣此生憶料若此切望諸老先生急賜議處速遣能將將重兵聲罪而南以絕其北窺之望飛召各省急興勤王之師此人兇殘忌刻世所未有使其得志天下無遺類矣諒在廟堂必有成算區區愚誠亦不敢不竭盡生病疲尫僅存餘息近者入閩已具本乞休必不得已且容歸省不意忽遭此變本非生之責任但闔省無一官見在人情渙散洶洶震搖使無一人牽制其閒彼得安意順流而下萬一南都無備將必失守彼又分兵四掠十三郡之民素劫於積威必向風而靡如此則湖湘閩浙皆不能保及事聞朝廷大兵南下彼之奸計漸成破之難矣以是遂忍死蹔留於此徒以空言收拾散亡感激忠義日望命帥之來生得以輿疾還越死且瞑目伏惟諸老先生鑒其血誠必賜保全勿遂竭其力所不能窮其智所不及以爲出身任事者之

戒幸甚幸甚

與汪節夫書

足下數及吾門求一言之益足知好學勤勤之意人有言古之學者爲己今之學者爲人今之學者須先有篤實爲己之心然後可以論學不然則紛紜口耳講說徒足以爲爲人之資而已僕之不欲多言者非有所靳實無可言耳以足下之勤勤下問使誠益勵其篤實爲己之志歸而求之有餘師矣有能一日用其力於仁矣乎我未見力不足者足下勉之道南之說明道實因龜山南歸蓋亦一時之言道豈有南北乎凡論古人得失莫非爲己之學誦其詩讀其書不知其人可乎是以論其世也是尙友也果能有所得於尙友之實又何以斯錄爲哉節夫姑務爲己之實無復往年務外近名之病所得必已多矣此事尙在所緩也凡作文惟務道其心中之實達意而止不必過求雕刻所謂修辭立誠者也

寄張世文

執謙枉問之意甚感相與數月無能爲一字之益乃今又將遠別矣愧負愧負今時友朋美質不無而有志者絶少謂聖賢不復可冀所視以爲準的者不過建功名炫耀一時以駭愚夫俗子之觀聽嗚呼此身可以爲堯舜參天地而自期若此不亦可哀也乎故區區於友朋中每以立志爲說亦知往往有厭其煩者然卒不能舍是而別有所先誠以學不立志如植木無根生意將無從發端矣自古及今有志而無成者則有之未有無志而能有成者也遠別無以爲贈復申其立志之說賢者不以爲迂庶勤勤執謙枉問之盛心爲不虛矣

與王晉溪司馬

伏惟明公德學政事高一世守仁晚進雖未獲親炙而私淑之心已非一日乃者承乏鴻臚自以迂腐多疾無復可用於世思得退歸田野苟存餘息乃蒙大賢君子不遺葑菲拔置重地適承前官謝病之後地方亦復多事遂不敢固以疾辭已於正月十六日抵贛扶疾蒞任雖感　恩圖報之心無不欲盡而精力智慮有所不及恐不免終爲薦舉之累耳伏惟仁人君子器使曲成責人以其

所可勉而不強人以其所不能則守仁羈鳥故林之想必將有日可遂矣因遣
官詣　闕陳謝敬附申謝私於門下伏冀尊照不備
守仁近因巢賊大修戰具遠近勾結將遂乘虛而入乃先其未發分兵擣撲雖
斬獲未盡然克全師而歸賊巢積聚亦爲一空此皆老先生申明律例將士稍
知用命以克有此不然以南贛素無紀律之兵見賊不奔亦已難矣況敢暮夜
撲剿奮呼追擊功雖不多其在南贛則實創見之事矣伏望老先生特加勸賞
使自此益加激勵幸甚今各巢奔潰之賊皆聚橫水桶岡之閒與郴桂諸賊接
境生恐其勢窮或并力復出且天氣炎毒兵難深入遠攻乃分留重卒於金坑
營前扼其要害示以必攻之勢使之旦夕防守不遑他圖又潛遣人於已破各
巢山谷閒多張疑兵使既潰之賊不敢復還舊巢聊且與之牽持候秋氣漸涼
各處調兵稍集更圖後舉惟望老先生授之以成妙之算假之以專一之權明
之以賞罰之典生雖庸劣無能爲役敢不鞭策駑鈍以期無負推舉之盛心秋
冬之閒地方苟幸無事得以歸全病喘於林下老先生肉骨生死之恩生當何

如爲報耶正暑伏惟爲　國爲道自重不宣

前月奏捷人去曾瀆短啓計已達門下守仁才劣任重大懼覆餗爲薦揚之累近者南贛盜賊雖外若稍定其實譬之疽癰但未潰決至其惡毒則固日深月積將漸不可瘳治生等固庸醫又無藥石之備不過從旁撫摩調護以紓目前自非老先生發鍼下砭指示方藥安敢輕措其手冀百一之成前者申明賞罰之請固來求鍼砭於門下不知老先生肯賜俯從卒授起死回生之方否也近得輋中消息云將大舉乘虛入廣蓋兩廣之兵近日皆聚府江生等恐其聲東擊西亦已密切布置將爲先事之圖但其事隱而未露未敢顯言於　朝然又不敢不以聞於門下且聞府江不久班師則其謀亦將自阻大抵南贛兵力極爲空疎近日稍加募選訓練始得三千之數然而糧賞之資則又百未有措若夾攻之舉果行則其勢尤爲窘迫欲稱貸於他省則他省各有軍旅之費欲加賦於貧民則貧民又有從盜之虞惟贛州雖有鹽稅一事邇來既奉戶部明文停止但官府雖有禁止之名而奸豪實竊私通之利又鹽利下通於三府皆民

情所深願而官府稍取其什一亦商人所悅從用是輒因官僚之議仍舊抽放蓋事機窘迫勢不得已然亦不加賦而財足不擾民而事辦比之他圖固猶計之得者也今特具以　聞奏伏望老先生曲賜扶持使兵事得賴此以濟實亦地方生靈之幸生等得免於失機誤事之誅其爲感幸尤深且大矣自非老先生體國憂民之至何敢每事控聒若此伏冀垂照不具

生於前月二十日地方偶獲微功已於是月初二日具本　聞奏差人既發始領部咨知夾攻已有成命前者嘗具兩可之奏不敢專主夾攻者誠以前此三省嘗爲是舉乃往復勘議動經歲月形跡顯暴事未及舉而賊已奔竄大半今老先生略去繁文之擾行以實心斷以大義一決而定機速事果則夾攻之舉固亦未嘗不善也凡敗軍僨事皆緣政出多門每行一事既稟巡撫復稟鎮守復稟巡按往返需遲之閒謀慮既泄事機已去昨睹老先生所議謂閫外兵權貴在專委征伐事宜切忌遙制且復除去總制之名使各省事有專責不令掣肘致相推託眞可謂一洗近年瑣屑牽擾之弊非有大公無我之心發強剛毅

者孰能與於斯矣廟堂之上得如老先生者爲之張主人亦孰不樂爲之用乎幸甚幸甚今各賊巢穴之近江西者蓋已焚毀大半但擒斬不多徒黨尙盛其在廣東湖廣者猶有三分之一若平日相機擒撲則賊勢分而兵力可省今欲大舉賊且并力合勢非有一倍之衆未可輕議攻圍況南贛之兵素稱疲弱見賊而奔乃其長技廣湖所用皆土官狼兵賊所素畏夾攻之日勢必偏潰江西今欲請調狼兵以當其鋒非惟慮其所過殘掠兼恐緩不及事生近以漳南之役親見上杭程鄉兩處機快頗亦可用且在撫屬之內故今特調二縣各一千名并湊南贛新集起倩共爲一萬二千之數若以軍法五攻之例必須三省合兵十萬而後可但南贛糧餉無措不得已而從減省若此伏望老先生特賜允可若更少損其數斷然力不足以支寇矣腐儒小生素不習兵勉強當事惟恐覆公之餗伏惟老先生憫其不逮教以方略使得有所持循幸甚幸甚守仁始至贛即因閩寇猖獗遂往督兵故前者瀆奉謝啓極爲草略迄今以爲罪閩寇之始亦不甚多大軍既集乃連絡四面而起幾不可支今者偶獲成功皆賴廟

堂德威成算不然且不免於罪累矣幸甚守仁腐儒小生實非可用之才蓋未承南贛之乏已嘗告病求退後以託疾避難之嫌遂不敢固請黽勉至此實恐得罪於道德負薦舉之盛心耳伏惟終賜指教而曲成之幸甚幸甚今閩寇雖平而南贛之寇又數倍於閩且地連四省事權不一兼之 敕旨又有不與民事之說故雖虛擁巡撫之名而其實號令之所及止於贛州一城然且尚多牴牾是亦非皆有司者敢於違抗之罪事勢使然也今為南贛止可因仍坐視稍欲舉動便有掣肘守仁竊以南贛之巡撫可無特設止存兵備而統於兩廣之總制庶幾事體可以歸一不然則江西之巡撫雖三省之務尚有牽礙而南贛之事猶可自專一應軍馬錢糧皆得通融裁處而預為之所猶勝於今之巡撫無事則開雙眼以坐視有事則空兩手以待人也夫弭盜所以安民而安民者弭盜之本今責之以弭盜而使無與于民猶專以藥石攻病而不復問其飲食調適之宜病有日增而已矣今巡撫之改革事體關係或非一人私議之間便可更定惟有申明賞罰猶可以稍重任使之權而因以略舉其職故今輒有是

奏伏惟特賜採擇施行則非獨生一人得以稍逭罪戮地方之困亦可以少蘇矣非恃道誼深愛何敢冒瀆及此萬冀鑒恕不宣

即日伏惟經綸邦政之暇台候萬福守仁學徒慕古識乏周時謬膺 簡用懼弗負荷祗 命以來推尋釀寇之由率因姑息之弊所敢陳 請實恃知己乃蒙 天聽並 賜允從 蕃錫寵石 恩與至重是非執事器使曲成獎飾接引何以得此守仁無似敢不勉奮庸劣遵稟成略冀收微効以上答 聖眷且報所自乎茲當發師匆遽陳謝伏惟台照不備

生惟君子之於天下非知善言之爲難而能用善言之爲難舜在深山之中與木石居鹿豕遊其所以異於深山之野人者幾希舜亦何以異於人哉至其聞一善言見一善行沛然若決江河莫之能禦然後見其與世之人相去甚遠耳今天下知謀才辯之士其所思慮謀猷亦無以大相遠者然多蔽而不知或雖知而不能用或雖用而不相決雷同附和求其的然真見其孰爲可行孰爲不可行孰爲似迂而實切孰爲似是而實非斷然施之於用如神醫之用藥寒暑

虛實惟意所投而莫不有以曲中其機此非有明睿之資正大之學剛直之氣其孰能與於此若此者豈惟後世之所難能雖古之名世大臣蓋亦未之多聞也守仁每誦明公之所論奏見其洞察之明剛果之斷妙應無方之知燦然剖析之有條而正大光明之學凜然理義之莫犯未嘗不拱手起誦歆仰歎服自其識事以來見世之名公巨卿負威望於當代者其所論列在尋常亦有可觀至於當大疑臨大利害得喪毀譽眩瞀於前力不能正卽依違兩可掉覆文飾以幸無事求其卓然之見浩然之氣沛然之詞如明公之片言者無有矣在其平時明公雖已自有以異於人人固猶若無以大異者必至於是而後見其相去之甚遠也守仁恥爲佞詞以諛人若明公者古之所謂社稷大臣負王佐之才臨大節而不可奪者非明公其誰歟守仁後進迂劣何幸辱在驅策之末奉令承教以効其尺寸所謂駑駘遇伯樂而獲進於百里其爲感幸何如哉邇者龍川之役亦幸了事窮本推原厥功所自已略具於奏末不敢復縷縷所恨福薄之人難與成功雖仰賴方略僥倖塞責而病患日深已成廢棄昨日乞休疏

入輒嘗恃愛控其懇切之情日夜瞻望允報伏惟明公終始曲成使得稍慰老父衰病之懷而百歲祖母亦獲一見爲訣死生骨肉之恩生當何如爲報耶情隘詞迫乞冀矜亮死罪死罪

近領部咨見老先生之於守仁可謂心無不盡而凡其平日見於論奏之閒者亦已無一言之不酬雖上公之爵萬戶侯之封不能加於此矣自度鄙劣何以克堪感激之私中心藏之不能以言謝然守仁之所以隱忍扶疾身被鋒鏑出百死一生以赴地方之急者亦豈苟圖旌賞希階級之榮而已哉誠感老先生之知愛期無負於薦揚之言不愧稱知己於天下而已矣今雖不能大建奇偉之績以仰答知遇亦幸苟無撓敗戮辱遺繆舉之羞於門下則守仁之罪責亦已少塞而志願亦可以無大憾矣復何求哉復何求哉伏惟老先生愛人以德器使曲成不責人以其所不備不強人以其所不能則凡才薄福尫羸疾廢如某者庶可以遂其骸骨之請矣乞休疏待報已三月尚杳未有聞歸魂飛越夕不能旦伏望憫其迫切之情早賜允可是所謂生死而肉骨者也感德當何如

耶
輒有私梗仰恃知愛敢以控陳近日三省用兵之費廣湖兩省皆不下十餘萬生處所乞止於三萬實皆分毫扣算不敢稍存贏餘已蒙老先生洞察其隱極力扶持盡賜准允後戶部復見沮抑以故昨者進兵之際凡百皆臨期那借屑湊殊爲窘急賴老先生指授幸而兩月之內偶克成功不然決致敗事矣此雖已遂之事然生必欲一鳴其情者竊恐因此遂誤他日事耳又南贛盜賊巢穴雖幸破蕩而漏殄殘黨難保必無兼之地連四省深山盤谷逃流之民不時嘯聚輒採民情議於橫水大寨請建縣治爲久安之圖乘閑經營已略有次第守仁迂疎病懶於凡勞役之事實有不堪但籌度事勢有不得不然者是以不敢以病軀欲歸之故閉遏其事而不可聞苟幸目前之塞責而已也伏惟老先生幷賜裁度施行幸甚

守仁不肖過蒙薦獎終始曲成言無不行請無不得既假以賞罰之權復委以提督之任授之方略指其迷謬是以南贛數十年桀驁難攻之賊兩月之內掃

蕩無遺是豈駑劣若守仁者之所能哉昔人有言追獲獸兎功狗也發縱指示功人也守仁賴明公之發縱指示不但得免於撓敗之戮而又且與於追獲獸兎之功感恩懷德未知此生何以爲報也因奏捷人去先布下懇侯兵事稍閒尙當具啓修謝伏惟爲國爲道自重不宣

邇者南贛盜賊遂獲底定實皆老先生定議授算以克有此生輩不過遵守奉行之而已何功之有而敢冒受重賞乎伏惟老先生橐籥元和含洪無迹乃欲歸功於生物物惟不自知其生之所自焉爾苟知其生之所自其敢自以爲功乎是自絕其生也已拜命之餘不勝慚懼輒具本辭免非敢苟爲遜避實其中心有不自安者陞官則已過甚又加之廕子若之何其能當之負且乘致寇至生非無貪得之心切懼寇之將至也伏惟老先生鑒其不敢自安之誠特賜允可使得仍以原職致事而去是乃所以曲成而保全之也感刻當何如哉瀆冒尊威死罪死罪

憂危之際不敢數奉起居然此心未嘗一日不在門牆也事窮勢極臣子至此

惟有痛哭流涕而已可如何哉生前者屢乞省葬蓋猶有隱忍苟全之望今既未可得以微罪去歸田里即大幸矣素蒙知愛之深敢有虛妄神明誅殛惟鑒其哀懇特賜曲成生死肉骨之感也地方事決知無能為已閉門息念袖手待盡矣惟是苦痛切膚未免復為一控亦聊以盡吾心焉爾臨啓悲愴不知所云

自去冬畏途多沮遂不敢數數奉啓感刻之情無由一達繆劣多忤尚獲曲全非老先生何以得此中心藏之何日忘之誦此而已何能圖報哉江西之民困苦已極其閑情狀計已傳聞無俟復喋今騷求既未有艾錢糧又不得免其變可立待去歲首為控奏既未蒙 旨繼為申請又不得達今茲事窮勢極只得冒罪復請伏望憫地方之塗炭為 朝廷深憂遠慮得與速免以救燃眉幸甚幸甚生之乞歸省葬去秋已蒙賊平來說之 旨冬底復請至今未奉 允報生之汲汲為此非獨情事苦切亦欲因此稍避怨嫉素蒙老先生道誼骨肉之愛無所不至於此獨忍不一舉手投足為生全之地乎今地方事殘破憊極其閑宜修舉者百端去歲嘗繆申一二奏皆中途被沮而歸繼是而後遂以形迹

之嫌不敢復有所建白兼賤恙日尪瘠又以父老憂危致疾之故神志恍恍終日如在夢寐中今雖復還省城不過閉門昏臥服藥喘息而已此外人事都不復省況能爲地方救災拯難有所裨益於時乎所以復有蠲租之請者正如夢中人被錐刺未能不知疼痛縱其手足撲療不及亦復一呻吟耳老先生幸憐其志哀其情速免征科以解地方之倒懸一允省葬之乞使生得歸全首領於牖下則闔省蒙更生之德生父子一家受骨肉之恩舉含刻於無涯矣昏憒中控訴無敍臨啓不勝愴慄

屢奉啓皆中途被沮無由上達幸其閒乃無一私語可以質諸鬼神自是遂不敢復具然此顛頓窘局苦切屈抑之情非筆舌可盡者必蒙憫照當不俟控籲而悉也日來嘔血飲食頓減潮熱夜作自計決非久於人世者望全始終之愛使得早還故鄉萬一苟延餘息生死肉骨之恩當何如圖報耶餘情張御史當亦能悉伏祈垂亮不備

比兵部差官來賚示批札開諭勤惓佐亦隨至備傳垂念之厚昔人有云公之

知我勝於我之自知若公今日之愛生實乃勝於生之自愛也感報當何如哉明公一身係宗社安危持衡甫旬月略示舉動已足以大慰天下之望矣百凡起居尤望倍常愼密珍攝非獨守仁之私幸也佐且復北當有別啓差官回便輒先附謝伏惟台鑒不具

與陸清伯書

屢得書見清伯所以省愆罪己之意可謂真切懇到矣即此便是清伯本然之良知凡人之爲不善者雖至於逆理亂常之極其本心之良知亦未有不自知者但不能致其本然之良知是以物有不格意有不誠而卒入於小人之歸故凡致知者致其本然之良知而已大學謂之致知格物在書謂之精一在中庸謂之愼獨在孟子謂之集義其工夫一也向在南都嘗謂清伯喫緊於此清伯亦自以爲既知之矣近覩來書往往似尚未悟輒復贅此清伯更精思之大學古本一冊寄去時一覽近因同志之士多於此處不甚理會故序中特改數語有得便中寫知之季惟乾事善類所共冤望爲委曲周旋之

與許台仲書

榮擢諫垣聞之喜而不寐非爲台仲喜得此官爲　朝廷諫垣喜得台仲也孟子云人不足與適也政不足與閒也惟大人爲能格君心之非一正君而國定矣碌碌之士未論其言之若何苟言焉亦足尙矣若夫君子之志於學者必時然後言而後可又不專以敢言爲貴也去惡先其甚者顚倒是非固已得罪於名教若搜羅瑣屑亦君子之所恥矣尊意以爲何如向時格致之說近來用工有得力處否若於此見得眞切卽所謂一以貫之如前所云亦爲瑣瑣矣

又

吾子纍然憂服之中顧勞垂念至勤賢卽以書幣遠及其何以當其何以當道不可須臾而離故學不須臾而閒居喪亦學也而喪者以荒迷自居言不能無荒迷爾學則不至於荒迷故曰喪事不敢不勉寧戚之說爲流俗忘本者言也喜怒哀樂發皆中節之謂和哀亦有和焉發於至誠而無所乖戾之謂也夫過情非和也動氣非和也有意必於其閒非和也孺子終日啼而不嗌和之至也

知此則知居喪之學固無所異於平居之學矣聞吾子近日有過毀之憂輒敢以是奉告幸圖其所謂大孝者可也

與林見素

執事孝友之行淵博之學俊偉之才正大之氣忠貞之節某自弱冠從家君於京師幸接比鄰又獲與令弟相往復其時固已熟聞習見心悅而誠服矣第以薄劣之資未敢數數有請其後執事德益盛望益隆功業益顯地益遠某企仰益切雖欲忘其薄劣一至君子之庭以濡咳唾之餘又益不可得矣執事中遭讒嫉退處邱園天下之士凡有知識莫不爲之扼腕不平思一致其勤惓而況某素切向慕者當如何爲心顧終歲奔走於山夷海獠之區力不任重日不暇給無由一申起居徒時時於交游士夫閒竊執事之動履消息皆以爲人不堪其憂憒而執事處之恬然從容禮樂之閒與平居無異易所謂時困而德辨身退而道亨於執事見之矣　聖天子維新政化復起執事寄之股肱誠以慰天下之望此蓋宗社生民之慶不獨知游之幸善類之光而已也正欲作一書略

序其前後傾企紆鬱未伸之懷幷致其歡欣慶忭之意值時歸省老親冗病交集尙爾未能而區區一時僥倖之功連年屈辱之志乃蒙爲之申理誘掖過情而褒賞踰分又特遣人馳報慰諭此固執事平日與人爲善之素心大公無我之盛節顧淺陋卑劣其將何以承之乎感激惶悚莫知攸措使還冗劇草草略布下悃至於恩命之不敢當厚德之未能謝者尙容專人特啓不具

與楊邃庵

某之繆辱知愛蓋非一朝一夕矣自先君之始託交於門下至於今且四十餘年父子之間受惠於不知蒙施於無迹者何可得而勝舉就其顯然可述不一而足者則如先君之爲祖母乞葬祭也則因而施及其祖考某之承乏於南贛而行事之難也則因而改授以提督其在廣會征偶獲微功而見詘於當事也則竟違衆議而申之其在西江幸夷大憝而見搆於權奸也則委曲調護既允全其身家又因維新之詔而特爲之表揚暴白於天下力主非常之典加之以顯爵其因便道而告乞歸省也則既嘉允其奏而復優之以存問其頒封爵之

典也出非望之恩而遂推及其三代此不待人之請不由有司之議傍無一人可致纖毫之力而獨出於執事之心者恩德之深且厚也如是受之者宜何如爲報乎夫人有德於己而不知以報者草木鳥獸也櫟之樹隨之蛇尙有靈焉人也而顧草木鳥獸之弗若耶顧無所可效其報者惟中心藏之而已中心藏之而輒復言之懼執事之謂其藐然若罔聞知而遂以草木視之也邇者先君不幸大故有司以不肖孤方煢然在疚謂其且無更生之望遂以葬祭贈諡爲之代請頗爲該部所抑而　朝廷竟與之以葬祭是執事之心何所不容其厚哉乃今而復有無厭之乞雖亦其情之所不得已實恃知愛之篤遂徑其情而不復有所諱忌嫌沮是誠有類於藐然若罔聞知者矣事之顛末別具附啓惟執事始終其德而不以之爲戮也然後敢舉而行之

與蕭子雍

繆妄迂疎多招物議乃其宜然每勞知己爲之憂念不平徒增悚赧耳荼毒未死之人此身已非己有況其外之毀譽得喪又敢與之乎哀痛稍蘇時與希淵

一二友喘息於荒榛叢草閒惴惴焉惟免於戮辱是幸他更無復願矣近惟教化大行已不負平時祝望知者不慮其不明而慮其過察果者不慮其無斷而慮其過嚴若夫尊德樂義激濁揚清以丕變陋習吾與昔人可無間然矣戚价還草草無次

與德洪

大學或問數條非不願共學之士盡聞斯義顧恐藉寇兵而賫盜糧是以未欲輕出且願諸公與海內同志口相授受俟其有風機之動然後刻之非晚也此意嘗與謙之面論當能相悉也江廣兩途須至杭城始決若從西道又得與謙之一話於金焦之閒冗甚不及寫書幸轉致其略

王文成公全書卷之二十七

續編三

自劾不職以明　聖治事疏

臣聞之主聖則臣直上易知而下易治今　聖主在上澤壅而未宣怨積而不聞臣等曾無一言是甘爲容悅而上無以張　主之聖下無以解於百姓之惑也伏惟　陛下神明英武自居春宮萬姓仰德及登大寶四夷向風不幸賊臣劉瑾竊弄威柄流毒生靈潛謀僭逆幾危郊社賴　祖宗上天之靈俾張永等早發其奸　陛下奮雷霆之斷誅滅黨與剗滌兇穢復　祖宗之舊章弔黎元之疾苦任賢脩政與民更始天下莫不懽忻鼓舞謂　陛下固愛民之主而前此皆賊瑾之荼毒知　陛下固有爲之君而前此皆賊瑾之蒙蔽日夜跂足延頸以望太平奈何積暴所加民痍未復餘烈所煽妖孽連興幾及二年愈肆愈橫兵屯不解民困日深賊勢相連殆遍財匱糧竭旦夕洶洶臣等備位大臣不能展一籌以紓患害寬一縛以蘇倒懸撫心反己自知之罪莫可究言至其暴

揚於天下訾詈於道途而尤難掩飾者大罪有三請自陳其略以伏厥辜夫朝
以出政政以成事　陛下每月視　朝朔望之外不過一二豈不以臣等分職
於下事苟無廢不朝奚損乎然羣臣百司願時一覩　聖顏而不獲則憂思慒
惶漸以懈弛遠近之民遂疑　陛下不復念其困苦而日與怨懟四方盜賊亦
謂　陛下未嘗有意剪除而益猖獗夫昧爽臨　朝不過頃刻　陛下何憚而
不爲所以若此則實由臣等不能備言天下洶洶之情以悟　陛下是其大罪
一也　陛下日於後苑訓練兵事鼓噪之聲震駭城域豈不以寇盜未平思欲
奮威講武乎然此本亦將卒之事兼非　宮禁所宜況今　前星未燿　震位
猶虛而乃勞力於掣肘耗氣於馳逐羣臣惶惑兩宮憂危宗社大本無急於是
而臣等不能力勸　陛下蓄精養神以衍皇儲之慶思患預防以爲燕翼之謀
是其大罪二也夫日近儒臣講論道德涵泳義理以培養本原開發志意則耳
目日以聰明血氣日以和暢窮天地之化盡萬物之情優游泮渙以與古先神
聖爲伍此亦天下之至樂矣　陛下苟知此則將樂之終身而不能以須臾舍

奚暇遊戲之娛乎今　陛下自卽位以來　經筵之御未能四五而悅心於騎射疲勞之事皆由臣等不能備陳　至樂以易　陛下之所好是其大罪三也陛下有堯舜之資臣等不能導　陛下於三代而使天下之民疾首蹙額相告歸咎懷憤若漢唐之季臣等死有餘罪矣伏願　陛下繼自今昧爽以視朝勵精而圖治端拱玄默以養天和正關睢之風毓麟趾之祥日御經筵講求治道務理義之悅心去遊宴之敗度正臣等不職之罪罷歸田里舉耆德宿望之賢與共天職使天下曉然皆知　陛下憂憫元元之本心由臣等不能極言切諫以至於斯自茲以往務在休養生息無復有所騷擾躬脩　聖政以弭天下之艱屯廣　聖嗣以定天下之危疑勤聖學以立天下之大本其餘習染以次洗刷則民生自遂若陽氣至而萬物春寇盜自消若白日出而魍魎滅上以承
祖宗之鴻休下以垂子孫之統緒近以慰臣庶之憂惶遠以答四方之觀向
臣等雖死之日猶生之年不勝激切顛隕待罪之至具疏上　聞

乞　恩表揚先德疏

竊照臣父致仕南京吏部尚書王華以今年二月十二日病故臣時初喪荼苦氣息奄奄不省人事有司以臣父忝在大臣之列特爲奏 聞兼乞葬祭贈謚事下該部以臣父爲禮部侍郎時嘗爲言官所論謂臣父於暮夜受金而自首清議難明承朝廷遣告而乞歸誠意安在又爲南京吏部尚書時因禮部尚書李傑乞 恩認罪回話事奉 欽依李傑王華彼時共同商議如何獨言張昇顯是飾詞本當重治姑從輕都著致仕伏遇 聖慈覆載寬容不輕絶物然猶 賜之葬祭感激浩蕩之恩闔門粉骨無以爲報竊念臣父始得暗投之金若使其時祕而不宣人誰知者而必以自首其於心迹可謂清矣乞便道省母於既行祭告之後其於遣祀之誠自無妨矣當時論者不察其詳而輒以爲言臣父蓋嘗具本六乞退休請究其事當時朝廷特爲暴白屢 賜温旨慰諭勉留其事固已明白久矣乃不意身沒之後而尚以此爲罪也臣切痛之正德初年逆瑾肇亂威行中外其時臣爲兵部主事因瑾綁拿科道官員臣不勝義憤斥瑾罪惡瑾怒臣因而怒及臣父既而使人諷臣父令出其門臣父不往瑾益怒

然臣父乃無可加之罪後遂推尋禮部舊事與臣父無干者因傳　旨升令臣父致仕以泄其怒此則臣父以守正不阿觸忤權奸而爲所擯抑人皆知之人皆寃之乃不知身沒之後而反以此爲咎也臣尤痛之臣父以一甲進士授官翰林院修撰歷陞春坊諭德翰林院學士詹事府少詹事禮部侍郎南京吏部尚書其閒充　經筵官　經筵講官　日講官又選充　東宮輔導官　東宮講讀官與脩　憲廟實錄及大明會典通鑑纂要等書積勞久而被遇深矣故事侍從日講輔導等官身沒之後類得優以　殊恩榮以美謚而臣父獨以無實之謗不附權奸之義生被誣抑而沒有餘恥此臣之所以割心痛骨不得不從　陛下而求一表暴者也夫人子之孝莫大於顯親其不孝亦莫大於辱親臣以犬馬微勞躐致卿位故事在卿佐之列者親沒之後皆得爲之乞請　恩典臣今未敢有所陳乞以求顯其親而反以無實之詬辱其親於身沒之後不孝之罪復何以自立於天地閒乎此臣之所尤割心痛骨不得不從　陛下而求一表暴者也臣自去歲乞　恩便道歸省　陛下垂憫烏鳥且念臣父係侍

從舊臣特　推非常之恩賜之存問臣父先於正德九年嘗蒙　朝廷推恩進階臣伏覩　制詞有云直道見沮於權奸晚節遂安於靜退則當時先帝固已洞知臣父之枉矣臣又伏覩　陛下即位詔書內開自弘治十八年五月十八日以後大小官員有因忠直諫諍及守正被害去任等項各該衙門備查奏請大臣量進階級并與應得　恩廕臣父以守正觸怒逆瑾無故被害去任此固恩詔之所憫錄正在量進階級之列臣父旣耻於自陳而有司又未爲奏請乃今身沒之後而反猶以爲詬臣竊自傷痛其無以自明也臣父中遭屈抑晚遇　聖明庶幾沐浴　恩澤以一雪其拂鬱而忽復逝矣豈不痛哉今又反以爲辱豈不寃哉臣又查得先年吏部尚書馬文昇屠滽等皆嘗屢被論劾其後朝廷推原其事卒賜之以贈謚臣父才猷雖或不逮於二臣而無故被誣實有深於二臣者惟　陛下矜而察之臣以功微賞重深憂覆敗方爾冒死辭免封爵前後　恩典已懼不克勝荷故於臣父之沒斷已不敢更有乞請乃不意蒙此誣辱臣又安能含羞飲泣不爲臣父一致其辯乎夫人臣之於國也主辱

則臣死子之於父也亦然今臣父辱矣臣何以生爲哉夫　朝廷恩典所以報有功而彰有德豈下臣所敢倖乞顧臣父被無實之恥於身後　陛下不爲一明其事自此播之天下傳之後代孝子慈孫將有所不能改而臣父之目不瞑於地下矣豈不寃哉夫飾非以欺其上者不忠矯辭以誣於世者無恥不忠無恥亦所以爲不孝若使臣父果有纖毫可愧於心而臣乃爲之文飾矯誣以欺陛下以罔天下後世縱幸逃於　國憲天地鬼神實臨殛之臣雖庸劣之甚不忠無恥之事義不忍爲也惟　陛下哀而察之臣不勝含哀抱痛戰慄惶懼激切控籲之至謹具本令舍人王宗海代賫奏　聞伏候　勅旨

辯誅遺奸正大法以清朝列疏

丁憂南京兵部尚書臣王某謹奏爲誅遺奸正大法以清朝列事嘉靖元年十月初十等日准南京兵部咨准都察院咨該巡按廣西監察御史張鉞奏爲前事題奉　聖旨是這所劾張子麟事情還著王守仁伍希儒伍文定看了上緊開具明白奏來定奪欽此又准該部咨准都察院咨該丁憂刑部尚書張子麟

奏為辯污枉清名節以雪大寃事題奉　聖旨是張子麟所奏事情著王守仁等一併看了來說欽此俱欽遵外方在衰絰之中憂病哀苦神思荒憒一切世務悉已昏迷恍惚奉　命震悚旋復追惟臣先正德十四年六月初六日奉敕前往福建查處聚衆謀反等事本月十五日行至豐城地方適遇寧藩之變倉卒脫身誓死討賊十八日回至吉安督同知府伍文定等起兵七月二十日引兵收復南昌二十三日宸濠還救二十六日宸濠就擒其時餘黨尚有未盡百務叢集臣因先令各官分兵守視王府各門至月初五六閒始克率同御史伍希儒知府伍文定等入府按視宮殿庫藏諸處其閒未經燒毀者重加封識以俟朝命已被殘壞者分令各官逐一整檢有刑部尚書張子麟啓本一封衆共開視云是胡世寧招詞臣當與各官商說此等公文書啓之類皆在宸濠未反數年前事雖私與交往不為無罪而反逆之舉未必曾與通謀況此交通之人今或多居禁近分布聯絡若存此等形迹恐彼心懷疑懼將生意外不測之變且慮險人因而點綴掇拾異時根究牽引奸黨未必能懲而忠良或反被害昔

人有焚吏民交關文書數千章以安反側之心者今亦宜從其處以息禍端遂議與各官公同燒毀後奉刑部題奉　欽依原搜簿籍既未送官封記收掌又事發日久別生事端委的真僞難辯無憑查考著原搜獲之人盡行燒毀欽此欽遵外臣等莫不仰嘆　聖主包含覆幬之量範圍曲成之仁可謂思深而慮遠也已以是臣等不復爲言且謂　朝廷於此等事既已一概宥略與天下洗滌更始矣今御史張鉞風聞其事復有論列是亦防閑爲臣之大義效忠於陛下之心也尚書張子麟力辯其事而都察院覆奏以爲世寧之獄悉由該院與張子麟無干則誠亦曖昧難明之迹今臣等亦不過據事直言其實耳豈能別有所查訪然以臣愚度之嘗聞昔年宸濠奸黨爲之經營布置於外往往亦有詐爲他人書啓歸以欺濠而罔利者則此子麟之啓無乃亦是類歟不然子麟身爲執法大臣非一日矣縱使與濠交通豈略不知有畏忌而數年之前輒以肆然稱臣於濠耶夫人臣而懷二心此豈可以輕貸然亦加人以不忠之罪則亦非細故矣此在　朝廷必有明斷臣偶有所見亦不敢不一言之緣奉

欽依這所劾張子麟事情還著王守仁伍希儒伍文定看了上緊開具明白奏來定奪及張子麟所奏事情著王守仁等一併看了來說事理爲此具本差舍人李昇親賫奏　聞伏候　勅旨

書同門科舉題名錄後

嘗讀文中子見唐初諸名臣若房杜王魏之流大抵皆出其門而論者猶以文中子之書乃其徒僞爲之而托焉者未必其實然也今以邃庵先生之徒觀之則文中子之門又奚足異乎予嘗論文中子蓋後世之大儒也自孔孟既沒而周程未興董韓諸子未或有先焉者先生自爲童子即以神奇薦入翰林未弱冠而已爲人師其穎悟之蚤文學之懿比之文中實無所愧而政事之敏卓才識之超偉文中未有見焉文中之在當時嘗以策干隋文不及一試而又蚤死先生少發科第入中書督學政典禮太常經略邊陲弭奸戢亂陟司徒登冢宰晉位師相威名振於夷狄聲光被於海宇功成身退優游未老之年以身係天下安危　聖天子且將復起之以恢中興之烈而海內之士日翹首跂足焉則

天之厚於先生者殆文中子所不能有也文中之徒雖顯於唐然皆異代隔世若先生之門具體而微者亦且幾人其餘或得其文學或得其政事或得其器識亦各彬彬成章足爲名士布列中外不下數十人皆同朝共事並耀於時其閎喬靳諸公遂與先生同升相位相繼爲冢宰若此者文中子之門益有所不敢望矣且夫文中子之門其親經指受若董常程元之流多不及顯而章明於世往往或請益於片言邂逅於一接非若今之題名所載皆出於先生之陶冶其出於陶冶而不顯於世若常元之徒殆未暇悉數也先生之在吏部守仁常爲之屬受知受教蓋不止於片言一接者然以未嘗親出陶冶不敢憾於茲錄之不與若其出於陶冶而有若常元者焉或亦未可以其不顯於世而遂使之不與也續茲錄者且以爲何如嘉靖甲申季冬望

書宋孝子朱壽昌孫教讀源卷

教讀朱源見其先世所遺翰墨知其爲宋孝子壽昌之裔也既弊爛矣使工爲裝緝之因諭之曰孝人之性也置之而塞乎天地溥之而橫乎四海施之後世

而無朝夕保爾先世之翰墨則有時而弊保爾先世之孝無時而或弊也人孰無是孝豈保爾先世之孝保爾之孝耳保先世之翰墨亦保其孝之一事充是心而已矣源歸其以吾言遍諭鄉鄰苟有慕壽昌之孝者各充其心焉皆壽昌也已正德己卯春三月晦書虔臺之靜觀軒

書汪進之卷

程先生云有求爲聖人之志然後可與共學夫苟有必爲聖人之志然後能加爲己謹獨之功能加爲己謹獨之功然後於天理人欲之辨日精日密而於古人論學之得失孰爲支離孰爲空寂孰爲似是而非孰爲似誠而僞不待辯說而自明何者其心必欲實有諸己也必欲實有諸己則殊途而同歸其非且僞者自不得而強入不然終亦忘己逐物徒弊精力於文句之閒而曰吾以明道非惟有捕風捉影之弊抑且有執指爲月之病辯析愈多而去道愈遠矣故某於朋友論學之際惟舉立志以相切礪其於議論同異之閒姑且置諸未辯非不欲辯也本之未立雖欲辯之無從辯也夫志猶木之根也講學者猶栽培灌

漑之也根之未植而徒以栽培灌溉其所滋者皆蕭艾也進之勉之

書趙孟立卷

趙仲立之判辰也問政於陽明子陽明子曰郡縣之職以親民也親民之學不明而天下無善治矣敢問親民曰明其明德以親民也敢問明明德曰親民以明其明德也曰明德親民一乎君子之言治也如斯而已乎曰親吾之父以及人之父而孝之德明矣親吾之子以及人之子而慈之德明矣明德親民也而可以二乎惟夫明其明德以親民也故能以一身爲天下親民以明其明德也故能以天下爲一身夫以天下爲一身也則八荒四表皆吾支體而況一郡之治心腹之間乎

書李白騎鯨

李太白狂士也其謫夜郎放情詩酒不戚戚於困窮蓋其性本自豪放非若有道之士眞能無入而不自得也然其才華意氣足蓋一時故旣沒而人憐之騎鯨之說亦後世好事者爲之極怪誕明者所不待辨因閱此聊及之爾

書三酸

人言鼻吸五斗醋方可作宰相東坡平生自謂放達然一滴入口便爾閉目攢眉宜其不見容於時也偶披此圖書此發一笑

書韓昌黎與太顛坐敘

退之與孟尙書書云潮州有一老僧號太顛頗聰明識道理與之語雖不盡解要自胸中無滯礙因與來往及祭神於海上遂造其廬來袁州留衣服爲別乃人情之常非崇信其法求福田利益退之之交太顛其大意不過如此而後世佛氏之徒張大其事往往見之圖畫真若弟子之事嚴師者則其誣退之甚矣然退之亦自有以取此者故君子之與人不可以不愼也

春郊賦別引

錢君世恩之將歸養也厚於世恩者皆不忍其去先行三日會於天官郎杭世卿之第以聚別明日再會於地官秦國聲與者六人守仁與秋官徐成之天官楊名父及世卿之弟進士東卿也世恩以其歸也以疾告也皆不至於是惜別

之懷無所於發而托之詩前後共得詩十首六人者以世恩之猶在也而且再會而不一見其既去也又可以幾乎乃相與約爲郊餞必期與世恩一面以別至日成之以候　旨東卿以待選世卿名父以各有部事皆勢不容出及餞者守仁與國聲兩人而已世恩既去之明日復會於守仁各言所以相與感歎咨嗟復成二詩世卿曰世恩之行也終不及一餞雖發之於詩而不以致之世恩吾心有缺也盍亦章次而將之何如皆曰諾國聲得小卷使世卿書首會之作國聲與名父東卿分書再會成之書末會謂守仁弱也宜爲諸公執筆硯之役以敘嗟乎一別之間而事之參錯者凡幾雖吾與世恩復期於來歲之秋以爲必得重聚於此然又何可以逆定乎惟是相勉以道義而相期於德業沒之汙塗之中而質之天日之表則雖斷金石曠百世而可以自信其常合然則未忘於言語之間者其亦相厚之私歟考功正郎喬希大聞之來題其卷端曰春郊賦別給事陳惇賢復爲之圖皆曰吾亦厚於世恩也聊以致吾私

告諭廬陵父老子弟

廬陵文獻之地而以健訟稱甚爲吾民羞之縣令不明不能聽斷且氣弱多疾今與吾民約自今非有迫於軀命大不得已事不得輒興詞興詞但訴一事不得牽連不得過兩行每行不得過三十字過是者不聽故違者有罰縣中父老謹厚知禮法者其以吾言歸告子弟務在息爭興讓嗚呼一朝之忿忘其身以及其親破敗其家遺禍於其子孫孰與和巽自處以良善稱於鄉族爲人之所敬愛者乎吾民其思之

今災疫大行無知之民惑於漸染之說至有骨肉不相顧療者湯藥饘粥不繼多飢餓以死乃歸咎於疫夫鄉鄰之道宜出入相友守望相助疾病相扶持乃今至於骨肉不相顧縣中父老豈無一二敦行孝義爲子弟倡率者乎夫民陷於罪猶且三宥致刑今吾無辜之民至於闔門相枕籍以死爲民父母何忍坐視言之痛心中夜憂惶思所以救療之道惟在諸父老勸告子弟興行孝弟各念爾骨肉毋忍背棄灑掃爾室宇具爾湯藥時爾饘粥貧弗能者官給之藥雖已遣醫生老人分行鄉井恐亦虛文無實父老凡可以佐令之不逮者悉已見

告有能與行孝義者縣令當親拜其廬凡此災疫實由令之不職乖愛養之道上干天和以至於此縣令亦方有疾未能躬問疾者父老其爲我慰勞存恤諭之以此意

諭告父老爲吾訓戒子弟吾所以不放告者非獨爲吾病不任事以今農月爾民方宜力田苟春時一失則終歲無望放告爾民將牽連而出荒爾田畝棄爾室家老幼失養貧病莫全稱貸營求奔馳供送愈長刁風爲害滋甚昨見爾民號呼道路若真有大苦而莫伸者姑一放告爾民之來訟者以數千披閱其詞類虛妄取其近似者窮治之亦多憑空架捏曾無實事甚哉爾民之難喻也自今吾不復放告爾民果有大冤抑人人所共憤者終必彰聞吾自能訪而知之有不盡知者鄉老據實呈縣不實則反坐鄉老以其罪自餘宿憾小忿自宜互相容忍夫容忍美德衆所悅愛非獨全身保家而已嗟乎吾非無嚴刑峻罰以懲爾民之誕顧吾爲政之日淺爾民未吾信未有德澤及爾而先概治以法是雖爲政之常然吾心尚有所未忍也姑申教爾申教爾而不復吾聽則吾亦不

能復貸爾矣爾民其熟思之毋遺悔

一應公差人員經過河下驗有關文即行照關應付毋得留難取罪其無關文及雖有關文而分外需求生事者先將裝載船戶摘拏送縣取供即與搜盤行李上驛封貯仍將本人綁拿送縣以憑參究懲治其公差人安分守法以禮自處而在官人役輒行辱慢者體訪得出倍加懲究不恕

借辦銀兩本非正法然亦上人行一時之急計出於無聊也今上人有急難在爾百姓亦宜與之周旋寧忍坐視不顧又從而怨詈訕訐之則已過矣夫忘身爲民此在上人之自處至於全軀保妻子則亦人情之常耳爾民毋責望太過吾豈不願爾民安居樂業無此等騷擾事乎時勢之所值亦不得已也今急難已過本府決無復行追求之理此必奸僞之徒假府爲名私行需索自後但有下鄉征取者爾等第與俱來吾有以處之毋遽洶洶

今縣境多盜良由有司不能撫緝民閒又無防禦之法是以盜起益橫近與父老豪傑謀居城郭者十家爲甲在鄉村者村自爲保平時相與講信脩睦寇至

務相救援庶幾出入相友守望相助之義今城中略已編定父老其各寫鄉村爲圖付老人呈來子弟平日染於薄惡者固有司失於撫緝亦父老素缺教誨之道也今亦不追咎其各改行爲善老人去宜諭此意毋有所擾

諭示鄉頭糧長人等上司奏定水次兌運正恐爾輩在縣拖延不即起運苟錢糧無虧先期完事豈有必以水次責爾之理縱罪不免比之後期不納者獲罪必輕昨呼兌運軍旗面語亦皆樂從不敢有異爾輩第於水次速兌苟有益於民吾當身任其咎不以累上官但後期誤事則吾必爾罰定限二十九日未時完報

今天時亢旱火災流行水泉枯竭民無屋廬歲且不稔實由令之不職獲怒神人以致於此不然爾民何罪今方齋戒省咎請罪於山川社稷停催征縱輕罪爾民亦宜解訟罷爭息心火無助烈焰禁民閑毋宰殺酗飲前已遣老人遍行街巷其益脩火備察奸民之因火爲盜者縣令政有不平身有缺失其各赴縣直言吾不憚改昨行被火之家不下千餘實切痛心何延燒至是皆由衢道太

狹居室太密架屋太高無磚瓦之闕無火巷之隔是以一遇火起卽不可救撲
昨有人言民居夾道者各退地五尺以闢衢道相連接者各退地一尺以拓火
巷此誠至計但小民惑近利迷遠圖孰肯爲久長之慮徒往往臨難追悔無及
今與吾民約凡南北夾道居者各退地三尺爲街東西相連接者每閒讓地二
寸爲巷又閒出銀一錢助邊巷者爲牆以斷風火沿街之屋高不過一丈五六
廂樓不過二丈一二違者各有罰地方父老及子弟之諳達事體者其卽赴縣
議處毋忽

昨吳魁昊石洪等軍民互爭火巷魁昊等赴縣騰告以爲軍強民弱已久在縣
之人皆請抑軍扶民何爾民視吾之小也夫民吾之民軍亦吾之民也其田業
吾賦稅其室宇吾井落其兄弟宗族吾役使其祖宗墳墓吾土地何彼此乎今
吉安之軍比之邊塞雖有閒然其差役亦甚繁難月糧不得食者半年矣吾方
憫其窮又可抑乎今法度嚴厲一陷於罪卽投諸邊裔出樂土離親戚墳墓不
保其守領國典具在吾得而繩之何強之能爲彼爲之官長者平心一視未嘗

少有同異而爾民先倡爲是說使我負愧於彼多矣今姑未責爾教爾以敦睦其各息爭安分毋相侵陵火巷吾將親視一不得吾其罪爾矣訴狀諸軍明早先行赴縣面審

諭告父老子弟縣令到任且七月以多病之故未能爲爾民興利去弊中閒局於時勢且復未免催科之擾德澤無及於民負爾父老子弟多矣今茲又當北覲私計往返與父老且有半年之別兼亦行藏靡定父老其各訓戒子弟息忿罷爭講信脩睦各安爾室家保爾產業務爲善良使人愛樂勿作兇頑下取怨惡於鄉里上招刑戮於有司嗚呼言有盡而意無窮縣令且行矣吾民其聽之

廬陵縣公移

廬陵縣爲乞蠲免以蘇民困事准本縣知縣王　關查得正德四年十一月二十六日本縣抄蒙本府紙牌抄奉　欽差鎮守江西等處太監王　鈞牌差吏龔彰賫原發銀一百兩到縣備仰掌印官督同主簿宋海拘集通縣糧里收買葛紗比因知縣員缺主簿宋海官徵錢糧典史林嵩部糧止有縣丞楊融署印

又蒙上司絡繹行委催提勘合人犯印信更替不一正德五年三月十八日本職方纔到任隨蒙府差該吏郭孔茂到縣守併當拘糧里陳江等著令領價收買據各稱本縣地方自來不產葛布原派歲額亦不曾開有葛布名色惟於正德二年蒙 欽差鎮守太監姚 案行本布政司備查出產葛布縣分行令依時採辦無產縣分量地方大小出銀解送收買本縣奉派折銀一百五兩當時百姓嗷嗷衆口騰沸江等迫於徵催一時無由控訴只得各自出辦賠貱正德四年仍前一百五兩又復忍苦賠解今來復蒙催督買辦又在前項加派一百五兩之外百姓愈加驚惶恐自此永為定額遺累無窮兼之歲辦料杉楠木炭牲口等項舊額三千四百九十八兩今年增至一萬餘兩比之原派幾於三倍其餘公差往來騷擾刻剝日甚一日江等自去年以來前後賠貱七十餘兩皆有實數可查民產已窮征求未息況有旱災相仍疾疫大作比巷連村多至闔門而死骨肉奔散不相顧療幸而生者又為征求所迫弱者逃竄流離強者羣聚為盜攻劫鄉村日無虛夕今來若不呈乞寬免切恐衆情忿怨一旦激成大

變爲此連名具呈乞爲轉申祈免等情據此欲爲備由申請間驀有鄉民千數擁入縣門號呼動地一時不辯所言大意欲求寬貸倉卒誠恐變生只得權辭慰解諭以知縣自當爲爾等申請上司悉行蠲免衆始退聽徐徐散歸本月初七日復蒙鎮守府紙牌催督前事幷提當該官吏看得前項事件既已與民相約豈容復肆科斂非惟心所不忍兼亦勢有難行參照本職自到任以來卽以多病不出未免有妨職務坐視民困而不能救心切時弊而不敢言至於物情忿激擁衆呼號始以權辭慰諭又復擅行蠲免論情雖亦紓一時之急據理則亦非萬全之謀既不能善事上官又何以安處下位苟欲全信於民其能免禍於己除將原發銀兩解府轉解外合關本縣當道垂憐小民之窮苦俯念時勢之難爲特賜寬容悉與蠲免其有遲違等罪止坐本職一人卽行罷歸田里以爲不職之戒中心所甘死且不朽等因備關到縣准此理合就行

教場石碑

正德丁丑猺寇大起江廣湖郴之間騷然且四三年矣於是三省奉　命會征

乃十月辛亥予督江西之兵自南康入甲寅破横水左溪諸巢賊敗奔庚辛復
連戰賊奔桶岡十一月癸酉攻桶岡大戰西山界甲戌又戰賊大潰丁亥盡殪
之凡破巢八十有四擒斬三千餘俘三千六百有奇釋其脅從千有餘衆歸流
亡使復業度地居民鑿山開道以夷險阻辛丑師旋於乎兵惟凶器不得已而
後用刻茶寮之石匪以美成重舉事也
戊寅正月癸卯計擒其魁遂進兵擊其懈丁未破三浰乘勝追北大小三十餘
戰滅巢三十有八俘斬三千餘三月丁未回軍壺漿迎道耕夫遍野父老咸懽
農器不陳於今五年復我常業還我室家伊誰之力四省之寇惟浰尤黠擬官
僭號潛圖孔亟正德丁丑冬輋賊既殄益機險阱毒以虞王師我乃休士歸農
赫赫　皇威匪威曷憑爰伐山石用紀厥成

銘一首

來爾同志古訓爾陳惟古爲學在求放心心苟或放學乃徒勤勿憂文辭之不
富惟慮此心之未純勿憂名譽之不顯惟慮此心之或湮斯須不敬鄙慢入造

次不謹放僻成反觀而內照虛己以受人言勿傷於煩易志勿惰於因循勿以士而爲有勿以虛而爲盈勿遂非而文過勿務外而徇名溫溫恭人允惟基德堂堂張也難與爲仁卓爾在如愚之回一貫乃質魯之參終身可行惟一恕三年之功去一矜不貴其辨貴其訥不患其鈍患其輕惟黽焉而時敏乃闇然而日新凡我同志宜鑒茲銘

箴一首

古之教者莫難嚴師師嚴道尊教乃可施嚴師維何莊敬自持外內若一匪徒威儀施教之道在勝己私孰義孰利辨析毫釐源之弗潔厥流孔而毋忽其細慎獨謹微毋事於言以身先之教不由誠曰惟自欺施不以序孰云匪愚庶予知新患在好爲凡我師士宜鑒於茲

陽朔知縣楊君墓誌銘

陽明子謫居貴陽有齊衰而杖者因鄉進士鄭鑾氏而來請曰陽朔令楊尚文卒其孤姪卿來謂鑾曰先伯父死無嗣子所知我後人又不競非得當世名賢

勗一言於墓將先德其泯廢無日子辱於伯父久亦宜所甚憫其若之何敢遂以卿奉其先人之遺幣再拜階下以請陽明子曰嘻予擯人懼僇辱之弗遑奚取以銘人之墓爲其改圖諸卿伏階下泣弗與鄭爲之請益固則登其狀與幣於席而揖使歸曰吾徐思之明日卿來伏階下泣又明日復來曰不得命無以即喪次館下之士多爲之請且言尙文之爲人曰尙文敦信狷直其居鄉不苟與所交必名士巨人視儕輩之弗臧者若浼焉嘗召其友飲狂士有因其友願納歡者與偕往尙文拒弗受曰吾爲某不爲若其峻絕如是陽明子曰其然斯亦難得矣今之人惟同汙逐垢弗自振立故風俗靡靡至此若斯人又易得耶因取其狀視之多若館下士之言焉乃許爲之誌維楊氏之先居揚之泰州祖廉爲監察御史擢參議貴陽卒遂家焉考祥終昭化縣尹生三子伯斆仲敞即尙文季敬宰荆門之建陽驛尙文始從同郡都憲徐公授易尋舉鄉薦中進士乙榜三爲司訓廬江溧陽平樂總試事於蜀末用大臣薦擢尹桂林陽朔縣猺頑弗即工者累年尙文諭以威德皆相率來受約束供賦稅流移聞之歸復業

者以千數部使者以聞將加擢用而尚文死矣得年僅五十有五又無嗣天於善人何哉然尚文所歷三庠之士思其教陽朔之民懷其惠鄉之後進高其行其與身沒而名踣又爲人所穢鄙者雖有子若孫何如哉娶同郡阮氏瑞新昌主簿君女尚文雖無子有鄉存焉猶子也銘曰獅山之麓有封若斧左岡右砠栩栩其樹爰有周行于封之下鄉人過者來視其處曰嗚呼斯楊尹之墓耶

劉子青墓表

此浙江按察僉事劉子青之墓嗚呼子青潔其行不潔其名有其實不宏其聲寧藩之討子青在師相知甚悉吾每歎其才敏而世或訾之以無能吾每稱其廉慎而世或詬之以不清豈非命耶安常委命其往而休人謂子青爲憤抑不平以卒殆其不然既以奠於子青復以識其墓石

祭劉仁徵主事

維正德三年歲次戊辰十一月十八日友生王某謹以清酌庶羞致奠于亡友劉君嗚呼仁者必壽吾敢謂斯言之予欺乎作善而降殃吾竊於君而有疑乎

蹠蹻之得志在往昔而既有夷平之餕以稱也亦寧獨無於今之時乎人謂君之死瘴癘爲之噫嘻彼封豕長蛇膏人之髓肉人之肌者何啻千百曾不彼戹而惟君是罹斯言也吾初不以爲是人又謂瘴癘蓋不正之氣其與人相遭於幽昧邅難之區也在憸邪爲同類而君子爲非宜則斯言也吾又安得而盡非之乎於乎死也者人之所不免名也者人之所不可期雖修短枯榮變態萬狀而終必歸於一盡君子亦曰朝聞道夕死可矣視若夜旦其生也奚以喜其死也奚以悲乎其視不義之物若將浼己又肯從而奔趨之乎而彼認爲己有戀而弗能舍因以沈酗於其閑者近不出三四年或八九年遠及一二十年固已化爲塵埃蕩爲沙泥矣而君子之獨存者乃彌久而益輝嗚呼彼龜鶴之長年蜉蝣亦何自而知之乎屬有足疾弗能走哭寄奠一觴有淚盈掬復何言哉復何言哉嗚呼尚饗

祭陳判官文

維嘉靖七年月日欽差總制四省軍務新建伯兵部尚書兼都察院左都御史

王差南寧府推官馮衡南寧衛指揮王佐致祭于已故德慶州陳判官之墓往年羅滂淥水諸賊爲地方患害判官嘗與已故指揮李松議設墟場以制禦賊黨安靖地方殫心竭力盡忠國事人皆知之然其時百姓雖稍賴以寧而各賊之不得肆其兇虐者嫉恨日深其後不幸判官與李松竟爲賊首趙木子等所害以忠受禍心事未由暴白連年官府亦欲爲之討賊雪憤然以地方多事之故又恐鋒刃所加玉石無分濫及良善是以因循未即進兵今賊首趙木子等已爲該道官兵用計擒獲明正典刑松與判官之忠勤益以彰著已特遣官以趙木子等各賊首級祭告于李松之墓矣今復遣南寧府衛官祭告于判官之墓死而有知亦可以少泄連年忠憤不平之氣也夫

祭張廣漢司徒

嗚呼留都之別倏焉二載詎謂迄今遂成永訣嗚呼傷哉悼朋儕之零落悲歲月之遄逝感時事之艱難歎老成之彫謝傷心觸目有淚如瀉靈柩南還維江之湄聊奠一觴以寄我悲嗚呼傷哉

王文成公全書卷之二十八

續編四　序

是卷師作於弘治初年筮仕之始也自題其稿曰上國遊洪葺師錄自辛巳以後文字釐爲正錄已前文字則間採外集而不全錄者蓋師學靜入于陽明洞得悟于龍場大徹于征寧藩多難殷憂動忍增益學益徹則立教益簡易故一切應酬諸作多不稾入是卷已廢閣逸稿中久矣兹刻續錄復檢讀之見師天稟夙悟如玉出璞雖未就追琢而闇闇内光因歎師稟夙智若無學問之全功則逆其所造當只止此使學者智不及師肯加學問之全功則其造詣日精當亦莫禦若智過於師而功不及師則終無所造自負其質者多矣乃復取而刻之俾讀師全錄者聞道貴得真修徒恃其質無益也嘉靖辛酉德洪百拜識

鴻泥集序

鴻泥集十有三卷燕居集八卷半閑龍先生之作也其子僉憲君致仁將刻諸

梓而屬其序於守仁曰斯將來之事也然吾家君老矣及見其言之傳焉庶以悅其心吾子以爲是傳乎守仁曰是非所論也孝子之事親也求悅其心志耳目惟無可致力無弗盡焉況其言語文辭精神之所存非獨意玩手澤之餘其得而忽也旣思永其年又思永其名篤愛無已也將務悅其親寧是之與論乎君曰雖然吾子言之守仁曰是乃所以自盡者夫必其弗傳也斯幾於不仁必其傳之也斯幾於不知其傳也屬之己其傳之弗傳之也屬之人姑務其屬之己也已君曰雖然吾子必言之守仁曰繪事之詩不入於風雅孺子之歌見稱於孔孟然則古之人其可傳而弗傳者多矣不冀傳而傳之者有矣抑傳與不傳之間乎昔馬談之史其傳也遷成之班彪之文其傳也固述之衛武公老矣而有抑之戒蓋有道矣夫子刪詩列之大雅以訓於世吾聞先生年八十而博學匪懈不忘乎警惕又嘗敷述六經宋儒之緒論其於道也有聞矣其於言也足訓矣致仁又尊顯而張大之將益興起乎道德而發揮乎事業若泉之達其放諸海不可限而量是集也其殆有傳乎致仁起拜曰是足以爲家君壽矣覽

也敢忘吾子之規遂書之爲敘

澹然子序有詩

澹然子四易其號其始曰凝秀次曰完齋又次曰友葵最後爲澹然子陽明子南遷遇於瀟湘之上而語之故且屬詩焉詩而敘之其言曰人天地之心而五行之秀也凝則形而生散則游而變道之不凝雖生猶變反身而誠而道凝矣故首之以凝秀道凝於己是爲率性率性而人道全斯之謂完故次之完齋完齋者盡己之性也盡己之性而後能盡人之性盡萬物之性至於草木至矣葵草木之微者也故次之以友葵友葵同於物也內盡於己而外同乎物則一矣一則脗然而天游混然而神化同歸而殊途一致而百慮天下何思何慮矣故次之以澹然子終焉或曰陽明子之言倫矣而非澹然子之意也澹然之意玄矣而非陽明子之言也陽明子聞之曰其然豈其然乎書之以質於澹然子澹然子世所謂滇南趙先生者也詩曰

兩端妙闔闢五運無留停藐然覆載內真精諒斯凝雞犬一馳放散失隨飄零

惺惺日收斂致曲乃明誠
明誠爲無忝無忝斯全歸深淵春冰薄千鈞一絲微膚髮尚如此天命焉可違
參乎吾與爾免矣幸無虧
人物各有稟理同氣乃殊曰殊非有二一本分澄淤志氣塞天地萬物皆吾軀
炯炯傾陽性葵也吾友于
孰葵孰爲予友之尚爲二大化豈容心繫我亦何意悠哉澹然子乘化自來去
澹然匪冥然勿忘還勿助

壽楊母張太孺人序

考功主事楊名父之母張太孺人以敏慧貞肅爲鄉邑女氏師凡鄉人稱閨閫之良必曰張太孺人而名父亦以孝行聞苟擬人物有才識行誼無間知不知必首曰名父名父蓋今鄉評士論之公則爾也今年六月太孺人壽六十有七大夫鄉士美楊氏母子之賢以爲難得舉酒畢賀於是太孺人之長女若壻從事於京師且歸太孺人一旦欣然治裝欲與俱南名父帥妻子從親戚百計以

留太孺人曰噫小子無庸爾焉自爾舉進士爲令三邑今爲考功前後且十有八年吾能一日去爾哉爾爲令吾見爾出入以勞民務昕夕不遑而爾無怠容吾知爾之能勤然其時監司督於上或爾有所畏也見爾之食貧自守一介不以苟而以色予養吾知爾之能廉然其時方有以賄敗者或爾有所懲也見爾毀淫祠崇正道禮先賢之後旌行舉孝拳拳以風俗爲心吾知爾能志於正然其時遠近方以是爗爾或以是發聞也自爾入爲部屬且五年庶幾得以自由而爾食忘味寢忘寐雞鳴而作候予寢而出朝於　上疾風甚雨雷電晦暝而未嘗肯以一日休予然後信爾之誠於勤身與妻子爲清苦而澹然以爲樂交天下之士而莫有以苞苴饋遺至予然後信爾之誠於廉凡交爾而來者予耳其言非文學道義之相資則　朝廷之政邊徼之務是謀磨礱砥礪惟不及古之人是憂焉予然後信爾之誠志於正而非有所色取於其外吾於是而可以無憂爾也已且爾弟亦善養吾老矣婣族鄉黨之是懷南歸予樂也名父跽請不已太孺人曰止而獨不聞之夫煦煦焉飲食供奉以爲孝而中衡拂之孰與

樂親之心而志之養乎名父懼乃不敢請縉紳士夫聞太孺人之言者莫不咨嗟歎息以爲雖古文伯子輿之母何以加是於是相與倡爲歌詩以頌太孺人之賢而嘉名父之能養某於名父厚也比而序之

對菊聯句序

職方南署之前有菊數本閱歲既槁李君貽教爲正郎于時　天子居亮闇西北方多事自夏徂秋荒頓窘戚菊發其故叢高及於垣署花盛開且衰而貽教尚未之知也一日守仁與黃明甫過貽教語開軒而望始見焉計其時重陽之節既去之旬有五日相與感時物之變衰歎人事之超忽發爲歌詩遂成聯句鬱然而憂深悄然而情隱雖故託辭於觴詠而沈痛惋悒終有異乎昔之舉酒花前劇飲酣歌陶然而樂者矣古之人謂菊爲花之隱逸則菊固惟澗谷巖洞村圃籬落之是宜而以植之簿書案牘之間殆亦昔之所謂吏而隱者歟守仁性僻而野嘗思鹿豕木石之羣貽教與明甫雖各惟利器處劇任而飄然每有煙霞林壑之想以是人對是菊又當是地嗚呼固宜其重有感也已

東曹倡和詩序

正德改元之三月兩廣缺總制大臣　朝議以東南方多事其選於他日宜益慎重於是湖南熊公由兵部左侍郎且滿九載秩矣擢左都御史以行衆皆以兩廣爲東南巨鎮海外諸蠻夷之所向背如得人而委之　天子四方之憂可免二焉雖於資爲屈而以清德厚望選重可知矣然而司馬執兵之樞居中斡旋以運制四外不滋爲重歟方其初議時亦有以是言者慮非不及而當事者卒以公之節操才望爲辭謂非公不可其意實欲因是而出公於外也於是士論閧然以爲非宜然已　命下無及矣爲重鎮得賢大臣而撫之　朝議以重舉而公以德升物議顧怏然而不滿也衡物之情以行其私而使人懷不滿焉非夫忘世避俗之士不能無憂焉自　命下暨公之行曹屬之爲詩以寫其眷留之情者凡若干人以前驅之驟發也敘而次之僅十之一遮公御而投之庸以寄其私焉

豫軒都先生八十受封序

弘治癸亥冬守仁自會稽上天目東觀於震澤遇南濠子都玄敬於吳門遂偕之入玄墓登天平還值大雪次虎丘凡相從旬有五日予與南濠子爲同年蓋至是而始知其學之無所不窺也歸造其廬獲拜其父豫軒先生與予坐而語蓋屯然其若避而彙趨也秩然其若斂而陽煦也予埳然而心感焉倏而色慚焉倏而目駭焉亡予之故先生退守仁謂南濠子曰先生殆有道者歟胡爲乎色之不存予而德之予薰也南濠子笑而頷之曰然子其知人哉吾家君於藝鮮不通而人未嘗見其學也於道鮮不究而人未嘗知其有也夫善之弗彰也則於予乎避雖然吾家君則甚惡之吾子既知之也穆其敢隱乎凡穆之所見知於吾子皆吾家君之所弗屑也故鄉之人無聞焉非吾子之粹於道其寧孰識之夫南濠子之學以該洽聞四方之學者莫不誦南濠子之名而莫有知其學之出自先生者先生之學南濠子之所未能盡而其鄉人曾莫知之古所謂潛世之士哉彼且落其榮而核之存彼且固靈株而塞其兌彼且被褐而懷玉離形迹遁聲華而以爲知己者累孰比比焉迹形骸而求之其遠哉今年先生

壽八十神完而氣全齒髮無所變八月甲寅　天子崇徽號於兩宮推恩臣下於是南濠子方爲冬官主事得被異數封先生如其官同年之任於京者美先生之高壽樂南濠子之獲榮其親也集而賀之夫樂壽康寧世之所慕而子不敢以爲先生侈章服華寵世之所同貴而子不敢以爲先生榮南濠子以予言致之先生亦且以予爲知言乎乙丑十月序

送黃敬夫先生僉憲廣西序

古之仕者將以行其道今之仕者將以利其身將以行其道故能不以險夷得喪動其心而惟道之行否爲休戚利其身故懷土偷安見利而趨見難而懼非古今之性爾殊也其所以養於平日者之不同而觀夫天下者之達與不達耳吾邑黃君敬夫以刑部員外郎擢廣西按察僉事廣西天下之西南徼也地卑濕而土疏薄接境於諸島蠻夷瘴癘鬱蒸之氣朝夕彌茫不常睹日月山獞海獠非時竊發鳥妖蛇毒之患在在而有固今仕者之所懼而避焉者也然子以爲中原固天下之樂土人之所趨而聚居者然中原之民至今不加多而嶺廣

之民至今不加少何哉中原之民其始非必盡皆中原者也固有從嶺廣而還居之者矣嶺廣之民其始非必盡皆嶺廣者也固有從中原而還居之者矣久而安焉習而便焉父兄宗族之所居親戚墳墓之所在自不能一日舍此而他也古之君子惟知天下之情不異於一鄉一鄉之情不異於一家而家之情不異於吾之一身故視其家之尊卑長幼猶家之視身也視天下之尊卑長幼猶鄉之視家也是以安土樂天而無入不自得後之人視其兄之於己固已有間則又何怪其險夷之異趨而利害之殊節也哉今仕於世而能以行道爲心求古人之意以達觀夫天下則嶺廣雖遠固其鄉閭嶺廣之民皆其子弟郡邑城郭皆其父兄宗族之所居山川道里皆其親戚墳墓之所在而嶺廣之民亦將視我爲父兄以我爲親戚雍雍愛戴相眷戀而不忍去況以爲懼而避之耶敬夫吾邑之英也幼居於鄉鄉之人無不敬愛長徙於南畿之六合六合之人敬而愛之猶吾鄉也及舉進士宰新鄭新鄭之民曰吾父兄也入爲冬官主事出治水於山東改秋官主事擢員外郎僚寀曰吾兄弟也蓋自居於鄉以至於今

經歷且十餘地而人之敬愛之如一日君亦自爲童子以至於爲今官經歷且八九職而其所以待人愛衆者恆如一家今之擢廣西也人咸以君之賢宜需用於內不當任遠地君曰吾則不賢使或賢也乃所以宜於遠嗚呼若君者可不謂之志於行道素養達觀而有古人之風也歟夫志於爲利雖欲其政之善不可得也志於行道雖欲其政之不善亦不可得也以君之所志雖未有所見吾猶信其能也況其赫煒之聲奇偉之績久熟於人人之耳目則吾於君之行也頌其所難而易者見矣

性天卷詩序

錫之崇安寺有浮屠淨覺者扁其居曰性天因地官秦君國聲而請序於予予不知淨覺顧國聲端人也而淨覺託焉且嘗避所居以延國聲誦讀其間此其爲人必有可與言者矣然性天既非淨覺之所及而性與天又孔子之所罕言子貢之所未聞則吾亦豈易言哉吾聞浮屠氏以寂滅爲宗其教務抵於木槁灰死影絕迹滅之境以爲空幻則淨覺所謂性天云者意如此乎淨覺既已習

聞而復予請焉其中必有願也吾不可復以此而瀆告之姑試與淨覺觀於天地之間以求所謂性與天者而論之則凡赫然而明蓬然而生訇然而驚油然而與凡蕩前擁後迎盼而接聆者何適而非此也哉今夫水之生也潤以下木之生也植以上性也而莫知其然之妙水與木不與焉則天也激之而使行於山巔之上而反培其末是豈水與木之性哉其奔決而仆天固非其天矣人之生入而父子夫婦兄弟出而君臣長幼朋友豈非順其性以全其天而已耶聖人立之以紀綱行之以禮樂使天下之過弗及焉者皆於是乎取中曰此天之所以與我我之所以爲性云耳不如是不足以爲人是謂喪其性而失其天而況於絕父子屏夫婦逸而去之耶吾儒之所謂性與天者如是而已矣若曰性天之流行云則吾又何敢讖以褻淨覺乎哉夫知而弗以告謂之不仁告之而讖其等謂之誣知而不爲焉者謂之惑吾不敢自陷於誣與不仁觀淨覺之所與與其所以請亦豈終惑者邪旣以復國聲之請遂書於其卷

送陳懷文尹寧都序

木之產於鄧林者無棄材馬之出於渥洼者無凡足非物性之有異其種類土地使然也剡溪自昔稱多賢而陳氏之居剡者尤爲特盛其先有諱過者仕宋爲侍御史子匡由進士爲少詹士匡之四世孫聖登進士判處州子頤徵著作頤子國光元進士官大理卿光姪彥範爲越州路總管至懷文之兄堯由鄉進士掌教濮州弟璟蜀府右長史珂進士刑曹主事衣冠文物輝映後先豈非人之所謂鄧林渥洼者乎宜必有瓌奇之材絕逸之足干青雲而躡風電者出乎其閒矣懷文始與予同舉於鄉望其色而異耳其言而驚求其世則陳氏之產也曰嘻異哉土地則爾他時柱廊廟而致千里者非彼也歟既而匠石靡經伯樂不遇遂復困寂寞而伏鹽車者十有五年斯則有司之不明於懷文固無病也今年赴選銓曹授尹江西之寧都夫以懷文合抱之具此宜無適而不可顧寧都百里之地吾恐懷文之驥足有所不展也然而行遠之邇登高之卑自今日始矣則如予之好於懷文者於其行能無言乎贈之詩曰矯矯千金駿鬱鬱披雲枝跑風拖雷電梁棟惟其宜寒林棲落日暮色江天厄元龍湖海士客衣

風塵緇牛刀試花縣鳴琴坐無爲清濯廬山雲心事良獨奇悠悠西江水別懷
諒如斯

送駱蘊良潮州太守序

昔韓退之爲潮州刺史其詩文間亦有述潮之土風物產者大抵謂潮爲瘴毒崎險之鄉而海南帥孔戣又以潮州小祿薄特給退之錢千十百周其闕乏則潮蓋亦邊海一窮州耳今之嶺南諸郡以饒足稱則必以潮爲首舉甚至以爲雖江淮財賦之地亦且有所不及豈潮之土地嗇於古而今有所豐抑退之貶謫之後其言不無激於不平而有所過也退之爲刑部侍郎諫迎佛骨天子大怒必欲置之死裴度崔羣輩爲解始得貶潮州則潮在當時不得爲美地亦略可見今之所稱則又可以身至而目擊固非出於妄傳特其地之不同於古則要爲有自也予嘗謂牧守之治郡譬之農夫之治田農夫上田一歲不治則半收再歲不治則無食三歲不治則化爲蕪莽而比於瓦礫苟盡樹藝之方而勤耕耨之節則下田之收與上等江淮故稱富庶當其兵荒之際凋殘廢瘠固宜

有之乃今重熙累洽之日而其民往往有不堪之歎豈非以其俗素習於奢逸而上之人又從而重斂繁役之刓剝環四面而集則雖有良守牧亦一暴十寒其爲生也無幾矣潮地岸大海積無饒富之名其民貢賦之外皆得以各安地利業儉朴而又得守牧如退之李德裕陳堯佐之徒相望而撫摩之所以積有今日之盛實始於此邇十餘年來富盛之聲既揚則其勢不能久而無動有司者又將顧而之焉則吾恐今日之潮復爲他時之江淮其甚可念也今年潮知府員缺諸暨駱公蘊良以左府經歷擢是任以往公嘗守安陸至今以富足號遂用是建重屏其地繼後循其迹而治之者率多有聲聞及入經歷左府都督事兵府政清自府帥下迨幕屬軍吏禮敬畏戴不謀而同其於潮州也以其治安陸者治之而又獲夫上下之心如今日之在兵府將有爲而無不從有革而無不聽政績之美又果足爲後來者之所遵守則潮之富足將終保於無恙而一郡民神爲有福矣夫爲　天子延一郡之福功豈小乎哉推是以進他日所成其又可論公僚友李戴暘輩請言導公行予素知公之心且稔其才自

度無足爲贈者爲潮民慶之以酒而頌之以此言

高平縣志序

高平志者高平之山川土田風俗物產無不志焉曰高平則其地之所有皆舉之矣禹貢職方之述已不可尙漢以來地理郡國志方輿勝覽山海經之屬或略而多漏或誕而不經其間固已不能無憾惟我　朝之一統志則其綱領於禹貢而無遺其目詳於職方而不冗然其規模宏大闊略實爲天下萬世而作則王者事也若夫州縣之志固又有司者之職其亦可緩乎弘治乙卯慈谿楊君明甫令澤之高平發號出令民旣悅服乃行田野進父老詢邑之故將以脩廢舉墜而邑舊無志無所於考明甫嘅然太息曰此大闕責在我遂廣詢博採搜祕闕疑旁援直據輔之以己見遵一統志凡例總其要節而屬筆於司訓李英不踰月編成於是繁劇紛沓之中不見聲色而數千載散亂淪落之事棄廢磨滅之迹燦然復完明甫退然若無與也邑之人士動容相慶駭其昔所未聞者之忽睹而喜其今所將泯者之復明也走京師請予序予惟高平卽古長平

戰國時秦白起攻趙坑降卒四十萬於此至今天下寃之故自爲童子卽知有長平慷慨好奇之士思一至其地以弔千古不平之恨而不可得或時考圖志以求其山川形勢於彷彿閒予嘗思睹其志以爲遠莫致之不謂其無有也蓋嘗意論趙人以四十萬俯首降秦而秦卒坑之了無哀恤顧忌秦之毒虐固已不容誅而當時諸侯其先亦自有以取此者夫先王建國分野皆有一定之規畫經制如今所謂志書之類者以紀其山川之險夷封疆之廣狹土田之饒瘠貢賦之多寡俗之所宜地之所產井然有方俾有國者之子孫世守之不得以己意有所增損取予夫然後講信修睦各保其先世之所有而不敢冒法制以相侵陵戰國之君惡其害己不得騁無厭之欲也而皆去其籍於是強陵弱衆暴寡兼幷僭竊先王之法制蕩然無考而奸雄遂不復有所忌憚故秦敢至於此然則七國之亡實由文獻不足證而先王之法制無存也典籍圖志之所關其不大哉今天下一統　皇化周流州縣之吏不過具文書計歲月而以贅疣之物視圖志不知所以宜其民因其俗以興滯補弊者必於志焉是賴則固王

政之首務也今夫一家且必有譜而後可齊而況於州縣天下之大州縣之積也州縣無不治則天下治矣明甫之獨能汲汲於此其所見不亦遠乎明甫學博而才優其爲政廉明毀淫祠與社學敦倫厚俗扶弱鋤強實皆可書之於志以爲後法而明甫謙讓不自有也故予爲序其略於此使後之續志者考而書焉

送李柳州序

柳州去京師七千餘里在五嶺之南嶺南之州大抵多卑濕瘴癘其風土雜夷從自昔與中原不類唐宋之世地盡荒服吏其土者或未必盡皆以譴謫而以譴謫至者居多士之立朝意氣激軋與時抵忤不容於儕衆於是相與擯斥必致之遠地故以譴謫而至者或未必盡皆賢士君子而賢士君子居多予嘗論賢士君子於平時隨事就功要亦與人無異至於處困約之鄉而志愈勵節益堅然後心跡與時俗相去遠甚然則非必賢士君子而後至其地至其地而後見賢士君子也唐之時柳宗元出爲柳州刺史劉蕡斥爲柳州司戶蕡之忠義

既已不待言宗元之出始雖有以自取及其至柳而以禮教治民砥礪奮發卓然遂有聞於世古人云庸玉女於成也其不信已夫自是寓遊其地若范祖禹張廷堅孫覿高穎劉洪道胡夢昱輩皆忠賢剛直之士後先相繼不絕故柳雖非中土至其地者率多賢士是以習與化移而衣冠文物蔚然爲禮義之邦我

皇明重熙累洽無間邇遐世和時泰瘴癘不興財貨所出盡於東南於是遂爲嶺南甲郡　朝廷必擇廉能以任之則今日之柳州固已非唐宋之柳州而今日之官其土者豈惟非昔之比其爲重且專亦較然矣弘治丙辰柳州知府員缺內江李君邦輔自地官正郎膺　命以往人皆以邦輔居地官十餘年綽有能聲爲縉紳所稱許不當遠去萬里外予於邦輔知我也亦豈不惜其遠別顧邦輔居地官上曹著廉聲有能績徐速自如優游榮樂之地皆非人所甚難人亦不甚爲邦輔屈不知其中之所存今而間關數千里處險僻難爲之地得以試其堅白於磨涅則邦輔之節操志慮庶幾盡白於人人而任重道遠真可以無負今日縉紳之期望豈不美哉夫所處冒艱險之名而節操有相形之美

以不滿人之望加之以不自滿之心吾於邦輔之行所以獨欣然而私喜也

送呂丕文先生少尹京丞序

昔蕭望之爲諫議大夫天子以望之議論有餘才任宰相將觀以郡事而望之堅欲拾遺左右後竟出試三輔至元帝之世而望之遂稱賢相焉古之英君其將任是人也既已納其言又必考其行將欲委以重則必老其才所以用無不當而功無不成若漢宣者史稱其綜核名實蓋亦不爲虛語矣新昌呂公丕文以禮科都給事中擢少尹南京兆給事諫官也京兆三輔之首也以給事試京兆是諫官試三輔也是其先後名爵之偶同於望之非徒以寵直道而開讜言固亦微示其意於其間耳呂公以純篤之學忠貞之行自甲辰進士爲諫官十餘年其所論於　朝而建明者何如也致于　上而替可否者何如也聲光在人公道在天下　聖天子詢事考言方欲致股肱之良以希唐虞之盛耳目之司顧獨不重哉然則公京兆之擢固將以信其夙所言者於今日而須其大用於他時也其所以賢而試之有符於漢宣之於望之而其所將信而任之則吾

又知其決非彼若而已也君行矣既已審 上意之所在公卿大夫士傾耳維新之政以券其所言且謂曰需其效以俟庸也其得無念於斯行乎哉學士謝公輩與公有同舉同鄉之好飲以餞之謂某也宜致以言予惟君之文學政事於平常既已信其必然知言之弗能毫末加也而超擢之榮又不屑為時俗道若夫名譽之美期俟之盛則固君之所宜副而實諸公飲餞之情也故比而序之以為贈

慶呂素菴先生封知州序

朝廷褒德顯功因其子以及其親斯固人情事理之所宜然蓋亦所謂忠厚之至也然舊制京官三載舉得推恩而州縣之職非至於數載之外屢為其上官所薦揚則終不可幸而致故京官之得推恩非必其皆有奇績異能者苟得及乎三載皆可以坐而有之州縣之職非必其皆無奇績異能苟其人事之不齊得於民矣而不獲乎上信於己矣而未孚於人百有一不如式則有司者以例繩之雖累方岳欲推恩如其京官之三載者焉不可得也夫父母之所以教養

其子而望其榮顯夫我者豈有異情哉人子之所以報於其親以求樂其心志者豈有異情哉及其同爲王臣而其久近難易相去懸絶如此豈不益令人重內而輕外也夫惟其難若此其久若此而後能有所成就故其教子之榮顯親之志亦因之而有感於彼皆於此見焉浙之新昌有隱君子曰素菴呂公者今刑部員外郎中原之父也自幼有潔操高其道不肯爲世用優游煙壑專意教其子使之盡學夫修己治人之方凡其所欲爲而不及爲者皆一以付之曰吾不能有補於時不可使吾子復爲獨善者學成使之仕成化庚子中原遂領鄉薦與家君實同登焉甲辰舉進士出守石州石故號難治中原至卽除舊令之不便於民者布教條爲約束以其素所習於家庭者坐而治之民皆靡然而從翕然而起士夫之騰於議者部使之揚薦者曰某廉吏某勤吏某才而有能某賢而多智必皆於中原是歸焉有司奉舊典推原中原厥績所自而公之所以訓誨其子之功爲大　天子下制褒揚封公爲奉直大夫配某氏封宜人以寵榮之鄉士夫皆曰子爲京職而能克享褒封者于今皆爾此不足甚異公之教

其子爲其難而獨能易其獲此則不可以無賀於是李君輩皆爲詩歌而來屬予言予惟天下之事其得之也不難則其失之也必易其積之也不久則其發之也必不宏今夫松柏之拂穹霄而擊車輪也其始蓋亦必有蔽於蓬蒿而厄於牛羊以能有成立公之先世自文惠公以來相業吏治世濟其美固宜食報於其後矣而不食以鍾於公公之道自足以顯於時矣而不顯以致於其子且復根盤節錯而中爲之處焉乃有所獲是豈非所謂積之久而得之難者歟則其他日所發之宏大其子之陟公卿而樹勳業身享遐齡以永天祿於無窮蓋未足以盡也然則公之可賀者在此而不專在於彼某也敢贅言之

賀監察御史姚應隆考績推　恩序

御史姚君應隆監察江西道之三年冢宰考其績有成以最上於是　天子進君階文林郎遂下　制封君父坡鄰公如君之階君母某氏爲孺人及君之配某氏於是僚友畢賀謂某尤厚於君屬之致所以賀之意某曰應隆之幼而學之也坡鄰公之所以望之者何將不在於樹功植名以光大其門閭已乎坡鄰

公之教之而應隆之所以自期之者何將不在於顯揚其所生以不負其所學已乎然此亦甚難矣銖銖而積之皓首而無成者加半焉幸而有成得及其富盛之年以自奮於崇赫之地者幾人是幾人者之中方起而躓半途而廢垂成而毀者又往往有之可不謂之難乎應隆年二十一而歌鹿鳴於鄉明年遂舉進士由郎官陟司天子耳目謂非富盛之年以自奮於崇赫之地不可也英聲發於新喻休光著於沛邑而風裁振於朝署三年之閒遂得以成績被　天子之寵光於其父母謂非樹功植名以光大其門閭而顯揚其所生不可也坡鄰之所望應隆之所自期於今日而兩有不負焉某也請以是為賀雖然君子之成身也不惟其外惟其中其事親也不惟其文惟其實應隆之所以自奮於崇赫之地者果足以樹身植名而成其身已乎外焉而已耳應隆之所以被寵光於其父母者果足以為顯揚其所生而為事親之實已乎文焉而已耳夫子曰成身有道不明乎善不成其身矣斯之為中悅親有道反身不誠不悅於親矣斯之謂實應隆內明而外通動以古之豪傑自標準其忠孝大節皆其素所積

蓄雖隱而不揚其所以成身而事親者自若也況其外與文者又兩盡焉斯其不益足賀乎

送紹與佟太守序

成化辛丑予來京師居長安西街久之文選郎佟公實來與之鄰其貌頎然以秀其氣熙然以和介而不絕物寬而有分劑予嘗私語人以爲此眞廊廟器也既而以他事外補不相見者數年弘治癸丑公爲貳守於蘇蘇大郡繁而尚侈機巧而多僞公至移侈以朴消僞以誠勤於職務日夜不懈時予趨京見蘇之士夫與其民之稱頌之也於是始知公之不獨有其德器又能循循吏職甲寅移守嘉與嘉與財賦之地民苦於兼幷俗殘於武斷公大鋤強梗翦其蕪蔓起嘉良而植之予見嘉之民歡趨鼓舞及其士夫之欽崇之也於是又知公有剛明果決之才不獨能循循吏事乃歎其不可測識固如此今年吾郡太守缺吾郡繁麗不及蘇而敦朴或過財賦不若嘉而淳善則踰是亦論之通於吳越之閒者然而邇年以來習與時異無蘇之繁麗而亦或有其糜無嘉之財賦而亦

或效其強每與士大夫論輒歎息興懷以爲安得如昔之化蘇人者而化之乎安得如昔之變嘉民者而變之乎方思公之不可得而公適以起服來朝又懼吾郡之不能有公也而　天子適以爲守士大夫動容相賀以爲人所祝願而天必從之意者郡民之福亦未艾也公且行相與舉杯酒爲八邑之民慶又不能無懼也公本廊廟之器出居於外者十餘年其爲蘇與嘉京師之士論既已惜其歸之太徐其爲吾郡能幾月日且　天子之意與其福一郡孰與福天下之大也雖然公之去蘇與嘉亦且數年德澤之流今未替也公雖不久於吾郡矣如其不得公也則如之何

送張侯宗魯考最還治紹興序

膠州張侯宗魯之節推吾郡也中清而外慎寬持而肅行大獲於上下以平其政刑三載而績成是爲弘治十三年將上最天曹吾父老聞侯之有行也皆出自若耶山谷間送於錢清江上侯曰父老休矣吾無德政相及徒勤父老吾懼且怍父老休矣吾無以堪也父老曰明府知斯水之所以爲錢清者乎昔漢劉

公之去吾郡也吾儕小人之先亦皆出送各有所贈獻劉公不忍違先民之意乃人取一錢已而投之斯水因以名焉所以無忘劉公之清德且以志吾先民之事劉公其勤如此也今明府之行吾儕小人限於法制既不敢妄有所贈獻又不獲奔走服役致其惓惓之懷其如先民何固辭不可復行數十里始去三月中旬侯至於京師天曹以最上明日遂駕以行鄉先生之仕於　朝者聞之皆出餞且邀止之曰侯之遠來亦既勞止適有司之不暇是以未能羞一觴於從者是何行之速耶侯俯而謝復止之曰侯之勞於吾郡三年有餘今者行數千里無非爲吾民其勤且劬也事既竣矣吾黨不得相與爲一日之從容其如吾民何侯謝而起守仁趨而進曰諸先生毋爲從者淹侯之急於行也守仁則知之矣僉曰謂何曰昔者漢郭伋之行部也與諸童爲歸期及歸而先一日遂止于野亭須期乃入曰懼違信於諸兒也吾聞侯之來也鄉父老與侯爲歸期矣而復濡遲於此以徇一朝之樂隳其所以期父老者此侯之所懼而有不容已於急行也毋爲侯淹侯起拜曰正學非敢及此然敢不求承吾子之教

送方壽卿廣東僉憲序

士大夫之仕於京者其繁劇難爲惟部屬爲甚而部屬之中惟刑曹典司獄訟朝夕恆窘於簿書案牘口決耳辯目證心求身不暫離於公座而手不停揮於鉛槧蓋部屬之尤甚者也而刑曹十有三司之中惟雲南以職在京畿廣東以事當權貴其劇且難尤有甚於諸司者若是而得以行其志無愧其職焉則固有志者之所願爲而多才者之所欲成也然而紛揉雜沓之中又從而拂抑之牽制之言未出於口而辱已加於身事未解於倒懸而機已發於陷穽議者以爲處此而能不撓於理法不罹於禍敗則天下無復難爲之事是固然矣然吾以爲一有惕於禍敗則理法未免有時而或撓苟惟理法之求伸而欲不必罹於禍敗吾恐聖人以下或有所不能也訟之大者莫過於人命惡之極者無甚於盜賊朝廷不忍一民冒極惡之名而無辜以死也是俗之論皆然而壽卿獨以僉事爲樂此其間夫亦容有所未安是以寧處其薄與淹者以求免於過愿歟夫知其不安而不處過愿之懼而淹薄是甘焉是古君子之心也吾於壽卿

之行請以此爲贈

提牢廳壁題名記

京師天下獄訟之所歸也天下之獄分聽於刑部之十三司而十三司之獄又幷繫於提牢廳故提牢廳天下之獄皆在焉獄之繫歲以萬計朝則皆自提牢廳而出以分布於十三司提牢者目識其狀貌手披其姓名口詢耳聽魚貫而前自辰及午而始畢暮自十三司而歸自未及酉其勤亦如之固天下之至繁也其閒獄之已成者分爲六監其輕若重而未成者又自爲六監其桎梏之緩急扃鑰之啓閉寒暑早夜之異防饑渴疾病之殊養其微至於箕箒刀錐其賤至於滌垢除下雖各司於六監之吏而提牢者一不與知卽弊興害作執法者得以議擬於其後又天下之至猥也獄之重者入於死其次亦皆徒流夫以共工之罪惡而舜姑以流之於幽州則夫拘繫於此而其情之苟有未得者又可以輕棄之於死地哉是以雖其至繁至猥而其勢有不容於不身親之者是蓋天下之至重也舊制提牢月更主事一人至是弘治庚申之十月而予適來當

事夫予天下之至拙也其平居無恙一遇紛擾且支離厭倦不能酬酢況茲多病之餘疲頓憔悴又其平生至不可強之日而每歲決獄皆以十月下旬人懷疑懼多亦變故不測之虞則又至不可爲之時也夫其天下之至繁也至猥也至重也而又適當天下至拙之人值其至不可強之日與其至不可爲之時是亦豈非天下之至難也以予之難不敢忘昔之治於此者將求私淑之而廳壁舊無題名搜諸故牒則存者僅百一耳大懼泯沒使昔人之善惡無所考徵而後來者益以畏難苟且莫有所觀感於是迺悉取而書之廳壁雖其既亡者不可復追而將來者尙無窮已則後賢猶將有可別擇以爲從違而其間苟有天下之至拙如予者亦得以取法明善而免過愆將不爲無小補然後知予之所以爲此者固亦推己及物之至情自有不容於已也矣弘治庚申十月望

重修提牢廳司獄司記

弘治庚申七月重修提牢廳工畢又兩越月而司獄司成於是餘姚王守仁適以次來提督獄事六監之吏皆來言曰惟茲廳若司建自正統破敝傾圮且二

十年其卑淺隘陋則草創之制無尤焉矣是亦豈惟無以凜觀瞻而嚴法制將治事者風雨霜雪之不免又何暇於職務之舉而奸細之防哉然茲部之制修廢補敗有主事一人以專其事又壞不理吾儕小人無得而知之者獨惟拓隘以廣易朽以堅則自吾劉公實始有是吾儕目覩其成而身享其逸劉公之功不敢忘也又曰六監之囚其罪大惡極何所不有作孽造奸吏數逢其殃而民徒益其死獨禁防之不密哉亦其閒容有以生其心自吾劉公始出己意創爲木閑令不苛而密奸不弭而消桎梏可弛縲絏可無吾儕得以安枕無事而因亦或免於法外之誅則劉公之功於是爲大小人事微而謀窒無能爲也敢以布於執事實重圖之於是守仁既無以禦其情又與劉公爲同僚嫌於私相美譽也乃謂之曰吾爲爾記爾所言書劉公之名姓使承劉公之後者益修劉公之職繼爾輩而居此者亦無忘劉公之功則於爾心其亦已矣皆應曰是小人之願也遂記之曰劉君名璉字廷美江西鄱陽人也由弘治癸丑進士今爲刑部四川司主事云弘治庚申十月十九日

黃樓夜濤賦

朱君朝章將復黃樓爲予言其故夜泊彭城之下子瞻呼予曰吾將與子聽黃樓之夜濤乎覺則夢也感子瞻之事作黃

樓夜濤賦

子瞻與客宴於黃樓之上已而客散日夕暝色橫樓明月未出乃隱几而坐嗒焉以息忽有大聲起於穹窿徐而察之乃在西山之麓倏焉改聽又似夾河之曲或隱或隆若斷若逢若揖讓而樂進歙掀舞以相雄觸孤憤於崖石駕逸氣於長風爾乃乍闔復闢既橫且縱挻挻渢渢洶洶瀜瀜若風雨驟至林壑崩奔振長平之屋瓦舞泰山之喬松咽悲吟於下浦激高響於遙空恍不知其所止而忽已過於呂梁之東矣子瞻曰噫嘻異哉是何聲之壯且悲也其烏江之兵散而東下感帳中之悲歌慷慨激烈吞聲飲泣怒戰未已憤氣決臆倒戈曳戟紛紛籍籍狂奔疾走呼號相及而復會於彭城之側者乎其赤帝之子威加海內思歸故鄉千乘萬騎霧奔雲從車轍轟霆旌旗蔽空擊萬夫之鼓撞千石之鍾唱大風之歌按節翱翔而將返於沛宮者乎於是慨然長噫欠伸起立使童子啓戶憑欄而望之則煙光已散河影垂虹帆檣泊於洲渚夜氣起於郊坰而明月固已出於芒碭之峯矣子瞻曰噫嘻予固疑其爲濤聲也夫風水之遭於

澒洞之濱而爲是也玆非南郭子綦之所謂天籟者乎而其誰倡之乎其誰和之乎其誰聽之乎當其滔天浴日湮谷崩山橫奔四潰茫然東翻以與吾城之爭於尺寸間也吾方計窮力屈氣索神儳懍孤城之岌岌覬須臾之未壞山頹於目懵霆擊於耳瞶而豈復知所謂天籟者乎及其水退城完河流就道脫魚腹而出塗泥乃與二三子徘徊玆樓之上而聽之也然後見其汪洋涵浴潏潏汩汩澎湃掀簸震蕩渾渤吁者爲竽噴者爲篪作止疾徐鐘磬柷敔奏文以始亂武以居呶者嗃者囂者嗥者翕而同者繹而從者而啁啁者而嘐嘐者蓋吾俯而聽之則若奏簫咸於洞庭仰而聞焉又若張鈞天於廣野是蓋有無之相激其殆造物者將以寫千古之不平而用以盪吾胷中之壹鬱者乎而吾亦胡爲而不樂也客曰子瞻之言過矣方其奔騰漂蕩而以厄子之孤城也固有莫之爲而爲者而豈水之能爲之乎及其安流順道風水相激而爲是天籟也亦有莫之爲而爲者而豈水之能爲之乎夫水亦何心之有哉而子乃欲據其所有者以爲歡而追其既往者以爲戚是豈達人之大觀將不得爲上士之妙識

矣子瞻囅然而笑曰客之言是也乃作歌曰濤之興兮吾聞其聲兮濤之息兮吾泯其迹兮吾將乘一氣以遊於鴻濛兮夫孰知其所極兮弘治甲子七月書于百步洪之養浩軒

來雨山雪圖賦

昔年大雪會稽山我時放迹遊其間巖岫皆失色崖壑俱改顏歷高林兮入深巒銀幢寶纛森圍圜長矛利戟白齒齒駭心慄膽如穿虎豹之重關澗谿埋沒不可辨長松之杪修竹之下時聞寒溜聲潺潺沓嶂連天凝華積鉛嵯峨嶄削浩蕩無顛嶙峋眩耀勢欲倒谿迴路轉忽然當之卻立仰視不敢前嵌竇飛瀑忽然中瀉冰磴崚嶒上通天罅枯藤古葛倚巖嶮而高掛如瘦蛟老螭之蟠糾蛻皮換骨而將化舉手攀援足未定鱗甲紛紛而亂下側足登龍虬傾耳俯聽寒籟之颼颼陸風躡躡直際縹緲恍惚最高之上頭迺是仙都玉京中有上帝遨遊之三十六瑤宮傍有玉妃舞婆娑十二層之瓊樓下隔人世知幾許真境倒照見毛髮凡骨高寒難久留劃然長嘯天花墜空素屏縞障坐不厭琪林珠

樹窺玲瓏白鹿來飲澗騎之下千峯寡猿怨鶴時一叫彷彿深谷之底呼其侶蒼茫之外爭行鷺陣排天風鑑湖萬頃寒濛濛雙袖拂開湖上雲照我鬚眉忽然皓白成衰翁手掬湖水洗雙眼回看羣山萬朵玉芙蓉草團蒲帳青莎蓬浩歌夜宿湖水東夢魂清徹不得寐乾坤俯仰真在冰壺中幽朔陰巖地歲暮常多雪獨無湖山之勝使我每每對雪長鬱結朝回策馬入秋臺高堂大壁寒崔嵬恍然昔日之湖山雙目驚喜三載又一開誰能縮地法此景何來石田畫師我非爾胸中胡爲亦有此來君神骨清莫比此景奇絕酷相似石田此景非爾不能摸來君來君非爾不可當此圖我嘗親遊此景得其趣爲君題詩非我其誰乎

詩

雨霽遊龍山次五松韻

晴日須登獨秀臺碧山重疊畫圖開閒心自與澄江老逸興誰還白髮來潮入海門舟亂發風臨松頂鶴雙迴夜憑虛閣窺星漢殊覺諸峯近斗魁

嚴光亭子勝雲臺雨後高憑遠目開鄉里正須吾輩在湖山不負此公來江邊
秋思丹楓盡霜外緘書白雁迴幽朔會傳戈甲散已聞南檄授渠魁

雪窗閑臥

夢迴雙闕曙光浮懶臥茅齋且自由巷僻料應無客到景多唯擬作詩酬千巖
積素供開卷疊嶂迴谿好放舟破虜玉關真細事未將吾筆遂輕投

次韻畢方伯寫懷之作

孔顏心迹皋夔業落落乾坤無古今公自平生懷真氣誰能晚節負初心獵情
老去驚猶在此樂年來不費尋矮屋低頭真局促且從峯頂一高吟

春晴散步

清晨急雨過林霏餘點煙稍尚滴衣隔水霞明桃亂吐沿谿風暖藥初肥物情
到底能容懶世事從前且任非對眼春光唯自領如誰歌詠月中歸

又

衹用舞霓裳叢花自舉觴古崖松半朽陽谷草長芳徑竹穿風磴雲蘿繡石牀

孤吟動梁甫何處臥龍岡

次魏五松荷亭晚興

入座松陰盡日清當軒野鶴復時鳴風光於我能留意世味酣人未解醒長擬

心神窺物外休將姓字重鄉評飛騰豈必皆伊呂歸去山田亦可耕

又

醉後飛觴亂擲梭起從風竹舞婆娑疎慵已分投箕潁事業無勞問保阿碧水

層城來鶴駕紫雲雙闕笑金娥摶風自有天池翼莫倚蓬蒿斥鷃窠

次張體仁聯句韻

眼底湖山自一方晚林雲石坐高涼閒心最覺身多繫遊興還堪鬢未蒼樹杪

風泉長滴翠霜前叢菊尚餘芳秋江畫舫休輕發忍負良宵鐙燭光

又

山寺幽尋亦惜忙長松落落水泿泿深冬平野風煙淡斜日滄江鷗鷺翔海內

交游唯酒伴年來蹤跡半僧房相過未盡青雲話無奈官程促去航

又

青林人靜一燈歸回首諸天隔翠微千里月明京信遠百年行樂故人稀已知造物終難定唯有煙霞或可依總爲迂疏多牴牾此生何忍便脂韋

題郭翊濂谿圖郭生作濂谿像其類與否吾何從辨之使無手中一圈蓋不知其爲誰矣然筆畫老健超然自不妨爲名筆

郭生揮寫最超羣夢想形容恐未真霽月光風千古在當時黃九解傳神

西湖醉中謾書

湖光瀲灩晴偏好此語相傳信不誣景中況有佳賓主世上更無真畫圖谿風欲雨吟隄樹春水新添沒渚蒲南北雙峯引高興醉攜青竹不須扶

文衡堂試事畢書壁

棘闈秋鎖動經旬事了驚看白髮新造作曾無酣蟻句支離莫作畫蛇人寸絲擬得長才補五色兼愁過眼頻袖手虛堂聽明發此中豪傑定誰真

諸君以予白髮之句試觀予鬢果見一絲予作詩實未嘗知也謾書一絕

識之
忽然相見尚非時豈亦殷勤效一絲總使皓然吾不恨此心還有爾能知

遊泰山

飛湍下雲窟千尺瀉高寒昨向山中見真如畫裏看松風吹短鬢霜氣肅羣巒好記相從地秋深十八盤

雪巖次蘇穎濱韻

客途亦幽尋窈窕穿谷底塵土塡胸臆到此方一洗仰視劍戟鋒巑岏額有泚俯窺蛟龍窟匍伏首如稽絕境固靈祕茲遊實天啓梵宇徧巖壑簷牙相角觝山僧出延客經營設酒醴道引入雲霧峻陟歷堂陛石田唯種椒晚炊仍有米張燈坐小軒矮榻便倦體清遊感疇昔陳李兩昆弟侵晨訪舊跡古碣埋荒薺

試諸生有作

醉後相看眼倍明絕憐詩骨逼人清菁莪見辱真慚我膠漆常存底用盟滄海浮雲悲絕域碧山秋月動新情憂時謾作中宵坐共聽蕭蕭落木聲

再試諸生

草堂深酌坐寒更蠟炬煙消落絳英旅況最憐文作會客心聊喜困還亨春回馬帳慚桃李花滿田家憶紫荆世事浮雲堪一笑百年持此竟何成

夏日登易氏萬卷樓用唐韻

高樓六月自生寒沓嶂迴峯擁碧闌久客已忘非故土此身兼喜是閑官幽花傍晚煙初暝深樹新晴雨未乾極目海天家萬里風塵關塞欲歸難

再試諸生用唐韻

天涯猶未隔年回何處嚴光有釣臺樽酒可憐人獨遠封書空有雁飛來漸驚雪色頭顱改莫漫風情笑口開遙想陽明舊詩石春來應自長莓苔

次韻陸文順僉憲

春王正月十七日薄暮甚雨雷電風捲我茅堂豈足念傷茲歲事難爲功金縢秋日亦已異魯史冬月將無同老臣正憂元氣泄中夜起坐心忡忡

太子橋

乍寒乍暖早春天隨意尋芳到水邊樹裏茅亭藏小景竹間石溜引清泉汀花照日猶含雨岸柳垂陰漸滿川欲把橋名尋野老淒涼空說建文年

與胡少參小集

細雨初晴蠛蠓飛小亭花竹晚涼微後期客到停杯久遠道春來得信稀翰墨多憑消旅況道心無賴入禪機何時喜遂風泉賞甘作山中一白衣

再用前韻賦鸚鵡

低垂猶憶隴西飛金鎖長羈念力微祇爲能言離土遠可憐折翼歎羣稀春林羞比黃鸝巧晴渚思忘白鳥機千古正平名正賦風塵誰與惜毛衣

送客過二橋

下馬谿邊偶共行好山當面正如屏不緣送客何因到還喜門人伴獨醒小洞巧容危膝坐清泉不厭洗心聽經過轉眼俱陳迹多少高厓漫勒銘

復用杜韻一首

濯纓何處有清流三月尋幽始得幽送客正逢催驛騎笑人且復任沙鷗厓傍

石偃門雙啓洞口蘿垂箔半鉤淡我平生無一好獨於泉石尚多求

先日與諸友有郊園之約是日因送客後期小詩寫懷

郊園隔宿有幽期送客三橋故故遲樽酒定應須我久諸君且莫向人疑同遊更憶春前日歸醉先拚日暮時卻笑相望才咫尺無因走馬送新詩

自欲探幽肯後期若爲塵事故能遲緩歸已受山童促久坐翻令谿鳥疑竹裏清醅應幾酌水邊相候定多時臨風無限停雲思回首空歌伐木詩

三橋客散赴前期縱轡還嫌馬足遲好鳥花間先報語浮雲山頂尚堪疑曾傳江閣邀賓句頗似籬邊送酒時便與諸公須痛飲日斜潦倒更題詩

待諸友不至

花間望眼欲崇朝何事諸君迹尚遙自處豈宜同俗駕相期不獨醉春瓢忘形爾我雖多缺義重師生可待招自是清遊須秉燭莫將風雨負良宵

夏日邀陽明小洞天喜諸生偕集偶用唐韻

古洞閑來日日遊山中宰相勝封侯絕糧每自嗟尼父慍見還時有仲由雲裏

高厓微入暑石間寒溜已含秋他年故國懷諸友魂夢還須到水頭

將歸與諸生別於城南蔡氏樓

天際層樓樹杪開夕陽下見鳥飛回城隅碧水光連座檻外青山翠作堆頗恨眼前離別近惟餘他日夢魂來新詩好記同遊處長掃谿南舊釣臺

諸門人送至龍里道中二首

蹊路高低入亂山諸賢相送愧閑關谿雲壓帽兼愁重峯雪吹衣著鬢斑花燭夜堂還共語桂枝秋殿聽躋攀躋攀之說甚陋聊取其對偶耳相思不用勤書札別後吾言在訂頑

雪滿山城入暮天歸心別意兩茫然及門真愧從陳日微服還思過宋年樽酒無因同歲晚緘書有雁寄春前莫辭秉燭通宵坐明日相思隔隴煙

贈陳宗魯

學文須學古脫俗去陳言譬若千丈木勿爲藤蔓纏又如崑崙派一瀉成大川人言古今異此語皆虛傳吾苟得其意今古何異焉子才良可進望汝師聖賢

學文乃餘事聊云子所偏

醉後歌用燕思亭韻

萬峯攢簇高連天貴陽久客經徂年思親謾想斑衣舞寄友空歌伐木篇短鬢蕭疏夜中老急管哀絲爲誰好斂翼樊籠恨已遲奮翮雲霄苦不早緬懷冥寂巖中人蘿衣薜佩芙蓉巾黃精紫芝滿山谷埰石不愁倉菌貧清谿常伴明月夜小洞自報梅花春高閑豈說商山皓綽約真如藐姑神封書遠寄貴陽客胡不來歸淚相憶記取青松澗底枝莫學楊花滿阡陌

題施總兵所翁龍

君不見所翁所畫龍雖畫兩目不點瞳曾聞弟子誤落筆即時雷雨飛騰空運精入神奪元化淺夫未識徒驚詫操蛇移山律回陽世間不獨所翁畫高堂四壁生風雲黑雷紫電白晝昏山崩谷陷屋瓦震兩聲如瀉長平軍頭角崢嶸幾千丈倏忽神靈露乾象小臣正抱烏號思一墮胡髯不可上視久眩定凝心神生綃漠漠開嶙峋乃知所翁遺筆迹當年爲寫蒼龍真只今旱劇枯原野萬國

蒼生望霑灑憑誰拈筆點雙睛一作甘霖徧天下

王文成公全書卷之二十九

西元二〇二一年六月一日重製一版

陽明全集　冊三（明王守仁撰）

平裝四冊基本定價參仟元正
（郵運匯費另加）

發行人：張敏君
發行處：中華書局
臺北市內湖區舊宗路二段一八一巷八號五樓（5FL., No. 8, Lane 181, JIOU-TZUNG Rd., Sec 2, NEI HU, TAIPEI, 11494, TAIWAN）
客服電話：886-8797-8396
公司傳真：886-8797-8909
匯款帳戶：華南商業銀行西湖分行
179100026931
印　　刷：維中科技有限公司
海瑞印刷品有限公司

No. N2026-3

國家圖書館出版品預行編目(CIP)資料

陽明全集/(明)王守仁撰. -- 重製一版. -- 臺北
市 : 中華書局, 2021.06
面 ; 公分
ISBN 978-986-5512-55-2(全套 : 平裝)

1.(明)王守仁 2.學術思想 3.陽明學

126.4 110008824